히든 서비스

지은이 **장정빈**

6년간의 교사생활을 거쳐 22년 동안 주택은행과 국민은행에서 연수원 교수, 마케팅 팀장, 지점장, 콜센터장을 역임하고 세계적 은행 HSBC의 상무로 고객경험(CE, Customer Experience) 업무를 총괄했다. 지점장 시절, 점포 종합업적평가에서 전국 1위를 차지 하기도 했다. 1990년대 초 국내 최초로 'CS경영'을 은행에 도입했으며, 교육과 강연, 저술을 통해 서비스의 중요성을 활발하게 전파하고 있는 CS 및 마케팅 전문가이자 경영컨설턴트다.
서울벤처정보대학원대학교(호서대) 서비스경영학과 초빙교수와 여러 대학의 강사로 활동한 바 있으며, 연세대 대학원에서 산업교육을 전공했고, 숭실대 경영학 박사과정, 고려대 서비스최고경영자(SMP)과정, 서울과학종합대학원대학교 4T CEO과정을 수료했다. 기업과 정부기관, 금융기관, 대학 등 1800여 곳에서 서비스, 고객관리, 금융마케팅, 상담 및 세일즈 스킬, 행동경제학 등을 주제로 강의해왔다.
현재 (재)한국경영정책연구원장으로 재직 중이며 스마트경영연구소를 운영하면서 해박한 이론에 풍부한 현장 사례와 실천을접목한 명강연으로 인기를 끌고 있다. 한국철도공사 정책자문위원, 금융연수원 강사, 산업통상자원부 서비스품질인증 심사위원으로 활약하고 있으며, 숭실대 경영대학원 겸임교수로 후배 양성에 힘쓰고 있다.
주요 저서로 《공감이 먼저다》(2015) 《고객의 마음을 훔쳐라》(2013) 《하루를 일해도 사장처럼》(2011) 《성과를 만드는 CS경영》(2010) 《리마커블 서비스》(2009) 《장정빈의 금융CS》(2008) 《고객의 경험을 디자인하라》(2007) 《서비스 아메리카》(2003, 역서) 《먼저 돌아 눕지 마라》(2003) 《타잔 마케팅》(2002) 등이 있으며, 여러 매체에 서비스 관련 칼럼을 기고하면서 왕성한 집필 활동을 계속하고 있다.
이메일_ jjbin@hanmail.net

히든 서비스

초판 1쇄 발행_ 2016년 1월 5일
초판 5쇄 발행_ 2018년 8월 25일

지은이_ 장정빈
펴낸이_ 이성수

펴낸곳_ 올림
주소_ 03186 서울시 종로구 새문안로 92 광화문오피시아 1810호
등록_ 2000년 3월 30일 제300-2000-192호(구:제20-183호)
전화_ 02-720-3131
팩스_ 02-6499-0898
이메일_ pom4u@naver.com
홈페이지_ http://cafe.naver.com/ollimbooks

값_ 18,000원
ISBN 978-89-93027-78-5 03320

우리가 몰랐던 서비스의 디테일

히든 서비스

HIDDEN SERVICE

장정빈 지음

올림

머리말

서비스의 사각지대로 들어가라!

저게 저절로 붉어질 리는 없다

저 안에 태풍 몇 개

저 안에 천둥 몇 개

저 안에 벼락 몇 개

장석주 씨의 '대추 한 알'이라는 시의 일부다. 시인은 대추 속에서 보이지도 않는 태풍과 천둥을 보고 있다. 보이지 않는 것을 보고, 대상과 하나가 된 느낌을 언어로 표현해낸다. 바로 '일체화(一體化)'의 결과다.

지금까지 우리는 탁월한 서비스의 비결이 고객의 입장에서 생각하는 '역지사지(易地思之)'에 있다고 배웠다. 고객의 편이 되어 배려하고 문제를 해결하기 위해 노력해왔다. 하지만 이제는 여기서 한 걸음 더 나아가야 한다. 고객의 입장이 되어보는 정도가 아니라 자신이 곧 고객이 되어야 한다. 고객과의 일체화, 고객의 마음과 하나가 되어야 하는 것이다. 그래야만 진정으로 고객을 기쁘게 하여 고객의 충성도를 새로운 차원으로 끌어올릴 수 있다. 어떻게 해야 할까?

마트에 다녀왔는데 지갑에 있던 신용카드가 보이지 않는다. 조회해보니 다행히 분실 이후의 사용 기록은 없다. 이때 은행 직원들은 보통 "분실신고를 모두 끝냈습니다"라고 말한다. 그러나 이렇게 말할 수도 있을 것이다. "이제 부정 사용에 대해서는 걱정하지 않으셔도 됩니다. 분실신고를 모두 끝냈습니다"라고 말이다. 나쁜 마음을 먹은 사람이 분실된 신용카드를 함부로 사용할 수 없다는 사실을 알려준다는 점에서 결과적으로는 같은 답변이지만, 걱정하는 고객의 마음과 하나가 된 답변은 두 번째라고 할 수 있다.

우리는 그동안 고객접점에서 전사적이고 혁신적인 CS(고객만족)경영의 실천으로 계량적이며 명시적인 고객만족도를 향상시키는 데 상당한 성과를 거두었다. 철도회사의 예를 들면, 기차의 정시 도착이나 승객의 불만사항에 대한 신속한 회신 등 눈에 띄는 개선을 이루어냈다. 반면에 미스터리쇼핑이나 고객만족도 조사로도 밝혀내지 못한 고객의 숨겨진 심리와 감정까지 반영하여 이를 놀라운 고객경험으로 연결하는 방법에는 무관심했다. 결과만 좋으면 괜찮다는 식이었다. 하지만 외형적으로는 같은 결과라고 해도 실제로 '남는' 결과는 다를 수 있다. 야구에서 1회 홈런으로 2점을 얻어 이겼을 때의 느낌과 9회말 끝내기 홈런 한 방으로 2점을 얻어 승리했을 때의 짜릿한 느낌을 비교할 수 없는 것과 마찬가지다. 서비스에서도 9회말 끝내기 홈런 같은 서비스가 고객을 더 흥분시키고 감동하게 한다. 따라서 표준화된 고객접점과 동일한 서비스 성과에 만족할 것이 아니라 고객이 '최고의 선물'이라고 느낄 수 있는 부분에 집중해야 한다.

이 책은 서비스 자체가 아니라 '고객이 서비스를 어떻게 감정적으로 인식하는가'를 염두에 두고 그 이론적 기반인 행동경제학을 바탕으로 쓰여졌다. 이 책의 첫 번째 특징이다.

어느 날 전쟁터에서 화살을 맞아 거의 죽게 된 장수가 외과의사를 찾아와 치료해달라고 부탁했다. 장수의 몸에는 화살이 박혀 있었다. 의사는 "곧 고쳐줄 테니 걱정하지 마세요"라며 큰 가위를 꺼내 몸에 박힌 화살을 싹둑 자르고 나서 "자, 이제 치료를 모두 끝냈으니 가보시오"라고 말했다. 장수가 어이없는 표정으로 "아니, 몸에 박힌 화살을 밖에서 자르는 것쯤이야 누군들 못하겠소. 몸속에 있는 화살촉을 제거해야 할 것 아니오?"라고 따졌다. 그러자 의사가 고개를 가로저으며 이렇게 대답했다.

"그것은 내과의사가 할 일이지, 내 영역이 아니오. 외과의사인 내게 내과 치료를 요구하는 건 무리지요."

서비스 현장을 돌아보면 위의 외과의사처럼 고객을 응대하는 이들을 어렵지 않게 만날 수 있다. 서비스는 고객의 문제를 해결하는 솔루션이자 소중한 고객경험을 제공하는 기회임에도 불구하고 '소관사항 밖'의 영역으로 치부하는 것이다. 이것은 서비스가 아니다. 서비스는 고객의 귀갓길까지도 아우를 수 있어야 한다. 이 책에서는 그간 서비스 분야에서 사각지대로 방치했던 부분들을 찾아내어 '어, 여기까지도 서비스 영역이었네?'라는 관점의 전환과 함께 서비스 영역의 확장을 도모했다. 이 책의 두 번째 특징이다.

우화나 예화는 직접적인 설명과 달리 비유와 상징을 활용하기 때문에 읽는 사람에게 흥미를 주고 공감을 일으키는 장점이 있다. 이야기는 머리가 아니라 가슴속으로 스며들기 때문이다. 탁월한 서비스의 본질을 외과의사 이야기를 통해 전달하면 금방 이해될뿐더러 오래 기억된다. 그런 관점에서 적절한 예화를 들어 강조하고 싶은 개념이나 교훈을 알기 쉽게 전달하려고 노력했다. 이 책의 세 번째 특징이다.

지금까지 학자들이나 서비스 전문가들은 고객충성도가 높으면 높은 가격을 받는 데 유리하다고 강조해왔다. 그런데 최근 연구 결과에 따르면, 충성도가 높은 고객은 가격 협상 시 판매원으로부터 상당한 폭의 할인을 쉽게 받음으로써 충성도가 강화되어간다고 한다. 충성도가 높은 고객은 기꺼이 웃돈을 지불할 의향이 있어 기업에 유리할 것 같지만, 정반대일 수도 있다는 것이다. 이른바 '로열티 디스카운트(loyalty discount) 효과'다. 또한 가격 전략은 고객만족도를 좌우하는 결정적 변수이기도 하다. 그런데도 서비스 관련 책들에서 이를 제대로 다루고 있지 않다. 마케팅 분야라는 이유에서다. 이 책은 최신 연구 결과와 더불어 고객서비스에 영향을 미치는 가격 등의 마케팅 분야도 파고든다. 서비스를 중심으로 마케팅과 세일즈를 아우르는 지침서라고 말하고 싶다. 이 책의 네 번째 특징이다.

이 책은 모두 4개의 장으로 구성되어 있다. 1장은 '고객과 하나 되기' 편으로 고객의 심리와 서비스 마인드를 다루었고, 2장은 '서비스 전략 & 디자인' 편으로 리마커블(remarkable)한 고객경험을 위해 나침반으로 삼아야 할 전략과 방향을 제시했다. 3장은 '서비스의 정석' 편, 4장은 '히든 서비스의 비밀' 편으로, 고객의 인식을 바꾸기 위한 감정, 신뢰, 기억, 순서, 귀인 등 행동경제학의 개념들을 소개하고 이를 서비스 현장에서 활용할 수 있는 방법과 도구들을 정리했다.

감히 '모든 서비스맨의 필독서'라고 자부하는 《리마커블 서비스》를 내놓은 후에도 서비스 트렌드와 고객의 니즈는 하루가 다르게 변해왔다. 연구와 강의, 컨설팅을 해오면서 크고 작은 변화에 따른 새로운 서비스 전략과 스킬을 소개하는 데 한계를 느꼈는데, 이 책으로 다시 독자들을 만나게 되어 기쁘다.

벌써 10번째 책이지만 여전히 설렘과 두려움이 교차한다. 재미있게 읽으면서 '이렇게 하면 되겠구나' 하는 아이디어를 얻어 보다 나은 서비스를 창출하는 데 보탬이 된다면 저자로서 더 바랄 것이 없겠다. 서양 속담에 '푸딩은 먹어봐야 안다'고 했다. '정성껏 차렸으니 맛있게 드세요'라는 마음으로 쓴 이 책이 독자 여러분께 즐겁고 유익한 경험이었으면 좋겠다.

끝으로, 아낌없는 조언과 격려로 책을 쓸 수 있게 도와주신 숭실대학교의 최정일 교수님과 박종우 교수님, 그리고 서진영 자의누리경영연구원 원장님께 감사의 말씀을 드린다. 거친 글을 매끄럽게 다듬어준 문미란 연구원, 권근영 대리에게도 고맙다는 말을 전하고 싶다. 원고를 멋진 책으로 만들어준 올림 식구들께도 깊이 감사드린다.

2016. 1

장정빈

차 례

HIDDEN SERVICE_2장

서비스는 어디로 가는가

– 서비스 전략 & 디자인

HIDDEN SERVICE_3장

서비스는 영원하다
– 서비스의 정석

HIDDEN SERVICE_4장

숨어 있던 **서비스를 찾아서**

– 히든 서비스의 비밀

HIDDEN SERVICE_1장

서비스는 느낌이다

고객과 하나 되기

고객처럼 생각하라

임금의 환대와 바닷새의 죽음

옛날, 바닷새가 노나라 서울 밖에 날아와 앉았다. 노나라 임금은 이 새를 친히 종묘 안으로 불러들여 술을 권하고 아름다운 음악을 연주해주고 소와 돼지와 양을 잡아 성대히 대접했다. 그러나 새는 좋아하기는커녕 근심과 슬픔에 잠겨 고기 한 점 먹지 않고 술도 한 잔 마시지 않은 채 사흘 만에 죽어버리고 말았다.

《장자(莊子)》의 〈지락(至樂)〉편에 나오는 이야기다. 임금의 지극한 배려가 새의 죽음으로 귀결되었다. 사람을 대접하는 방식으로 새를 대우한 탓이다. 새가 좋아하고 필요로 하는 것을 제공했다면 그런 일은 일어나지 않았을 것이다.

'사랑은 비극이어라. 그대는 내가 아니다. 추억은 다르게 적힌다.'

가수 이소라가 부른 '바람이 분다'라는 노래의 한 소절이다. 이 노랫말처럼 서로가 다르게 생각한다면 사랑도 비극으로 끝날 수 있다.

미국의 비즈니스 전략가 세스 고딘(Seth Godin)도 《이제는 작은 것이 큰 것이다》라는 책에서 고양이 사료의 문제점을 이렇게 지적한다.

"여보쇼, 정말 고양이를 위한 음식이라면 쥐 맛이 나야 한다고!"

값비싼 고양이 사료는 누구를 위한 것인가. 고양이를 위한 게 아님은 분명해 보인다. 어떤 사료는 심지어 '그릴에 구운 맛'을 낸다! 그 맛을 고양이가 좋아할까? 사람이 좋아하는 맛이 아니라 고양이가 좋아할 '쥐 맛이 나는 사료'를 생각해야 한다. 우리는 자신의 서비스가 '그릴에 구운 맛을 내는 사료'인지 '쥐 맛이 나는 사료'인지를 진지하게 돌아볼 필요가 있다.

고객만족 = 마인드 혁신 + 시스템 혁신

여우와 두루미가 한 마을에 살고 있었다. 어느 날 여우가 두루미를 초대해 넓적한 접시에 음식을 담아 주었다. 부리가 긴 두루미는 먹을 수가 없었다. 화가 난 두루미는 다음에 여우를 초대해 목이 긴 호리병에 음식을 담아 대접함으로써 통쾌하게 복수했다.

《이솝우화》에 나오는 '여우와 두루미' 이야기다.

상대방을 불행하게 만드는 경우는 크게 2가지로 구분할 수 있다. 하나는 두루미처럼 일부러 골탕을 먹이는 경우다. 다른 하나는 상대방의 입장을 미처 생각하지 못하고 실수를 하는 경우다. 여우는 두루미를 제대로 대접하고 싶었지만, 자기 입장에서만 생각한 채 넓적한 접시에 음식을 담아준 것일 수 있다. 그렇다면 복수를 한답시고 긴 호리병에 음식을 담아 내놓아 여우가 침만 삼키게 한 두루미가 나쁘다고 할 수 있다. 여우는 모르고 실수를 한 것이지만, 두루미는 알면서도 고의로 여우를 골탕 먹였으니까 말이다. 그러나 좀 더 생각해보면 여우와 두루미의 행동은 결과적으로는 다르지 않다. 상대방의 입장을 미처 헤아리지 못했든 고의로 그랬든 상대방을 난처하게 만들어 불신의 골을 파고 말았기 때문이다.

이를 고객서비스의 관점에서 생각해보면 어느 경우가 더 많을까? 회사의 입장과 이익만 생각하고 고객의 불편함을 외면하는 못된 '두루미'가 적지 않다. 하지만 그보다는 말로는 고객중심의 경영을 한다면서 오히려 고객을 불행하게 만드는 '여우'가 훨씬 더 많지 않을까 싶다.

우리는 어떻게 기업도 성장하고 고객도 만족하는 '고객만족경영'을 이룰 수 있을까? 고객만족경영은 '전사적으로 고객만족이라는 목표를 달성하기 위해 경영의 모든 측면에서 고객중심적 사고가 반영되는 것'을 의미한다. 과거의 서비스 개념은 주로 애프터서비스(AS), 보상, 환불 등 제품을 팔고 난 이후의 부가적 서비스에 초점을 맞추었지만, 지금은 제품 개발부터 생산, 물류, 마케팅, 영업, 그리고 AS에 이르기까지 모든 활동이 고객관점에서 수행되고, 각각의 활동이 전사적 차원에서 통합 조정되어야만 진정한 고객만족이 이루어질 수 있다. 오늘날의 고객만족경영을 '총체적 고객만족경영(total customer satisfaction)'이라고 하는 이유가 여기에 있다.

성공적 고객만족경영을 위해서는 2가지 전제조건이 달성되어야 한다. 첫 번째는 고객중심적인 사고로의 마인드 혁신이다. 조직의 구성원 모두가 고객을 만족시키고 열광시키는 것을 최우선 목표로 삼아 패러다임을 혁신해야 한다. 《인공두뇌 심리학》이란 책을 쓴 맥스웰 멀츠(Maxwell Maltz) 박사는 "인간은 자신만의 생각의 회로를 가지고 있는데, 이 생각의 회로대로 같은 행동을 반복하면 습관을 만들게 된다"고 말한다. 기존의 고정관념에서 벗어나 생각의 회로를 바꾸고 고객을 최우선시하는 습관을 형성하는 것이 고객중심적인 사고의 혁신이다.

그러나 고객중심적인 사고만으로는 고객만족이 완성되지 않는다. 마인드 혁신과 함께 조직의 서비스시스템도 혁신되어야 한다. 다음의 예를 보자.

스티븐 리틀(Steven S. Little)은 전문 컨설턴트이자 강사로 1년에 평균 100일 정도는 호텔에서 지낸다. 어느 날 그는 제법 알려진 비즈니스호텔의 한 체인점에 투숙하게 되었다. 방에 들어가자마자 전화로 바닐라 밀크셰이크를 주문했다. 5분 후에 바닐라 아이스크림과 우유와 긴 숟가락이 그의 방에 도착했다. 어찌된 영문일까? 호텔에서 사용하는 판매시스템 단말기의 터치스크린에 밀크셰이크 키코드(KeyKode. 기계가 자동으로 번호를 인식하도록 설계한 시스템)가 없었기 때문이다. 고객을 위해 재료를 가져다준 직원의 융통성은 칭찬받을 수 있을지 몰라도, 직원의 서비스를 방해하고 고객을 어이없게 만드는 멍청한 시스템은 문제가 아닐 수 없다.

고객만족을 목적으로 하는 서비스시스템이 변화하는 고객의 요구를 외면한 채 처음 만들어진 그대로 유지되는 경우가 허다하다. 이는 시스템을 만드는 사람(본부의 기획과 마케팅 담당자)과 시스템을 사용하는 사람(접점의 서비스맨과 세일즈맨)이 다른 데서 기인한다. 시스템을 만드는 데 가장 적합한 사람은 그 시스템을 직접 사용하는 직원이다.

어느 홈쇼핑업체 사장님과 이야기를 나눈 적이 있었다. 그의 고민 중 하나는 반품률과 취소율이 너무 높다는 것이었다. 취소율과 반품률의 합계가 무려 35%를 넘었다. 100만 원어치를 팔았다면 35만 원어치는 주문이 취소되거나 반품된다는 말이다. 의류의 경우는 더 심해서 반품과 취소가 40%대라고 했다. 계산해보면 연간 매출액이 6,000억 원인 그의 회사에서 반품과 취소를 1%만 낮추어도 순매출이 대략 60억 원 늘어나는 효과가 생기는 셈이다. 회사는 이 점에 착안해서 반품과 취소를 줄이기 위한 다양한 활동을 벌이는 동시에 이를 직원들의 성과지표에 반영하고 있었다. 나는 이렇게 조언했다.

"취소율이나 반품률 자체만 보지 마시고 고객만족도가 높아지는 추세를 함께 지켜보세요. 서비스 품질 개선을 위한 노력으로 취소율을 낮추는 것이 중요합니다. 그러나 무조건 수치가 낮아지는 것만으로 평가하다 보면 판매원들이나 콜센터 상담원들이 취소나 반품을 줄이려고 고객에게 책임을 돌리거나 회사 규정을 내세워 고객과 악착같이 싸워 이기려들 겁니다. 회사야 당연히 반품률을 줄이고 싶겠지만, 고객은 반대로 반품을 가장 잘해주는 홈쇼핑을 선택합니다."

최근에는 병원에서도 괄목할 만한 서비스 혁신이 이루어지고 있다. 하지만 아직도 병원과 의사 위주로 운영되는 곳이 많다. 환자가 데스크에서 진료를 신청하면 접수증을 받아 해당 과로 가서 다시 접수해야 한다. 검사가 필요하면 다시 접수처에 신청하고 비용을 지불한 다음 검사실로 가서 또 접수를 한다. 이렇게 접수처와 검사실 등을 오가며 보통 한두 시간을 보내는데, 의사의 진료시간은 채 5분이 되지 않는다.

시력교정수술을 포함한 안과 분야의 특화된 병원네트워크인 예본안과는 고객중심적 시스템으로 만족도를 높이는 데 성공했다. 이 병원은 고객에게 '풀케어 서비스(Full Care Service)'를 제공한다. 고객이 병원에 들어올 때부터 진료를 받고 나갈 때까지 담당 직원이 고객 곁에서 지속적으로 도움을 준다. 접수 단계에서는 '3C(Carrying Chart, Contact, Comfort) 서비스'를 제공한다. 고객이 오면 접수창구가 아닌 대기실로 먼저 안내하여 편안한 상태에서 서비스를 받게 한다. 접수 담당 직원이 고객 옆에서 눈높이를 맞추고 휴대용 PC로 접수를 진행해준다. 또한 검사와 치료 과정에서 고객의 혼란을 줄이기 위해 이동 시 직원이 동행한다. 진료가 끝난 뒤에도 따로 수납창구를 찾을 필요가 없다. 고객의 동선을 고려하여 직원이 이동식 카드결제단말기로 앉은 자리에서 수납을 도와준다. 고객중심적인 제도와 프로세스 혁신이 무엇인지를 아주 잘 보여준다.

고객중심의 서비스 혁신을 위해서는 자신의 함정을 깨닫고 생각의 회로를 고객에게 맞추어야 한다. '고객처럼 생각하라'는 말이다. 고객처럼 생각하려면 고객의 신발을 신고 직접 걸어보아야 한다. 그전에 자신의 신발부터 벗어야 한다. 자신의 고정관념을 버리고 고객의 신발을 신어봐야 어디가 이상하고 불편한지, 고객이 무엇을 원하는지를 제대로 알 수 있다.

고객만족을 완성하는 3단계

직접 요리를 해서 사랑하는 사람에게 대접하려고 한다고 하자. 이때 내가 잘하는 요리를 해야 할까, 아니면 그(녀)가 좋아하는 요리를 해야 할까? 조금 서투르더라도 그(녀)가 좋아하는 음식을 준비해야 한다. 자신이 잘하는 요리를 대접하는 사람은 계속해서 솔로로 지낼 가능성이 높다.

나는 《공감이 먼저다》라는 책에서 공감을 완성시키는 3단계를 제시한 바 있다. 진정한 공감은 역지사지(易地思之)를 넘어서 역지감지(易地感之), 즉 상대방의 감정까지 느껴보아야 하며, 더 나아가 역지행지(易地行之)까지 해야 비로소 완성된다는 요지였다. '고객만족으로 가는 길'도 이와 똑같다. 그런데 상대방의 입장에서 생각하고, 느끼고, 행동한다는 것은 결코 쉬운 일이 아니다. 어떻게 해야 할까?

'정글'이 궁금하다면 직접 정글로 들어가야 한다. 마찬가지로 고객만족을 위해서는 스스로 고객이 되어봐야 한다. 직접 제품을 사용하고 서비스를 이용해보면 고객이 구매하는 진짜 이유가 무엇이고 어떤 점이 부족한지를 실감할 수 있다.

세계적인 광고회사 사치앤드사치(Saatchi & Saatchi)는 소비자의 마음을 읽는 열쇠를 찾으려면 '정글로 가라'고 이야기한다. 사자가 어떻게 사냥하는지 알고 싶으면 동물원이 아니라 정글로 가야 한다. 그런데도 대부분의 기업들은 여전히 동물원에 가서 정보를 얻는다. 사무실에 앉아 소비자를 이해하려 하는 것이다. 하지만 그렇게 해서는 결코 알 수 없다. 소비자들은 사무실 복도 끝에 살지 않기 때문이다. 휠체어를 만드는 회사라면 임직원 모두가 휠체어를 타고 생활해보고, 의료서비스회사라면 환자가 되어서 입원치료를 받아봐야 한다.

미국의 산업디자이너 패트리샤 무어(Patricia Moore)는 26세의 나이에 노인으로 변장하고 3년을 살았다. 노인들이 일상에서 어떤 불편을 겪는지 알아보기 위해서였다. 부엌용품을 디자인할 때는 자기 손을 부목에 묶고 관절염환자들이 감자칼을 쓸 수 있는지를 시험하기도 했다. 그가 세계적인 디자이너이자 노인 관련 제품과 서비스의 전문가가 될 수 있었던 것은 이처럼 사용자들의 고통을 체험해보는 엄청난 노력이 있었기 때문이다.

만약 직접체험이 어렵다면 간접체험이라도 해야 한다. 고객들의 일상을 세심하게 관찰하거나 다양한 책과 자료를 섭렵하다 보면 어느 순간 통찰을 얻어낼 수 있다. '아, 이런 것도 있네…', '이거야말로 고객들에게 중요하지 않을까?', 혹은 '아! 고객들이 이래서 그랬구나'라며 생각지 못한 사실이나 아이디어를 발견하거나 새로운 깨달음을 얻게 될 것이다. 그렇게 얻은 통찰을 행동으로 옮기면 된다.

리더십과 고객서비스의 권위자이며 베스트셀러 작가이기도 한 마크 샌번(Mark Sanborn)은 이런 이야기를 들려준다.

병원에서 건강검진을 받고 난 다음의 일이었다. 배가 고팠던 그는 병원 모퉁이에 있는 스타벅스를 발견하고 카푸치노를 사서 근처 식당으로 들어가 아침식사를 주문했다. 그런데 식당 여종업원이 그의 스타벅스컵을 보고는 무뚝뚝하게 "저희 식당에서는 외부 음식과 음료는 반입 금지입니다. 버리시거나 카운터에 맡겼다가 나가실 때 찾아가시죠"라고 말하는 게 아닌가. 그는 3달러짜리 카푸치노를 버릴 생각이 없었다. 그래서 그 식당을 나와 다른 식당으로 갔다.

여종업원은 어떻게 응대해야 했을까? 정답은 이것이다.

"저희는 외부 음식이나 음료의 반입을 금지하고 있습니다. 제가 자리를 안내해드린 후 손님의 커피를 저희 컵으로 옮겨드리겠습니다."

식당에서 외부 음식이나 음료를 가지고 들어오지 못하게 하는 것은 이해할 수 있는 일이다. 하지만 '내가 고객이라면 어땠을까?'를 생각해보아야 한다. 커피를 다른 컵으로 옮겨주었더라면 식당은 10달러가 넘는 음식값을 벌 수 있었을 것이고, 섀번 또한 자신이 산 커피를 아무 문제없이 마실 수 있었을 것이다.

아무리 좋은 가죽이라도 그것으로 가방을 만들지 않으면 그냥 가죽에 지나지 않는다. 고객 입장에서 생각하고 느꼈더라도 그것으로 그치면 아무 소용이 없다. 이를 시스템 혁신으로 뒷받침하여 행동으로 옮길 수 있을 때 고객만족은 비로소 완성된다.

서비스에는 오직 베터(better)가 있을 뿐!

거울 나라의 앨리스

앨리스가 여전히 헐떡이며 말했다.

"음, 우리 세상에서는 지금처럼 오랫동안 빨리 뛰면 보통은 어디엔가 도착하게 돼요."

붉은 여왕이 말했다.

"느릿느릿한 세상이군. 그렇지만 보다시피 이곳에서는 네 힘껏 달려도 결국에는 같은 곳에 머물게 돼. 어딘가에 가고 싶다면 적어도 그 2배 속도로 뛰어야 한단다."

영국 작가 루이스 캐럴(Lewis Carrol)의 소설 《거울 나라의 앨리스》의 일부다. 붉은 여왕이 사는 세계에서는 열심히 달려도 앞으로 나아가지 못한다. 주변의 경치가 함께 움직이기 때문이다. 달리는 속도가 떨어지면 뒤처지고 만다. 러닝머신 위에서 달리기를 멈추면 넘어지듯 말이다.

기업 경영도 다르지 않다. 계속해서 달려야 그나마 현상 유지를 할 수 있으며, 이를 넘어 고객의 지속적인 사랑을 받으려면 2배 이상의 속도를 내야 한다. 시장과 고객은 끊임없이 변하고 움직인다. 여기서 베스트(best)란 없다. 베터(better)만이 있을 뿐이다. 고객서비스도 그렇다. '고객이 오케이할 때까지'라는 어느 기업의 광고카피처럼 우리는 고객만족에 최선을 다하고 있지만, 고객들은 '그만하면 되었다'고 만족감을 표시하는 경우가 거의 없다. 오히려 다양한 서비스의 등장에도 불구하고 고객만족도가 더 떨어지는 '서비스 패러독스' 현상이 발생하고 있다.

서비스 패러독스의 원인은 서비스에 대한 기대와 서비스의 성과로 나누어 살펴볼 수 있다. 먼저, 서비스에 대한 고객들의 기대수준이 너무 높아진 것이 한 원인이다. 예를 들어 이동통신서비스의 경우 우수한 통화 품질은 더 이상 차별적 요소가 되지 못한다. 당연히 갖춰야 할 기본 요소로 고객들의 마음속에 자리 잡았기 때문이다. 고객만족경영의 전문가인 칼 알브레히트(Karl Albrecht)는 이를 두고 "사슴처럼 앞서가는 고객의 기대를 달팽이의 속도로 쫓아가는 추격전"이라고 표현하기도 했다.

서비스 성과 면에서는 기업 위주의 표준화가 서비스 패러독스의 원인으로 작용한다. 많은 기업들이 서비스를 표준화, 기계화함으로써 규모의 경제와 신속성, 품질의 일관성 등을 꾀하고 있는데, 모든 서비스 영역에 획일적 기준을 적용하면 오히려 불만족을 야기할 수 있다.

감정적 교류가 필요한 서비스 영역에서 서비스의 기계화가 고객 이탈로 이어지는 것이다.

광고의 한 장면이다. 식사 중인 시아버지가 며느리를 부른다. 그런데 며느리가 뒤도 돌아보지 않고 자동응답기처럼 "원하시는 메뉴를 눌러주세요. 밑반찬은 1번, 밥은 2번. 잘못 누르셨습니다. 다시 들으시려면…"이라고 대답한다. 시아버지가 언짢은 표정을 짓는다. 고객이 기계적인 서비스를 만났을 때 보이는 불쾌한 반응과 유사하다. 이러한 문제를 개선하기 위해 교보생명에서 시작한 것이 '실버콜 서비스'다. 만 55세 이상의 고객이 자동응답서비스(ARS)로 전화해서 주민번호를 입력하면 상담원에게 바로 연결해주는 서비스로, 노년층을 배려한 것이다.

서비스 패러독스를 해결하려면

서비스 패러독스를 극복하는 방법에 대해 알아보자.

먼저, 실천 가능한 만큼만 약속함으로써 기대수준을 적절히 관리할 필요가 있다. 과대선전은 고객의 기대수준을 높여 불만족을 야기하기 쉽다.

다음으로, 고객의 감성적 니즈를 고려한 서비스 표준화가 필요하다. 생산성 향상과 비용 절감 같은 회사의 이익만이 아니라 고객의 니즈를 충분히 반영해야 한다. 고객의 니즈는 다층적 구조로 이루어져 있다. 이와 관련해서는 일본 도쿄대의 카노 노리아키(狩野紀昭) 교수가 만든 '카노모델(Kano Model)'이 유명하다. 고객 니즈의 진화와 기대 수준을 체계화한 모델로, 고객의 니즈를 기본 요인(must-be), 만족 요인

(satisfiers), 감동 요인(exciters, 흥분 요인이라고도 함) 등 3가지로 구분한다.

기본 요인은 고객이 서비스나 제품에 대해 기대하는 최소한의 요구 조건으로, 특별한 고객만족을 유발하지는 않지만 제대로 충족시키지 않으면 큰 불만을 야기한다. 예를 들어 스마트폰을 사용할 때 연결이 잘 되면 당연한 것으로 여기지만, 안 되면 큰 불만을 갖게 된다.

만족 요인은 '베터(better)'와 관련된 것으로, 잘 갖춰질수록 고객만족도가 상승한다. 스마트폰의 배터리 용량이 커질수록, 은행의 대기시간이 짧아질수록, 자동차의 연비가 높아질수록 만족도가 올라가는 것이 그 예라고 할 수 있다.

감동 요인은 제공하면 만족을 유발하지만 제공하지 않는다고 해서 큰 불만족을 야기하지도 않는 것이다. 예를 들어 스마트폰에 자동차 키나 집 열쇠 등으로 쓸 수 있는 기능을 부여한다면 고객은 대단히 감동스러워할 것이다. 따라서 고객은 감동 요인과 관련한 제품과 서비스가 있는지도 모를 때가 많으며, 명시적으로 요구하거나 불평하지도 않는다. 그러나 충족시켜주면 만족감이 급격히 상승하여 감동 수준에 다다르게 된다.

이마트는 고객들이 쇼핑 중에 휴대폰과 음료수를 손에 들고 다니기 힘들다는 점을 고려해 카트에 휴대폰/음료수 전용 거치대를 만들었다. 예상치 못한 배려에 "음료수뿐 아니라 아기 젖병도 넣을 수 있어 유용하다"며 반기는 고객이 많았다. 상품을 구매하는 활동을 면밀히 관찰함으로써 고객들이 무의식 속에서 느끼는 불편함을 찾아낸 결과다. 고객 관찰이 중요한 이유를 알 수 있다. 고객은 자신이 원하는 것을 의식하지 못하는 경우가 있고, 있더라도 항상 일관된 정답을 말하지 않기 때문이다.

앞에서 소개한 카노모델에 따라 기업은 고객 추종형, 고객 선도형의 2가지 전략을 구사할 수 있다. 고객 추종형은 고객의 목소리를 경청하여 반영하는 전략이고, 고객 선도형은 고객을 리드하는 전략이다.

카노모델에서 기본 요인과 만족 요인은 고객의 의견에 귀를 기울여 불만을 해소하고 더 편리하게 만드는 고객 추종형 서비스나 제품으로 충족시킬 수 있다. 마치 늘 여자의 의견을 묻고 따르는 '착한 남자'처럼 하는 것이다. 반면에 감동 요인은 고객 선도형으로 제공하는 것이 적절하다. 주도적이며 카리스마 넘치는 '나쁜 남자'처럼 말이다.

고객 추종형과 고객 선도형은 산업 분야에 따라서 적용 범위가 달라진다. 고객 추종형은 기술이나 환경의 변화가 별로 크지 않은 안정적인 분야에서 성공할 가능성이 높다. 고객들은 익숙한 제품이나 서비스에는 솔직한 의견을 제시하기 때문이다. 그에 비해 고객 선도형은 변화가 빠른 디지털제품처럼 고객이 미리 예상할 수 없는 하이테크 분야에서 효과적이다.

시기에 따라 두 전략을 혼합해서 사용할 줄도 알아야 한다. 출시 초기에는 제품에 대한 생소한 느낌을 극복해야 하므로 고객 선도형 마케팅을 추진하고, 어느 정도 성숙기에 접어들면 고객 추종형 마케팅과 서비스로 전환하는 것이 좋다.

고객 추종형과 고객 선도형 서비스는 서로 다른 듯 보이지만 모순적이지 않다. 두 방식 모두 고객의 마음속에 내재된 가치를 만족시켜 준다는 공통점이 있기 때문이다.

고객은 '나쁜 남자'를 좋아한다?

맥도날드는 고칼로리 음식을 판매한다. 비만 인구가 많은 미국에서 다이어트 열풍이 불자 맥도날드는 시장조사를 통해 '다이어트버거'의 수요가 충분하다고 판단했다. 실제 설문조사 결과, 건강을 위해 소고기 패티(patty. 잘게 썰어 둥글납작하게 뭉친 것)에 미역을 섞어 지방을 줄이고 칼로리를 낮춘 햄버거가 나오면 사먹겠다는 응답이 많았다. 특히 여성들이 큰 기대감을 나타냈다. 다이어트버거 '맥린(McLean)'은 그런 고객들의 생각에 용기를 얻어 출시되었다. 그러나 막상 제품이 출시되자 반응이 냉담했다. "다이어트해야지요"라고 대답했던 사람들이 정작 제품 선택에서는 다른 행동을 보였던 것이다. 맛을 포기하고 다이어트를 선택하는 이들은 예상보다 많지 않았다.

고객들에게 물어보고 그들이 원하는 것을 제공하는 것에는 한계가 있다. 분명 다이어트에 대해 합리적인 생각을 했으면서도 결과적으로는 비합리적인 행동을 보이기 때문이다. 왜 그럴까?

앞에서 언급한 것처럼 사람들은 자신의 본심을 모를 때가 있을 뿐 아니라 알아도 털어놓지 않는 경우가 적지 않다. 사람은 본심과 달리 합리적으로 보이는 '정답'만 말하는 경향이 있다. 자신의 답을 남들이 본다는 생각에 솔직해지지 못하는 것이다. "거리에 떨어져 있는 휴지를 보면 줍습니까?"라고 물으면 90% 이상이 "예"라고 대답한다. 휴지를 줍는 행위는 합리적이고 올바른 행동이기 때문이다. 그러나 실제로는 대부분의 사람들이 떨어진 휴지를 보고도 그냥 지나쳐버린다.

실은 나도 그런 적이 있다. 나는 자동차에 대한 애착이 별로 없는 사람이다. 그냥 바퀴만 잘 굴러가면 된다고 생각하는 편이다. 그런데 본심과 다른 선택을 하고 말았다. 10년쯤 타다보니 차가 낡아 보이긴 했지만 정도 많이 들었고 잔 고장도 별로 없었다. 바꿀 생각이 전혀 없었다. 그러다가 결국 남들이 보기에 괜찮은 새 차로 바꾸게 되었다. "돈 잘 버는 명강사가 타고 다니는 차가 너무 후지다"는 핀잔에 폼나 보이는 차를 산 것이다. 그러면서도 가족이나 지인들에게는 "차가 오래되고 낡아 수리비가 더 많이 든다"며 합리적인 이유를 댔다.

수입차를 산 젊은 청년에게 "왜 수입차를 샀습니까?"라고 물으면 대부분 엔진이 강해서, 디자인이 좋아서, 또는 연비가 탁월해서 등의 대답을 한다. 하지만 진짜 속내는 폼을 잡고 싶어서, 남들보다 돋보이고 싶어서, 아름다운 여성에게 잘 보이고 싶어서가 대부분이다. 따라서 진정한 고객만족을 위해서는 무엇보다 드러나지 않은 고객의 니즈를 정확하게 파악하는 것이 중요하다. 그러나 맥린버거 사례에서 보듯 그것을 정확히 잡아내기란 여간 어려운 일이 아니다. 그래서 때로는 고객을 따르기보다 이끌어갈 필요가 있다.

여자들이 '나쁜 남자'에게 끌리는 이유가 자신감에서 나오는 '안정감' 때문이라는 분석이 있다. 나쁜 남자는 대체로 이기적이며 의사결정 시 주도적이고 자신 있는 태도를 보이는데, 이러한 자신감이 여자에게는 자신을 지켜줄 수 있을 것 같은 안정감을 느끼게 한다는 것이다. 만날 때마다 "그쪽 생각은 어때요?", "어디로 갈까요?", "무슨 음식을 먹을까요?"라고 물어보는 착한 남자는 귀찮고 피곤할 수 있다. 그보다는 "내가 다 준비해놨으니 따라오기만 하면 돼!", "오늘은 치맥으로 하자!"며 이끄는 남자가 더 매력적일 수 있다. 복잡하게 신경 쓸 것 없이 편하게 즐기기만 하면 되니까.

기업도 고객의 목소리를 듣는 것 못지않게 고객이 미처 생각하지 못한 가치를 선도적으로 제안하는 나쁜 남자가 되어야 한다. 고객이 그냥 편하게 즐길 수 있도록 말이다. 스티브 잡스(Steve Jobs)를 생각해 보라. 어떤 사람도 스티브 잡스에게 스마트폰을 만들어달라고 요구한 적이 없었다. 누구도 손바닥만 한 기계로 전화도 하고, 이메일도 보내고, 음악과 동영상이 나오게 해달라고 부탁하지 않았다. 단지 사람들이 원할 것이라고 믿고 스티브 잡스가 자신 있게 자신의 제품을 세상에 내놓은 것이다. 그는 직원들에게 상품 개발에 앞서 설문조사를 하되 절대적으로 신뢰하지는 말라고 주문하기도 했다.

알고 보면 혁신적인 제품이나 서비스는 전혀 다른 라이프스타일을 제공하기 때문에 고객의 의견을 구하려야 구할 수도 없다. "고객에게 필요한 게 무엇이냐고 물어보았다면 '더 빨리 달리는 말'이라고 대답했을 것이다"라는 미국의 자동차왕 헨리 포드(Henry Ford)의 말처럼, 고객에게 물어보아서 전에 생각지 못한 새로운 가치를 발견하는 데는 한계가 있다. 세계적인 전자회사 소니의 창업자인 모리타 아키오(盛田昭夫)는 이렇게 주장했다.

"소비자들을 새로운 제품으로 리드해가야 한다. 소비자는 무엇이 가능한지 모르지만, 우리는 알기 때문이다."

사람들은 어떤 기술로 무엇을 만들 수 있을지 알지 못한다. 그것은 기술과 자본을 가진 기업만이 알 수 있다. 그래서 어떤 개념의 제품을 만들어 소비자들을 즐겁게 해줄 것인가는 기업이 먼저 결정하여 제공해야 한다.

핵심 가치를 고객만족으로 정렬하라

고기잡이를 포기한 어부

일본의 이와쿠리라는 곳에서 바다가 오염되어 생선을 못 먹게 된 적이 있었다. 오염의 원인을 분석해보니 동양방직회사의 폐수가 바다로 흘러들었기 때문이었다. 어부들의 생존권이 문제되자 방직회사는 어부들이 잡아오는 오염된 생선을 전량 수매하여 폐기하기로 했다. 처음에 어부들은 돈을 받는 재미에 열심히 생선을 잡았으나 얼마 안 가 모두 고기잡이를 포기했다. 더 이상 보람을 느낄 수 없었기 때문이다. 그들은 그동안 어로작업이 힘들었지만 자신이 잡은 생선이 사람들의 식탁에 오른다는 자부심과 보람으로 일해왔다. 돈도 중요하지만 그것만으로 환산할 수 없는 가치를 중히 여겼던 것이다. 그런데 그것을 느낄 수 없게 되자 고기잡이를 그만두게 된 것이다.

"어떤 사람을 완전히 바보로 만들고 싶으면 그에게 완전히 무의미하고 불합리한 일을 주어라."

러시아 소설가 도스토옙스키(Dostoevskii)의 말이다. 인간은 본질적으로 의미를 추구하는 존재다. 그래서 대의를 위해 기꺼이 목숨을 내놓기도 한다. 일제강점기의 독립투사들이 조국의 독립을 위해 목숨을 바친 것도 그 때문이다.

기업의 경영자는 직원들이 일의 의미를 깨우치게 하고, 그것을 통해 직원들을 움직여야 한다. 이것이 '가치 경영'이다. 회사가 어떤 가치를 추구하느냐는 매우 중요한 문제다. 세계적인 경영학자 짐 콜린스(Jim Collins)는 이렇게 말한다.

"업종 내에서 탁월한 성과를 거두며 지속적으로 성장하는 기업은 직원들의 마음을 움직이는 살아 있는 가치관이 존재한다."

가치관이 살아 있는 기업의 모습

존 코터(John Kotter) 하버드대 교수의 연구에 따르면, 가치관이 살아 있는 기업은 일반 기업에 비해 주가는 12배 더 빠르게 상승하고, 일자리 창출 비율은 7배, 이윤 실적은 7.5배 상승한다고 한다.

직원들이 저마다 다른 사고방식에 따라 서로 다른 길로 나아간다면 어떻게 될까? 물리학에 벡터라는 개념이 있는데, 크기와 방향을 동시에 나타낸다. 직원들이 내는 힘인 조직력도 벡터와 같다. 이들이 내는 힘이 한 곳으로 모이지 않고 뿔뿔이 흩어지면 각자가 애를 써도 그 합은 0에 가깝게 된다.

"기업의 사명(미션)이 '고객과 함께 성장하는 가슴 뛰는 행복 기업'인데, 본인은 어떻게 일하고 있습니까?", "최고의 서비스를 통해 미래 가치를 창조하는 일류 기업이 회사의 비전인데, 지금 어디쯤 가고 있다고 봅니까?", "미션과 비전, 경영 목표 달성을 위해 본인은 무엇을 하고 있습니까?"

내가 어느 회사의 서비스 품질 인증심사에서 직원들에게 한 질문이다. 요지는 '우리 회사는 왜 존재하는가, 꿈은 무엇인가, 어떤 방식으로 사업할 것인가'이다. 이 3가지 질문에 대한 답변이 곧 그 기업의 미션, 비전, 핵심 가치라고 할 수 있다. 이것을 공유하지 않으면 기업은 뿌리 없는 줄기가 되어버린다.

미션(mission)은 거시적 관점을 가져야 한다. 기업은 적절한 미션을 설정하여 이를 소비자에게 어필해야 한다. 만약 기업이 이익만 추구한다면 무엇을 하건 돈만 많이 벌면 그만일 것이다. 그러나 기업은 이익 추구 외의 존재 이유가 있어야 지속가능할 수 있다. 일례로 아마존닷컴의 미션은 '지구상에서 가장 고객중심적인 기업이 된다'이다.

비전(vision)은 10년 혹은 20년 후에 달성하고자 하는 목표를 설정하는 것으로, 명확한 방향성을 제시해야 한다. 그래야 모든 구성원의 가슴을 뛰게 할 수 있다. 참고로 현대백화점의 비전은 '고객에게 가장 신뢰받는 기업'이고, LG패션의 비전은 '2017 TOP 10 Global Brand Company'이다.

핵심 가치(core value)는 모든 의사결정의 가장 중요한 기준으로, 일관성이 대전제다. 핵심 가치를 설정한다는 것은 직원들이 미션과 비전에 따라 활동할 수 있는 가이드라인을 제시하는 것이다. 어떤 사안에도 동일하게 적용될 수 있어야 한다. 기업은 모든 직원이 핵심 가치를 숙지할 수 있게 해야 한다. 왜냐하면 그들의 생각과 행동이 고객들에게 기업의 실체를 그대로 보여주기 때문이다. 듀폰의 핵심 가치는 안전, 환경, 윤리, 인간존중이다.

미션과 비전, 핵심 가치 모두에 공통적으로 중요한 조건이 있다. 머릿속에 생생하게 그려질 만큼 구체성을 띠어야 한다는 것이다. 추상적이고 모호하면 모두에게 공유되기가 어렵다.

월트디즈니의 미션은 '세상 사람들을 행복하게 만드는 것'이다. 단지 만화를 잘 그리는 것으로 미션을 국한했다면 오늘날과 같은 위대한 엔터테인먼트회사로 성장할 수 없었을 것이다. 글로벌 호텔체인인 메리어트 인터내셔널(Marriot International)의 미션은 '우리 메리어트 인터내셔널은 길을 떠나온 나그네들에게 마치 친한 친구의 집에 온 듯한 안락함을 주는 것'이다. 이처럼 구체적인 기업의 미션이 직원들의 가슴을 뛰게 한다.

교보생명의 신창재 회장은 직원들과 360회 이상의 대화와 토론을 거쳐 '모든 사람들이 미래의 역경에서 좌절하지 않도록 돕는다'를 기업의 미션으로 정했다. 신 회장이 이를 세상에 선포하던 날, 많은 보험설계사들이 눈물을 흘렸다고 한다. 수없이 고객들에게 거절당하며 자존심에 상처를 입었기에 자신의 일이 그렇게 가치 있는 것인지를 미처 깨닫지 못했던 것이다.

미션이 분명하면 구성원들이 자신의 일에서 특별한 가치를 발견하게 된다. 또한 미션을 공유하면서 서로에 대한 관점의 전환이 일어난다. 단지 돈을 벌기 위해 어쩌다 만난 사람이 아니라 의미 있는 일을 위해 모인 동지로 인식하게 되고, 그러한 과정을 통해 조직 전체가 같은 꿈을 함께 이루어나가는 비전공동체가 된다.

상사가 시키니까 마지못해 일하는 직원은 고객을 감동시킬 수 없다. 단기적 이익에 급급해서 돈만 많이 벌겠다는 생각을 가진 기업은 오래가지 못한다. 고객만족을 통한 좋은 이익과 장기적 가치를 추구하는 기업이 지속적인 생명을 보장받을 수 있다. 기업은 사회적으로 바람직하고 지속가능한 비전을 고객에게 약속할 수 있을 때 비용 대비 생산성을 개선하고 새로운 시장에서 매출을 증가시키고 기업의 브랜드 가치를 높이는 성과를 기대할 수 있다.

서비스문화는 어떻게 만들어지는가

핵심 가치는 앞서 이야기한 대로 의사결정의 가장 중요한 가이드라인으로, 구성원 모두에게 분명히 제시해야 한다. 대부분의 기업에 '사훈'이 걸려 있는데, 그저 벽에 걸어두는 장식물이 아니라면 바로 여기에 핵심 가치를 담아야 한다.

핵심 가치의 모습은 다양하다. 어떤 기업은 가족적인 내부 문화를 중요시하고, 어떤 기업은 직원들 간의 경쟁을 우선시한다. 고객에 대한 탁월한 서비스를 추구하는 기업도 있다. 구글의 경영 원칙 중 하나는 '악한 일을 하지 말자(Don't be evil)'이다. 고객과 인류에 어떻게 기여할 것인가를 고민한 대목으로 읽힌다. 실제로 인터넷에서 구글의 창을 열면 흔하디 흔한 광고 한 줄 나오지 않고, 사람들에게 피해를 줄 수 있는 영상이나 내용은 검색하지 못하도록 다양한 제어장치를 두고 있다. 이렇듯 핵심 가치는 업무시스템은 물론 직원들이 일하는 방식 등 모든 면에 영향을 미치며, 직원들이 공유하는 기준이 되어 자연스럽게 기업문화를 결정하게 된다.

지금은 많이 개선되었다고 하지만 아직도 여행사의 횡포가 많은 불만을 사고 있다. 내가 경험한 일이다. 몇 년 전 말레이시아로 단체여행을 간 적이 있는데, 3일째 되던 날 몸이 아파 꼼짝하기 어려운 상태가 되었다. 그냥 호텔에서 쉬려고 가이드에게 사정을 말했더니 "그렇게 되면 비용을 더 내야 한다"며 으름장을 놓는 것이었다. 여행 패키지 상품은 기념품 구입 등의 쇼핑을 감안하여 요금을 저렴하게 책정한다는 정도는 알고 있었지만, 이건 좀 지나치다는 생각이 들었다. 물론 많은 사람들과 일정을 함께하는 동안 발생하는 갖가지 변수에 대해 일일이 규정을 만들어 시행하기는 불가능할지 모른다. 여행상품만큼 서비스 과정을 표준화하기가 어렵고, 여행객과 여행사의 상호작용이 빈번하게 일어나는 경우도 별로 없을 것이다. 그렇다고 해도 여행사는 가이드가 어떤 상황에서도 고객 입장을 최우선시하도록 핵심 가치를 명확히 할 필요가 있다. 이것이 결국 고객만족을 좌우하는 서비스문화로 자리 잡게 되는 것이다.

서비스문화란 서비스에 대한 이념, 가치관의 집합체로서 고객, 직원, 기업 등에 형성된 일정한 패턴이 표출되는 방식이다. 월트디즈니, 사우스웨스트항공, 리츠칼튼호텔, 온라인쇼핑몰 자포스, 노드스트롬백화점 등은 서비스문화가 잘 확립된 대표적인 기업들이다. 이는 그대로 직원들의 의식과 행동으로 나타난다. 노드스트롬백화점의 한 판매원은 "어느 때 화가 나는가?"라는 질문을 받고 "첫째는 고객에게 도움을 주지 못했을 경우, 둘째는 물건을 도난당한 경우"라고 대답했다고 한다. 이 회사가 무엇을 중시하는지 능히 짐작할 수 있다. 이처럼 서비스문화가 정착된 기업에서는 탁월한 서비스를 기대해도 좋다.

고객중심의 가치관이 뿌리내리는 5단계

리더는 조직의 살아 있는 로고(logo)와도 같다. 리더의 행동 하나하나가 구성원들에게 절대적 영향을 미치기 때문이다. 이와 같은 리더의 모범적 인물로 세계 최대의 유통업체인 월마트의 창업자 샘 월튼(Sam Walton)을 들 수 있다.

월튼은 수시로 월마트 매장을 돌아다니며 직원들과 담소를 나누었다. 그가 전하는 메시지는 항상 똑같았다. 그는 정교한 이론이나 시장점유율에 대한 통계수치, 규칙이나 규정을 들먹이지 않고 이렇게 말했다.

"우리 모두는 고객 가치를 만들어내기 위해 이곳에 모여 있다. 여러분은 자신이 하는 일에 대해 자랑스러워할 자격이 충분하다. 만일 여러분이 일을 해나가는 데 여러분의 관리자나 내 도움이 필요하다면 주저하지 말고 청하라."

월튼은 현장에서 자신의 가치관과 경영철학을 널리 알리는 전도사로서 모범을 보여주었고, 이런 점에서 그는 '리더의 로고'라고 할 수 있다. 월튼처럼 고객중심의 가치관을 조직의 문화로 만들기 위해서는 5단계가 필요하다.

첫째 단계는 CEO 자신부터 고객중심적 가치관을 확고히 하는 것이다. 그런 다음 직원들이 가치관을 잘 이해하고 있는지를 진단한다. CEO는 기업의 최종 의사결정권자로서 결정 때마다 자신의 가치관을 의식적이든 무의식적이든 투영할 수밖에 없다. CEO의 가치관을 중심으로 기업의 가치관을 수립하는 것이 바람직하다.

둘째 단계는 반복 메시지를 통해 공감을 얻는 것이다. 고객만족경영은 한마디로 '기업의 CEO가 중요하게 생각하는 고객중심의 가치를 직원들도 똑같이 중요하게 생각하도록 하는 경영'이라고 할 수 있다. 즉, 일의 우선순위에 대해 CEO와 직원들의 생각이 같아지는 것으로, 투자와 의사결정에서 고객을 최우선으로 삼는 것이다. 그러면 기업의 정체성이 뚜렷해지고 경영 목표가 분명해지는 효과를 얻게 된다. CEO와 직원들의 우선순위가 같아지려면 한두 번의 반복으로 끝나서는 안 된다. 리더의 커뮤니케이션은 지나치다고 생각될 때까지 반복해서 전달하고 강조해야 한다. "당신이 말하는 것에 진절머리가 나고 지쳐갈 때에야 비로소 팀원들이 당신의 메시지를 정확히 이해할 것이다(Your team will only truly understand your message exactly when you are sick and tired of saying it)"라는 격언을 기억할 필요가 있다.

셋째 단계는 구체적인 언어로 소통하는 것이다. 경영자는 회사의 비전과 핵심 가치를 설정하고 그것을 달성하기 위한 전략을 수립하지만, 현장의 직원들은 이를 실천하기 위해 구체적으로 무엇을 해야 하는지 모른다. 자신이 하는 일이 회사의 목표와 어떻게 연결되는지도 잘 알지 못한다. 가장 큰 원인은 회사의 비전이나 슬로건이 너무 추상적이기 때문이다. 구체적인 언어로 말해야 잘 이해되고 행동으로 옮겨질 가능성이 높아진다. 예를 들어 '불조심하라'는 구체적이지 않다. '난로 3m 이내에 모래주머니 3개를 비치하라'가 구체적이다.

사우스웨스트항공은 사업 초기 '1위의 저가항공사'를 비전으로 삼았다. 하지만 최고경영자 허브 캘러허(Herb Kelleher)는 직원들에게 업계 1위가 되기 위해 노력하자고 말하지 않았다. 지상 운영을 담당하고 있는 직원들에게는 "지상 대기시간을 20분 미만으로 줄여라"라고 지시했다. 항공사는 비행기가 하늘에 떠 있는 시간을 늘려야 돈을 벌기 때문이다. 승무원들에게는 "승객들을 재미있게 해주기 위해 최선을 다하라"고 말했다. 아무리 저가항공사라고 해도 고객만족을 등한시하면 '사람을 짐짝 취급한다'는 불평이 생길 수 있다. 그들은 비행 전 구명조끼 착용 시범을 보일 때도 유행하는 힙합댄스 동작을 적극 활용했다.

넷째 단계는 가치관과 연계해서 피드백하는 것이다. 사람에게는 2가지 거울이 필요하다. 겉모습을 비춰주는 거울과 내면이나 행동하는 모습을 비춰주는 거울이다. 피드백이란 상사가 직원을 거울처럼 비춰주는 것이다. 잘한 일에는 칭찬을, 즉 '지지적 피드백'을 하고, 잘못한 일에는 '발전적 피드백'을 해줘야 한다. 이때 핵심 가치와 연계해서 직원의 행동과 성과를 피드백해주는 것이 좋다.

국내의 모 배터리공장에서 배터리의 주원료인 황산을 담아둔 탱크에 작은 균열이 생겨 황산이 유출된 사고가 있었다. 그때는 장마철이어서 마음만 먹으면 사고를 숨기고 넘어갈 수도 있었다. 공장장이 고민 끝에 부사장에게 전화를 걸어 사실을 숨겨야 할지를 물었다. 그러자 부사장은 한 치의 머뭇거림도 없이 "우리의 핵심 가치가 뭔지 잊었는가!"라고 호통을 치고는 전화를 끊어버렸다. 이 기업의 핵심 가치는 '정직'이었다. 새삼 깨달은 공장장은 곧바로 유출 사실을 당국에 알리고 수습에 나섰다. 결과적으로 이 기업은 '정직한 기업'이라는 이미지를 선물로 받고 더 큰 신뢰를 얻을 수 있었다.

다섯째 단계는 직원들이 기업의 비전과 핵심 가치 실천에 동참했을 때 어떤 이익을 기대할 수 있는지를 분명히 제시하는 것이다. 직원들이 불만을 갖는 가장 큰 이유 중 하나는 '내가 고생하고 노력한 만큼 인정을 받지 못한다'는 것이다. 리더는 회사의 비전과 핵심 가치를 위해 직원들이 실천하고 감수해야 할 일이 무엇인지를 정확하게 전달해야 할 뿐 아니라, 이후에 얻게 되는 이익이 무엇인지도 명확히 알려주어야 한다.

이처럼 고객만족이라는 핵심 가치는 확고한 고객중심의 가치관, 반복을 통한 공감과 구체적인 소통, 적절한 피드백과 더불어 실현에 따르는 보상이 제대로 주어질 때 조직문화로 자리 잡을 수 있는 것이다.

고객만족은 천국의 식사처럼

천국과 지옥의 식사

어떤 사람이 천국과 지옥을 구경하게 되었다. 마침 양쪽 다 식사시간이었다. 모두가 겸상을 하고 있었는데, 팔보다 훨씬 긴 젓가락으로 먹되 한 번 떨어뜨린 음식은 다시 집어먹을 수 없다는 규칙이 있었다. 지옥에 있는 이들은 제각기 음식을 집어서 자기 입에 넣으려 했지만 젓가락이 너무 길어 떨어뜨리기만 할 뿐 한 입도 제대로 먹지 못해 아우성이었다. 그러나 천국에서는 그런 몸부림을 볼 수 없었다. 규칙도 젓가락 길이도 똑같았지만 모든 사람이 배불리 먹고 있었다. 마주 앉은 사람의 입에다 서로 넣어주었기 때문이다.

고객만족의 경영철학을 한 단어로 표현하면 '상생'이다. 천국에서처럼 서로 상대방의 입에다 음식을 넣어주는, 즉 남을 먼저 이롭게 함으로써 궁극적으로 내가 이롭게 된다는 '자리이타(自利利他)'의 정신이라고 할 수 있다.

구글의 성공 사례도 사람을 먼저 이롭게 한 경우다. 1998년 두 대학생이 구글이라는 회사를 차렸을 때 이미 전 세계의 인터넷 사용자는 1억 명을 넘어서고 있었다. 검색시장도 포화 상태로 야후, 알타비스타, 익사이트 등이 치열하게 경쟁하고 있었다. 그런 상황에서 2001년 봄, 구글이 야후를 누르고 세계에서 이용자가 가장 많은 검색엔진으로 우뚝 서게 되었다.

구글의 성공 요인은 무엇보다 우수한 검색 기능이었다. 구글은 빠르고 정확한 검색을 위해 당시 검색포털의 유일한 돈벌이였던 배너광고를 포기했다. 배너광고가 있으면 웹페이지가 뜨는 시간이 길어질 뿐 아니라 검색과 상관없는 광고를 봐야 하는 불편함을 없앤 것이다. 당시로서는 상상하기 힘든 선택이었다. 후발업체로 시작한 구글은 이렇게 광고 수입이라는 달콤한 유혹을 포기하고 고객 입장에서 빠르고 쉽게 검색하게 함으로써 경쟁사보다 탁월하다는 입소문을 타고 마침내 선두의 자리에 올랐다.

하늘은 스스로 돕는 자를 돕는 게 아니라 '남을 돕는 자를 돕는다.' 존경받는 정치인, 사랑받는 기업은 고객과 국민을 먼저 이롭게 하고 더 편리하게 한다. 이때 주의할 점은 더 큰 기쁨을 먼저 주어야 한다는 것이다.

사람은 누구나 자신이 지불한 것 이상의 가치나 기쁨을 얻을 때 만족한다. 10만 원짜리 넥타이를 선물한 여자에게 10만 원짜리 화장품 세트로 되갚는 남자는 그녀의 마음을 얻을 수 없다. 더 적극적이고 자상한 남자에게 사랑하는 여자를 뺏길 수 있다. 마찬가지로 10만 원짜리 상품을 구매한 고객이 10만 원만큼의 가치를 느끼면 된다고 믿는 기업은 생존하기 어렵다. 2, 3배의 가치를 느끼게 해주는 경쟁사가 수두룩하기 때문이다.

고객이 지불한 것보다 더 큰 가치를 제공하는 기업이 오래간다. 고객에게 더 큰 만족을 주는 CS경영을 위해 기업은 언제든 고객에 대한 철학을 바꾸고 미션을 새롭게 할 수 있어야 한다. "고객서비스는 전략이 아니다(Customer service is not a strategy), 고객서비스는 삶의 방식이다(Customer service is a way of life)"라고 말하는 이유다.

하지만 모든 고객이 다 같을 수는 없다. 흔히 고객을 구분할 때 산토끼, 집토끼라는 비유를 사용한다. 신규고객을 산토끼로, 기존고객을 집토끼로 표현하는 것이다. 산토끼는 잡는 게 쉽지 않을뿐더러 힘들여 잡아와도 다시 도망가기 일쑤다. 산토끼를 잡으러 다니는 사이 집토끼가 도망갈 수도 있다. 반면에 집토끼는 잘 관리해주기만 하면 된다. 학자들의 연구 결과도 집토끼의 중요성을 확인시켜준다.

하버드 비즈니스 리뷰(HBR)의 연구 결과에 따르면, 신용카드사들이 신규회원 1명을 유치하기 위해 약 51달러를 사용하는데, 회원이 1년 동안 회사에 가져다주는 이익은 30달러에 불과하다. 이 회원이 1년 만에 이탈하면 회사는 유치비용 21달러를 그대로 손해 보는 셈이다. 그런데 2년이 되면 회원이 42달러를 벌어다줌으로써 회사는 21달러의 흑자를 보게 된다. 그러면 한 명의 기존회원을 유지하는 데 드는 비용은 얼마나 될까? 신규회원 유치비의 10분의 1 미만이다. 다시 말해서 고객을 더 오래 붙잡고 있을수록 회사의 이익이 커진다는 것이다. 자동차정비업체의 경우 4년차 고객이 회사에 기여하는 수익은 1년차 때의 3배에 달했다. 고객이 단기간에 이탈하면 회사에 얼마나 큰 손해인지를 단적으로 보여준다.

고객이 갈망하는 것

많은 콜센터들이 첨단기술을 통해 빠르고 편리하게 고객들을 응대하고 있다. 그러나 고객들이 진정으로 원하는 것을 채워주고 있는지는 의문이다. 고객만족도 조사를 보면 대다수의 고객들이 빠르게 전화를 받고 따뜻하고 자상하게 설명해주는 콜센터를 선호하는 것으로 나타난다. 표준화된 시스템과 매뉴얼을 통해 효율적으로 응대하고 있지만 그것만으로는 충분하지 않다는 것이다. 기업은 효율성을 추구하지만 고객은 관계 증진을 원한다. 편안한 찻집 같은 서비스, 차가운 컴퓨터가 아닌 따뜻한 휴먼터치로 자신을 대해주길 갈망하고 있다.

미국의 신발 전문 온라인쇼핑몰인 자포스(www.zappos.com)에서는 콜센터가 핵심 부서 중 핵심 부서다. 여기에서는 콜센터 대신 '컨택센터(Contact Center)'라고 부르는데, 자포스가 '고객서비스의 끝판왕'이라는 명성을 얻는 데 가장 큰 역할을 한 이 부서가 바로 자포스의 경쟁력이자 성공 요인이다. 컨택센터는 직원을 100% 정규직으로 채용한다. 절차는 까다롭다. 상담원이 되려면 15명 이상의 직원들과 인터뷰를 해야 하고, 통과가 된 후에는 매뉴얼 없이도 유연하게 고객을 응대할 수 있을 때까지 몇 주에 걸친 교육을 받는다. 또한 하루 통화건수를 제한하여 최고의 컨디션으로 상담의 질을 높일 수 있게 배려한다. 365

일 연중무휴로 운영하는데, 응대시간이나 상담 내용은 정해져 있지 않다. 심지어 고객이 애완동물이나 남자친구, 취미 같은 사적인 수다를 늘어놓아도 적극적으로 받아주고 소통한다. 이를 위해 무려 6시간이 넘게 고객과 통화하는 경우도 있다. 직원에 대한 평가도 응대건수나 매출 연결건수가 아니라 고객을 얼마나 만족시켰는가에 초점을 맞춘다. 그러면서 직원들은 정말로 특별한 '자포스 사람'이 되었다. 알아서 고객을 감동시키는 것이다. 자포스의 CEO 토니 셰이(Tony Hsieh)는 이를 '행복의 배달'이라고 표현한다.

더 놀라운 것은 자포스의 전체 매출에서 전화 판매가 차지하는 비중이 채 5%도 되지 않는다는 사실이다. 그럼에도 불구하고 이처럼 콜센터에 투자하는 이유가 무엇일까? 바로 '고객은 언젠가 최소한 한 번은 전화를 건다'는 판단 때문이다. 이뿐만이 아니다. 자포스에서는 주문과 반품이 모두 무료다. 상품을 주문한 다음 마음에 드는 것만 남기고 나머지는 반품할 수 있다. '그러다 망하는 거 아니야?' 하는 의문이 들 것이다. 이에 대해 자포스의 재무책임자는 이렇게 말한다.

"우리가 하는 일들이 많은 비용이 드는 것이 사실이지만, 우리는 어떤 일을 고민할 때 장기적인 관점에 중점을 두고 있다!"

고객관계를 오래 유지하는 전략

고객을 행복하게 하면 고객은 떠나지 않는다. 고객을 오래 유지하기 위한 전략을 알아보자.

첫 번째 전략은 자포스처럼 단기 이익보다 장기 이익에 초점을 맞추는 것이다. 코스트코는 창업 이래 '마진 15%'의 원칙을 고수했다. '15%는 우리도 돈을 벌고 고객도 만족하는 경계'라고 생각한다. 마진이 더 커지면 과감히 판매가격을 낮춘다. '15% 이상 이익을 남기면 기업의 규율이 사라지고 탐욕을 추구하게 된다. 당장은 좋을지 몰라도 길게 봤을 때 고객들이 떠나고 기업은 낙오한다'는 것이 창업자 짐 시네갈(James D. Sinegal)의 철학이다.

두 번째 전략은 나쁜 이익을 버리고 좋은 이익을 좇는 것이다. 전에 제주도를 여행하는 동안 어느 유명 회사의 렌터카를 이용한 적이 있었다. 즐겁게 1박 2일의 여행을 마쳤는데, 렌터카를 반납할 때 문제가 발생했다. 주유소에서 연료를 원래 눈금에 맞추어 채워놓았는데, 공항까지 오는 동안 조금 소모되었던가 보다. 렌터카회사 직원의 지적에 내가 돈으로 계산하겠다고 했더니 대뜸 만 원을 더 내라는 것이었다. 너무 많다고 하니 그러면 가스충전소에 가서 더 넣어오라고 했다. 기가 막혔지만 그의 요구를 들어주는 수밖에 없었다. 나중에 인터넷에서 알아보니 나만 당한 일이 아니었다. 약간 모자란 연료의 비용을 몇 배 더 비싼 가격으로 요구하면서 사용하지 않은 연료에 대해서는 일절 환불해주지 않는다는 것이었다.

비슷한 일은 또 있었다. 언젠가 조수석 쪽 타이어가 못쓰게 되어 수십 년째 단골로 드나들었던 AS센터에 교체를 요청했더니 177,000원이라고 했다. 조금 비싸 보인다고 하니 '정가'라는 것이다. 집에 가는 길에 타이어 전문점에 들러 물어보니 117,000원이란다. 이건 정도가 심하다 싶었다. 수십 년간 바가지를 써온 게 아닌가 의심이 들었다. 그날 그 센터는 충성고객 한 명, 아니 수백 명을 잃고 이미지에도 흠집을 남기게 되었다. 내가 겪은 이야기를 지인들에게 전하고 다른 회사의 사보 칼럼에도 실었던 것이다.

이익에는 좋은 이익도 있지만 직원 본인이나 회사에 독이 되는 나쁜 이익도 있다. 나쁜 이익이란 고객과의 관계를 해치면서 얻은 이익이다. 이런 이익의 비중이 높은 회사가 건실하게 성장하기는 어렵다. 회사로부터 부당한 대우를 받았다고 느낀 고객이 관계를 끊고 다른 경쟁사로 옮겨갈 뿐만 아니라 주변 사람들에게도 해당 회사와 거래하지 말라고 열심히 선전하고 다닐 것이기 때문이다.

"그동안 저는 170여 개의 사업을 시작할 때마다 오직 사회에 대한 책임과 명성만을 생각했습니다. 그랬더니 돈이 따라오지 뭡니까."

리처드 브랜슨(Richard Branson) 버진그룹 회장의 말이다. 이윤 극대화가 아닌 '좋은 이익 극대화'가 기업의 목표가 되어야 한다. 직원, 고객, 사회 등 이해관계자 모두의 행복을 추구해야 한다.

미국 볼티모어의 도미노피자 체인 중에서 가장 성공했다고 평가받는 매장이 있다. 이 매장에서는 단골고객 한 명의 평생가치를 약 4,000달러로 계산한다. 10년간 매년 8달러짜리 피자 50개를 주문하는 고객을 기준으로 산출한 수치다. 매장 주인인 필 브레슬러는 종업원들에게 "당신들은 지금 8달러짜리 고객이 아니라 4,000달러짜리 고객에게 피자를 배달하고 있다"고 강조한다. 그는 이러한 고객 가치 마인드로 고객에게 피자가 제때 배달되었는지 확인하고, 최고의 종업원을 직접 선정하게 하여 고객의 호응을 이끌어냈다. 만약 이 매장이 고객 가치를 8달러로 계산했다면 큰 성공을 거두지 못했을 것이다.

한 사람이 기업의 고객으로 존재하는 기간 동안 만들어내는 이익의 총합을 '고객평생가치'라고 한다. 한 번의 거래에 초점을 맞추지 않고 장기적이고 지속적인 관계에서 나오는 총이익을 생각하는 것이다. CS경영과 일반 경영의 차이가 여기에 있다. CS경영은 이익 확보를 우선하기보다 돈이 벌리는 여건, 즉 고객만족에서 출발하여 그 결과로 이익을 확보하고 평생가치를 소중히 여기며 고객점유율을 확대하는 전략을 취한다. 고객을 만족시킨 대가로 얻는 팁을 이익으로 정의하는 것이다. 이것이 바로 좋은 이익을 극대화하는 길이다.

고객의 열망지도에 "아닙니다"는 없다

어느 외과의사의 치료

어느 날 전쟁터에서 화살을 맞아 거의 죽게 된 장수가 외과의사를 찾아와 치료해달라고 했다. 장수의 몸에는 화살이 박혀 있었다. 의사는 "곧 고쳐줄 테니 걱정하지 마세요"라며 바로 큰 가위를 꺼내 장수의 몸에 박힌 화살을 싹둑 자르고 나서 "자, 이제 치료를 모두 끝냈으니 가보시오"라고 말했다. 장수가 어이없는 표정으로 "아니, 몸에 박힌 화살을 밖에서 자르는 것쯤이야 누군들 못하겠소. 몸속에 있는 화살촉을 제거해야 할 것 아니오?"라고 따졌다. 그러자 의사가 고개를 가로저으며 이렇게 대답했다.

"그것은 내과의사가 할 일이지 내 영역이 아니오. 외과의사인 내게 내과 치료를 요구하는 건 무리지요."

'가장 수준 높은 서비스는 어떤 것일까?'를 이야기할 때 가장 문제가 되는 것 중의 하나가 '영역 가르기'다. "그건 제 담당이 아니라서…", "저희 회사에서는 안 됩니다"라는 말을 흔히 들을 수 있다. 하지만 고객이 원하는 바는 담당이 누구인지를 알려달라는 것도, 해결이 가능한지 불가능한지를 판단해달라는 것도 아니다. 자신의 문제를 해결해달라는 것이다.

탁월한 서비스를 제공하기 위해서는 자신의 업무 영역을 벗어난 경우에도 주도적으로 도움을 줄 수 있어야 한다. 서비스의 경계를 넓히고 접점의 영역을 확대할수록 더 좋은 서비스가 된다.

탁월한 서비스는 '틀'을 깬다

세계 최대 인터넷유통업체 아마존에서 가장 큰 비중을 차지하는 서비스 중의 하나가 배달이다. 그래서 아마존은 배달업체들이 상품을 선적하는 데까지 관심을 기울인다. 업체들의 서비스가 좋지 않아 브랜드 이미지에 손상이 가지 않도록 관리하는 것이다. 재고 부족이나 고객불만으로 취소된 주문을 모니터하고, 문제를 일으킨 협력업체는 리스트에서 제외한다. 주문에서부터 상품 수령까지 모두 아마존의 서비스 영역에 포함시키는 것이다. 이와 마찬가지로 서비스를 중시하는 기업이라면 '고객이 찾아오는 길'부터 '고객이 집으로 돌아가는 귀갓길'까지 최선을 다해 서비스할 수 있어야 한다.

어느 주말, 충주에 있는 리조트에 강의차 갔다가 인근 지역을 여행한 적이 있다. 다음 날 아침 호텔 프런트에서 레일바이크를 탈 수 있는 곳을 물어보았더니 주말에는 하루 전에 예약을 해야 이용할 수 있다고 했다. 전날 도착해서 갈 만한 곳을 물었을 때는 그런 이야기를 못 들었던 터라 "진작 안내 좀 해주지 그랬어요" 했더니 "레일바이크에 대해 물어보시지 않아 말씀드리지 않았습니다"라는 대답이 돌아왔다. 콕 찍어 물어보지 않았다고 해서 알려주지 않는 것은 소극적인 태도다. 프런트 직원에게는 호텔 내 서비스가 일차적인 목표일 테지만, 주변 관광지나 맛집을 소개하는 것까지 서비스 영역 안에 둘 수 있어야 한다. 즉, 고객이 호텔에 잠만 자러 온 것이 아니라는 사실을 잊어서는 안 된다.

은행 지점장 시절, 지점의 청경과 비슷한 이야기를 나눈 적이 있다. 청경은 강도나 사고 등에 대비하여 은행을 지키는 일을 하는 사람이다. 그런데 이러한 본연의 업무 외에 다른 '업무'가 있다. 바로 고객의 궁금증을 들어주고 해결해주는 일이다. 은행에 온 고객이 말을 걸기 쉬운 상대가 청경이기 때문이다. 청경은 "이 업무를 어느 창구에서 처리하느냐?", "가까운 지하철역이 어디냐?", "근처에 세무서가 있느냐?", "광화문 가는 버스는 어디서 타느냐?"와 같이 다양한 질문을 받는다. 이때 청경이 은행을 지키는 자신의 일을 넘어 고객을 제대로 안내하는 것이야말로 적극적이고 수준 높은 서비스라 할 수 있다. 우리 모두는 최우선적으로 고객을 위해 일해야 한다. 그것이 서비스의 본질이다.

그러나 자신이 맡은 일과 영역의 틀에 갇혀 지내는 사람이 많다. 사람만 그런 것은 아니다. 벼룩은 자기 몸의 100배나 되는 33cm까지 뛸 수 있지만 오랜 기간 병 속에서 지내게 되면 그 병의 높이만큼만 뛰게 된다. 마찬가지로 서비스도 기존의 틀에 얽매이면 발전할 수 없다. 물론 틀을 깬다는 것은 쉬운 일이 아니다. 하지만 발전과 성장을 위해서는 반드시 해야 하는 일이다.

정해진 틀의 한계를 벗어나 고객에게 탁월한 솔루션을 제공하려면 늘 3가지를 생각해야 한다.

'서비스의 경계가 사라진다는 것은 지금 우리에게 어떤 의미일까?'

'이 솔루션을 우리 회사의 서비스 영역에 어떻게 적용할 수 있을까?'

'기존의 서비스에서 경계를 지우고 영역을 넓힌다면 어떤 형태가 될까?'

이러한 생각을 바탕으로 고객의 필요에 서비스 코드를 맞추어 솔루션을 제공하면서 서비스 범위를 계속 확장해가는 기업만이 성장의 한계를 뛰어넘을 수 있을 것이다.

고객이 구매하는 진짜 이유에 집중하라

모든 경계가 사라지고 있다. 과거에는 명확히 구분되었던 산업 간, 업종 간 경계가 허물어지면서 예측 불허의 변화를 만들어내고 있다. 이러한 현상을 '경계 융화' 또는 '빅블러(big blur)'라고 한다. 남녀로 말하면 따로 살던 두 사람이 결혼해서 함께 지내면서 서로 영향을 미치며 닮아가는 가운데 공통점이 많아지는 것과 같다. 가족과의 주말 나들이를 기준으로 보면 에버랜드와 이케아는 그래서 경쟁상대가 된다. 이케아 내방객의 70%는 물건을 사러 가는 것이 아니다. 즐거운 시간을 보내기 위해 가는 것이다.

나이키와 닌텐도도 그런 경우로 볼 수 있다. 스포츠의류회사인 나이키가 비디오게임회사인 닌텐도와 경쟁하고 있다는 것은 이제는 누구나 아는 사실이 되었다. 스포츠를 즐기는 젊은 세대가 나이키의 핵심 고객인데, 이들이 게임에 몰두하면 할수록 운동시간이 줄어들어 결국 나이키에 마이너스가 되는 것이다. '나이키의 경쟁자는 아디다스가 아니라 닌텐도'란 말이 여기서 나왔다. 과거에는 볼 수 없었던, 아니 생각하기 어려웠던 현상이다. 하지만 업종이 다른 두 회사도 고객의 열망(desire)을 찾아 올라가보면 꼭대기에서 만나는 지점이 있다. 바로 '성취감'이다. 이를 피라미드로 나타내면 아래에는 고객들이 원하는 구체적인 사항들이 있다. 쿠션감, 좋은 반발력, 속도, 기록(점수) 등이다. 아래에서 위로 갈수록 도전과 기록 향상을 추구하는 궁극적 이유가 보이기 시작하고, 꼭대기에는 좀 더 추상적이고 근본적인 목적이 드러난다. 성취감, 즉 '고객 열망'이다. 에버랜드와 이케아도 '즐거움'에서 만난다.

운동화에 대한 고객의 열망지도

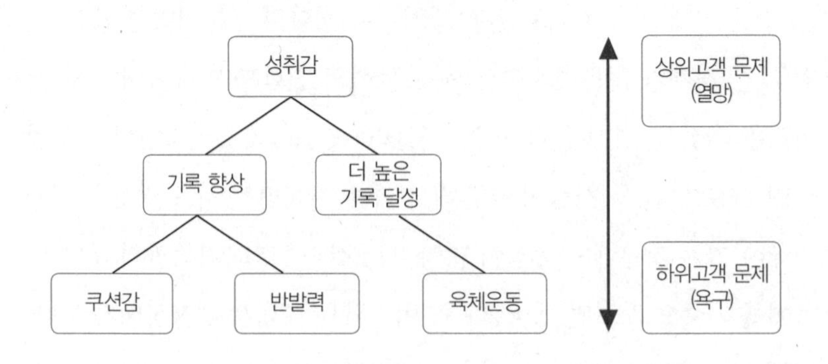

* 출처: '고객의 열망지도를 통찰하라', 조용호, DBR(No179), 2015. 6.

경계가 사라진 시대에 일반고객을 내 고객으로 만들려면 이러한 열망지도에서 나의 비즈니스가 고객의 어떤 문제를 어느 정도로 해결할 수 있는지를 생각해야 한다. 경계를 초월하여 고객중심으로 열망을 통찰해내야 한다. 사람들이 제품을 구매하는 이유는 해당 제품을 통해 어떤 '문제'를 해결하고자 하는 것이다. 예를 들어 거실에 깔아놓을 카펫을 구매하려는 사람은 카펫 자체가 아니라 그 위에서 걷는 느낌을 즐기고 싶은 것일 수 있다. 세계적인 생명공학회사인 몬산토의 대표 로버트 샤피로(Robert Shapiro)는 다음과 같이 말했다.

"카펫을 소유하고 싶어 하는 사람은 아무도 없다. 그저 그 위에서 걷고 싶을 뿐이다."

카펫 위에서 걷는 그 순간이 카펫을 구매할 가치를 말해준다는 것이다. 다시 말해서 고객은 제품을 구매하는 것이 아니라 효용을 구매한다는 이야기다. 효용은 곧 열망의 다른 표현이다.

업종 간 경계가 사라질수록 기업은 고객의 열망지도를 펼쳐놓고 고객에게 제공하는 것이 무엇이 되어야 하는지를 곰곰이 생각해야 한다. 열망지도의 아래만 보면 쿠션감이 좋은 운동화라는 기능적 가치를 제공하는 것으로 그치지만, 위로 올라가면 '성취감'이라는 근본적 열망을 찾아낼 수 있다.

고객의 열망을 보여주는 '서비스 디자인'

국내 유수의 디자인컨설팅회사의 디자이너가 환자와 보호자가 되어 경기도의 한 대학병원에 들어갔다. 입원수속부터 검사, 진료, 식사,

취침, 퇴원 등 모든 과정을 거쳤다. 보호자 심층 인터뷰도 진행했다. 그리고 1주일 동안 간호사들을 쫓아다녔다. 병원 의료서비스의 개선점을 찾기 위한 것이었다. 3개월에 걸친 체험 및 관찰 결과는 이랬다.

- 환자와 보호자들이 의사의 회진 시간을 몰라 항상 병상에 붙어 있어야 했다.
- 갑자기 의사가 오면 궁금했던 것도 깜박하고 묻지 못했다.
- 퇴원수속을 마치기까지 절차가 너무 복잡했다.
- 간호사들이 이불 교체와 점심메뉴 신청까지 받는 등 과중한 업무에 시달렸다.

이 결과를 바탕으로 대학병원은 정보기술(IT)회사 등과 함께 '스마트 베드'를 개발했다. 사물인터넷(Internet of Things)으로 필요한 곳에 센서를 붙여 환자가 뭘 하는지, 환자의 체온이 얼마인지를 모두 볼 수 있게 한 것이다. 환자들은 침상에 설치된 스마트 베드를 통해 본인의 진료 기록과 하루 일과는 물론 입원과 퇴원 절차를 체크하고, 의사에게 궁금한 점을 묻고, 식단도 선택할 수 있게 되었다. 다른 불편사항들도 모두 해결되었다.

스마트 베드 사례는 서비스 디자인이 무엇인지를 아주 잘 보여준다. 전에는 제품이나 서비스의 기획 과정이 공급자 관점에서 이루어졌다면, 이제는 디자이너가 직접 고객의 생활을 체험한 뒤 문제점을 개선해나가고 있다. 세계적인 서비스기업들은 고객이 경험하는 눈에 보이지 않는 서비스를 서비스 디자인을 통해 가시적으로 구성하고 관리하는 것에 경쟁력이 달려 있다고 보고, 고객경험을 지도로 그려보게 되었다. 이를 '고객여정지도(customer journey map)'라고 한다. 호텔의 예를 들면, 고객의 숙박 목적에 따라 어떤 서비스를 제공할 것인가를 계획하는 단계부터 시작한다. 필요한 시설과 부가서비스만이 아니라 객실 내 화장지를 어떤 형태로 제공할지, 프런트에서는 어떻게 안내할지 등 세세한 부분까지 감안한다.

세계에서 가장 혁신적인 기업으로 꼽히는 서비스디자인그룹 아이데오(IDEO)가 미국철도회사인 암트랙(Amtrack)으로부터 고속철도의 객실 디자인을 의뢰받았을 때의 일이다. 암트랙은 여객기보다 더 매력적인 디자인의 객실을 원했다. 그런데 아이데오가 알아본 결과, 여행객들이 비행기를 선택한 이유는 암트랙의 열차가 구식이어서가 아니라 암트랙을 이용한 경험이 좋지 않아서였다. 그들은 열차표를 예매하는 방법도 싫어했고, 역사에서 기다리는 시간도 지루해했으며, 탑승 절차 또한 불편해했다. 이러한 혹평을 받은 터라 객차를 실크와 금으로 장식한다 하더라도 만족도는 별로 나아지지 않을 것이었다.

아이데오는 열차를 이용하는 여행객들의 여정을 10단계로 나누어 지도로 만들었다. 여정을 위한 정보 습득의 첫 번째 단계부터 여행을 계획하는 두 번째 단계, 그리고 다음 여행을 기약하는 마지막 단계까지 구성하고 보니 객실에 앉아 있게 되는 것은 여덟 번째 단계에서나 이루어지는 것임을 알게 되었다. 단계별로 구분한 고객여정지도를 통해 열차 대신 비행기로 여행하는 이유가 객실 디자인 때문이 아니라는 결론을 얻은 아이데오가 그다음에 집중한 것은 고객의 여행 경험이었다. 그렇게 해서 비행기를 이용하는 것보다 훨씬 더 즐거운 경험이 될 수 있도록 서비스의 관점을 새로 디자인하게 되었다.

서비스 디자인은 고객이 서비스의 전 과정을 더 좋은 가치로 경험할 수 있도록 계획하고 설계하는 것이다. 만약 충주의 리조트에서 이와 같은 개념을 알고 있었다면 고객이 호텔에서 잠만 자는 것이 아니라 '즐거운 여행을 원한다'는 통합적인 사고를 통해 나의 열망지도를 찾아냈을 것이다. 그 열망지도의 꼭지점에 즐거운 여행과 추억이라는 '고객경험'이 자리하고 있다는 사실도 알아냈을 것이다.

우리는 이제 고객들이 상품(서비스)을 이용하는 전 과정을 구분하고 각 단계마다 무엇을 어떤 방식으로 경험하게 하여 재방문으로 이어지게 할지를 설계하는 서비스 디자인에 중점을 두어야 한다. 고객 입장에서 상품과 서비스는 최종 목적을 이루기 위한 과정의 일부일 뿐이다. 단품으로서 제한된 용도의 상품이라도 고객이 사용 전후에 어떻게 하는지, 어떤 상위의 목적이 있는지를 이해하고 나면 최상의 고객경험을 제공하는 힌트를 발견할 수 있을 것이다.

고객의 기대를 배반하라

사라진 수프

골디락스라는 이름의 금발머리 소녀가 숲 속에서 길을 잃고 헤매다가 오두막을 발견했다. 오두막의 주인은 세 마리의 곰(아기곰, 엄마곰, 아빠곰)이었는데, 모두 외출하고 없었다. 안으로 들어간 골디락스는 식탁에 차려진 세 그릇의 수프를 발견했다. 하나는 막 끓여놓은 뜨거운 수프였고, 다른 하나는 식어서 차가운 수프, 또 다른 하나는 뜨겁지도 차갑지도 않아 먹기에 적당한 수프였다. 배가 고팠던 골디락스는 이 가운데 뜨겁지도 차갑지도 않아 먹기에 적당한 수프를 먹었다.

골디락스는 수프를 먹은 후 온몸이 나른해지며 졸리기 시작했다. 부엌 옆에 있는 침실로 들어가니 3개의 침대가 보였다. 하나는 아주 딱딱한 침대, 하나는 쿨렁거리는 부드러운 침대, 하나는 딱딱하지도 부드럽지도 않은 적당한 탄력을 가진 침대였다. 골디락스는 이 가운데 딱딱하지도 부드럽지도 않은 적당한 탄력을 가진 침대에 누워 잠에 빠졌다.

세 마리의 곰이 집에 돌아와 보니 자기들이 준비한 음식 가운데 제일 좋은 것이 없어지고, 낯 모르는 소녀가 제일 좋은 침대에서 자고 있었다.

영국의 전래동화 《골디락스와 곰 세 마리》의 내용이다. 골디락스(goldilocks)는 금(gold)과 머리카락(locks)의 합성어로 황금색의 머릿결이란 뜻인데, 여기서 유래한 경제용어 골디락스는 성장세가 이어지는데 물가는 오르지 않는, 뜨겁지도 차갑지도 않은 적당한 상태를 말한다.

기업은 고객에게 좋은 제품과 탁월한 서비스를 제공해야 한다. 그러나 이것만으로는 부족하다. 고객만족은 고객의 마음속에 이미 존재하는 '기대'와 관련이 있기 때문이다. 기대를 충족시켜야 기업에 가장 바람직한 고객, 즉 반복해서 구매하고 새로운 고객까지 끌어들이는 충성고객을 확보할 수 있다. 처음에 좋은 기대를 갖게 하고, 그다음에 기대가 잘 충족되었다는 긍정적 인식을 심어주면 된다. 이때 주의할 점은 처음에 너무 큰 기대를 갖지 않도록 하는 것이다. 기대가 크면 실망하기 마련이다. 그렇다고 기대수준을 너무 낮추어서도 안 된다. 그렇게 하면 아예 고객의 관심을 끌 수 없기 때문이다. 너무 높아도, 너무 낮아도 안 되는 이런 상태를 '골디락스 명제(goldilocks proposition)'라고 하는데, 골디락스가 선택한 수프처럼 기대의 균형을 잡는 것이 중요하다.

고객만족을 위해 낮춰야 할 것, 높여야 할 것

자칭 타칭 고객만족 전문가라고 자부하는 나에게 "고객만족의 첫 걸음이 무엇이냐?"고 묻는다면 고객의 사전 기대수준을 적절히 낮추는 것이라고 대답할 것이다. 기업의 광고는 고객의 기대수준을 높이는 대표적인 활동이다. 하지만 지나친 광고는 기대치를 상승시켜 오히려 소비자의 실망감을 더 크게 만들 수 있다.

치아를 하얗게 만들어준다는 미백치약이 출시되자 누런 치아 때문에 고민하던 소비자들이 환호했다. 그런데 몇 개월 만에 매출이 급감했다. 광고에서처럼 기대했던 효과가 나타나지 않았기 때문이다. 치약에 들어 있는 과산화수소가 미백 효과를 발휘하려면 최소 3분 이상 양치질을 해야 하는데, 우리나라 사람들의 양치질 시간은 평균 1분 정도였다. 그런 생활습관으로는 효과가 나타날 리 없었던 것이다.

소비자들은 구매하기 전과 후 두 번에 걸쳐 제품을 평가한다. 구매 전에는 아직 제품을 사용해보지 않은 상태이므로 소문이나 광고로 사전 기대감을 갖게 된다. 그러나 구매 후에는 제품을 사용해본 경험으로 평가하게 되는데, 이때 구매 전의 기대감이 맞았는지를 확인한다. 그러므로 제품 출시 초기에 증가한 매출은 제품력이 뒷받침되지 않으면 곧바로 떨어진다. 이 같은 일을 피하려면 고객의 기대감이 실제 경험에서 충족되는지 여부를 사전에 충분히 검증해보아야 한다. 그래서 나온 것이 '베타 테스트(beta test)'다. 미리 제품을 고객들에게 사용해보게 해서 문제점을 찾는 것이다. 광고에서도 표본 시청자를 선택하여 반응을 체크하는 베타 테스트를 시행한다. 그전에 광고의 콘셉트와 스크립트를 고객접점의 직원들에게 보여주어 피드백을 받는 알파 테스트(alpha test)를 하기도 하는데, 이는 문제점을 찾아내어 보다 정교한 결과를 만들어내는 데 유용하다.

고객만족은 한마디로 고객의 실제 경험에서 기대감을 뺀 것이다. 따라서 고객을 만족시키는 최선의 방법은 사전 기대를 낮추고(under promise), 실제 경험은 높이는 것(over delivery)이다. 아무리 서비스가 좋아도 사전 기대가 너무 높으면 만족도가 낮아질 수밖에 없고, 오히려 불만족을 야기할 수도 있다.

많은 커피 전문점에서 고객이 직접 가져가게 하는 셀프서비스 방식을 사용하고 있다. 그런데 얼마 전 우연히 들른 어느 커피숍에서 종업원이 주문한 차를 직접 테이블까지 가져다주는 서비스를 받았다. 전혀 기대하지 않았기에 신선하고 감동적이기까지 했다. 알고 보면 고객만족이니 고객감동이니 하는 것은 별것이 아닐 수도 있다. 곳곳에 '물은 셀프입니다' 하고 써 붙여놓고 서비스에 대한 기대치를 낮춘 다음 직접 물을 가져다주면 된다.

처음부터 기대치를 낮추어 고객만족도를 높였던 대표적인 사례가 미국의 사우스웨스트항공이다. 운임이 저가여서 고품격 서비스를 기대하지 않았던 고객들에게 정시 운항에다 즐겁고 유쾌한 서비스로 '기대 이상의 서비스'를 선사하여 큰 만족감을 주었다. 이것이 사우스웨스트항공이 20년간 흑자를 달성하고 고객을 즐겁게 한 '펀(fun)경영'의 대표 기업으로 자리 잡게 하는 밑거름이 되었다. 이제 사람들은 최저 운임으로 단거리 노선을 운항하는 이 회사를 저비용 항공사가 아닌 서비스가 탁월한 항공사로 기억한다.

광고에서나 세일즈에서나 과도한 약속을 남발하면 안 된다. 과장

광고나 허위 약속으로 고객을 유인하는 방식이 통용되지 않도록 관리해야 한다. 기업이 감당할 수 있는 수준과 범위 내에서 약속하고 반드시 이행해야 한다. 만약 특별히 더 좋은 서비스를 제공하게 될 경우에도 한시적이라는 점을 알려주어 큰 기대를 갖지 않게 해야 한다.

고객의 기대치를 관리하는 기본 전략

고객의 기대치를 관리하는 전략으로는 2가지가 있다.

첫째, 고객과의 약속을 구체적이면서도 실현 가능해 보이도록 표현한다. 고객과의 약속을 지키는 것이야말로 고객만족경영의 원천이다. 구체적이면서 적정한 수준으로, 반드시 이행된다는 믿음을 주고 발전적이고 혁신성이 있는 약속을 해야 한다. 나는 한국서비스품질인증 심사위원으로 매달 2~3곳의 기업을 방문하는데, 고객과의 약속이나 서비스헌장이 문서화되어 있는지부터 살펴본다. 그런데 대부분 모호하고 추상적이다. 직원들과 고객들 모두가 이해하기 쉽고 진실하게 받아들일 수 있는 표현으로 바꾸어야 한다.

미국 P&G에서 만든 세제 타이드는 1946년 출시 이래 지금까지 어떤 세제보다도 더 깨끗한 세탁을 약속했다. 이 약속을 '새하얗게 빛나는 향기로운 세탁'이라는 표현을 써서 고객들에게 다가갔다. 고객과의 약속은 이처럼 쉽고 분명하여 재해석할 여지가 없어야 한다. 그렇지 않으면 고객마다 기대치가 달라질 위험성이 있다. 구체적이고 실천 가능한 약속이 아닐 경우 미백치약에서처럼 얼마 안 가 고객의 외면을 받을 수밖에 없다. 누구보다 최고경영자가 나서야 한다. 전 직원에게 고객과의 약속을 적극적으로 전달하고, 중간관리자나 현장의 직원들에게 직접 설명해보라고 함으로써 수시로 확인할 수 있어야 한다. 이렇게 해야 모두가 한마음으로 고객과의 약속을 지키기 위해 최선을 다하게 된다.

둘째, 탁월성에 앞서 타당성을 추구한다. 이는 고객의 기대를 넘어서는 탁월한 서비스를 고민하기 전에, 고객이 당연하게 여기는 기본적이고 합당한 서비스부터 제대로 해야 한다는 뜻이다.

미국의 글로벌 컨설팅회사인 CEB(Corporate Executive Board)의 고객관계자문위원회는 기업들이 '타당한 서비스'의 교훈을 제대로 인식하고 있지 않다는 사실을 발견했다. 100명의 고객서비스 책임자들을 상대로 설문조사를 진행한 결과, 89명이 '고객의 기대치를 뛰어넘는 것이 주된 전략'이라고 답했다. 그런데 75,000명이 넘는 고객을 대상으로 한 설문조사에서는 대다수의 고객들이 필요 이상의 서비스를 기대하지 않는다고 답했다. 이를 다르게 표현하면 먼저 고객요구 수준(Requirement Level)부터 맞추라는 의미로 해석할 수 있다. 결국 고객의 기대치를 뛰어넘으려는 '나쁜 서비스'가 기업에 해를 입히는 전략이 되어버리는 셈이다.

"고객은 자신의 수화물을 분실한 항공사, 능력 없는 기술자를 파견해 한없이 기다리게 만드는 케이블TV회사, 서비스 담당자와의 통화를 위해 하염없는 기다림을 감내하도록 하는 휴대전화업체, '급한 주문'의 의미가 무엇인지 제대로 이해하지 못하는 세탁소에 복수를 한다."

CEB의 지적처럼 고객은 자신의 기대치를 허물어뜨리는 기업에 복수한다. CEB의 연구원 매튜 딕슨(Matthew Dixon)과 그의 동료들에 의하면, 서비스 경험과 관련된 긍정적인 이야기를 퍼뜨리는 고객은 25%에 불과한 반면, 불쾌한 경험을 퍼뜨리는 고객은 65%에 달한다. 탁월성도 좋지만 당연한 서비스를 이행하는 것이 먼저라는 이야기다. 무슨 일이든 당연한 일을 먼저 잘해야 탁월한 일을 할 수 있다.

사람들이 유명 브랜드에 만족하는 숨은 진실

앞에서 이야기한 것처럼 고객의 기대치를 낮추는 것은 그리 어렵지 않다. 하지만 고객에게 적정한 기대치를 심어줄 수도 있어야 한다. 그것이 만족도를 향상시키는 요인으로 작용하기 때문이다.

대형 마트에 진열되어 있는 수많은 생수 브랜드들을 생각해보자. 사실 어떤 생수이건 갈증을 해소하는 데는 문제가 없다. 그런데도 에비앙처럼 사람들이 특별히 선호하는 브랜드가 있다. 그 물이 정말로 더 맛있고 깨끗할까? 어쩌면 에비앙에 대한 기대가 그렇게 느끼게 만드는 것일지 모른다. 특정 브랜드에 형성되어 있는 기대가 고객경험을 결정짓는 만족감으로 연결될 수 있다는 말이다.

1998년 프랑스 보르도대의 인지신경과학 연구원 프레데릭 브로셰(Frédéric Brochet)가 포도주 전문가들을 대상으로 실험을 했다. 하나는 매우 비싼 와인이고 다른 하나는 값싼 와인이라고 말해주고 2병의 레드와인을 평가하게 했다. 그런데 여기에는 속임수가 있었다. 두 병 모두에 값싼 와인을 담은 것이다. 결과는 흥미로웠다. 전문가들은 고급병에 담긴 와인에 대해 '훌륭한, 맛이 깊은, 오묘한, 복합적인' 등의 찬사를 쏟아냈고, 싸구려 병에 담긴 와인에는 '가볍고 시원찮다'는 등의 평가를 내렸다.

2008년 캘리포니아공대에서 진행한 실험 결과도 마찬가지였다. 실험 대상자들이 와인을 마시는 동안 그들의 뇌를 관찰했는데, 똑같은 와인을 두고 10달러짜리라고 이야기해준 경우와 90달러짜리라고 소개한 경우 뇌의 반응이 확연히 달랐다. 90달러짜리라고 소개했을 때 뇌의 쾌락 부위가 훨씬 더 많이 활성화되었다. 같은 와인인데도 더 비싸다는 이유만으로 뇌가 감지하는 쾌락 경험이 한층 향상된 것이다.

고가의 상품이나 유명 브랜드에 대한 심리적 기대감이 인간의 감각을 무디게 만든다. 기대가 없었다면 객관적일 수 있었을 감각이 기대로 인해 완전히 다른 해석을 내놓는 것이다. 이처럼 사람들은 사물을 있는 그대로 경험하는 것이 아니라 '기대한 대로' 경험하기도 한다.

그러므로 기대 관리가 관건이다. 먼저 회사가 '당연한 서비스'를 잘 하고 있는지 되돌아봐야 하고, '만족 = 성과 − 기대'라는 공식을 적극 활용하여 기대 이상의 서비스를 제공해야 할 뿐만 아니라, 적절한 기대를 심어주어 만족도를 높일 수도 있어야 한다.

진정성의 힘

사자의 광고

술에 취한 호랑이와 사자가 함께 물가에 앉아 있었다. 호랑이가 물었다.

"어째서 그렇게 의미도 없이 으르렁대고 있는 거야."

"그렇게 무의미하지는 않아."

사자가 눈을 빛내며 대답했다.

"덕분에 백수의 왕이라고 불리고 있으니까. 이게 다 광고의 효과지."

작은 토끼 한 마리가 이 대화를 엿듣고는 얼른 집으로 돌아왔다. 토끼는 사자를 흉내 내려 했지만 '끼끼' 소리밖에 나지 않았다. 그때 배고픈 여우가 나타나 토끼를 잡아먹어버렸다.

광고와 고객의 반응을 설명할 때 자주 인용되는 우화다. 기업은 시장에서 리더십을 발휘하는 데 슬로건이나 광고가 매우 중요하다고 생각하지만, 실제로 접점의 서비스가 따라주지 않으면 고객들은 이내 냉담해진다. 관심을 보이다가도 서비스의 품질을 보고 냉정한 평가를 내리기 때문이다.

주변에서 흔히 볼 수 있는 것이 광고다. 가히 '광고 천지'라 할 만하다. 회사 건물이나 간판에 현수막을 걸어놓는 경우는 약과다. 동네 마트의 카트, 지하철의 스크린도어, 야구장의 회전식 개찰구 등 사람들의 눈길이 미치는 곳마다 온갖 광고가 손짓을 한다. 유럽에서는 고속도로 좌우의 초원에서 풀을 뜯는 소의 옆구리에도 광고가 붙어 있다고 한다. 이와 함께 광고 공간도 비싼 값에 거래된다. 미국 광고업체 '애드에어(Ad-Air)'는 30개 공항의 활주로 옆 대지를 1,000만 달러 상당의 금액에 사들여 한 곳당 한 달 10만 달러의 가격으로 대여한다. 이착륙하는 비행기에서 창밖을 바라보는 승객들을 노린 것이다.

하지만 사람들은 달가워하지 않는다. 시합을 벌이듯 '우리 상품과 서비스가 최고다'라고 외쳐대는 기업들의 광고 홍수에 진저리를 치는 이들이 많아지고 있다. 광고와 실제가 다른 경우를 너무 많이 봐왔기 때문이다. 똑똑한 고객들은 더 이상 교묘한 마케팅에 낚이지 않는다. 닫혀 있는 고객의 마음을 얻으려면 어떻게 해야 할까?

고객들이 광고를 외면하는 이유는 믿지 못하기 때문이다. 진심이 느껴지지 않기 때문이다. 그들의 마음을 얻으려면 진심이 통해야 한다. 진심을 전달해야 관심을 받을 수 있고 공감과 감동을 일으켜 고객의 선택에 이를 수 있다. 특히 불확실성이 지배하는 현대사회에서는 진심을 효과적으로 전달하는 것이 진짜 차별화가 될 수 있다. '진정성'

이 있어야 한다는 말이다.

진정성 = 사명 + 정성

다음은 일본의 MK택시에 붙어 있는 표시다.

저희는 택시요금에 다음과 같은 서비스가 포함되어 있다고 생각합니다.
"고맙습니다" 하고 인사를 합니다.
"MK의 OOO입니다" 하고 이름을 밝힙니다.
"어디까지 가십니까? 어디까지 가시는군요" 하고 행선지를 확인합니다.
"고맙습니다. 잊으신 건 없으십니까?" 하고 인사를 합니다.
이상을 실천하지 않았을 때는 요금을 받지 않습니다.

MK택시는 재일교포 유봉식 씨가 설립한 회사로, 모범적인 서비스의 사례로 널리 회자되었다. 나 역시 1992년 J은행 연수원교수 시절에 전사적인 고객서비스 향상을 목적으로 SMART(Service Mind Activating & Reforming Training Program)운동을 전개하면서 수시로 인용했다.

MK택시처럼 인사와 미소, 단정한 복장 등 예절과 친절의 기본 요소를 표준화하고 이를 전사적으로 시행하는 것은 서비스의 '첫 번째 계단'을 올라선 상태라고 할 수 있다. 이와 같은 친절한 서비스만으로도 고객만족을 달성할 수 있다. 하지만 서비스는 고객만족만을 지향해서는 안 된다. 고객감동의 단계로 더 나아가야 한다. 우리가 잘아는 세 석공 이야기를 떠올려보자.

석공 3명이 땀을 뻘뻘 흘리며 작업을 하고 있었다. 지나가던 나그네가 궁금해서 물었다.

"왜 그렇게 열심히들 하고 계세요?"

첫 번째 석공은 "보시다시피 돌을 쪼고 있습니다"라고 대답했고, 두 번째 석공은 "저는 돈을 벌고 있습니다"라고, 세 번째 석공은 "저는 역사에 길이 남을 대성당을 짓고 있습니다"라고 말했다. 열심히 하는 모습은 같지만, 석공으로서의 일에 사명감을 갖고 있는 사람은 세 번째 석공뿐이다. 그에게 일은 단순한 돈벌이 수단이 아니라 인생의 의미이자 이루어갈 꿈이다. 일에 영혼이 담길 수밖에 없다.

고객은 세 번째 석공처럼 사명감을 가진 직원의 서비스에서 감동을 느낀다. 진심과 영혼이 들어 있기 때문이다. MK택시의 기사가 그렇다. 비 오는 늦은 밤에 짐을 들고 있는 손님을 보면 택시에서 내려 손님의 짐을 트렁크에 실어준다. 꼬불꼬불한 골목길을 한참 간다 해도 불평 한마디 하지 않는다. 목적지에 도착하면 손님보다 먼저 내려 트렁크에서 짐을 꺼내준다. 우산도 건네줄 것이다. "다음에 MK택시를 이용하시게 되면 그 기사에게 돌려주면 됩니다"라는 말과 함께. 그리고 손님이 집에 들어갈 때까지 떠나지 않고 헤드라이트로 길을 비춰줄 것이다. 세심한 배려를 아끼지 않는 이 같은 서비스에 어느 누가 감동하지 않겠는가.

고객감동은 고객이 전혀 예상치 못한 서비스를 받았을 때 일어나는 것으로, 정해진 매뉴얼이나 스킬이 아닌, 진실한 마음과 영혼을 담아내는 서비스로 만들어진다.

고객감동 서비스의 탄생 과정

우연히 케이블 TV채널을 돌리다가 반려견 전용 채널이 생긴 것을 알았다. 사람이 없는 낮시간에 텅 빈 집에서 혼자 있을 반려견을 위해 주인들이 가입한다고 한다. 그런데 TV를 보는 반려견들이 반응하는 순간이 있단다. 주인에게서 자주 들었던 말이나 행동이 나올 때란다. 대표적으로 '사랑한다'는 표현에 곧잘 반응한다고 한다. TV 화면에서 주인이 강아지를 품에 안고 쓰다듬으며 "사랑해"라고 말하면 시청견들이 꼬리를 살랑살랑 흔든다는 것이다. 그런데 신기하게도 인간의 연기나 훈련된 개의 행동을 보고는 '감동'하지 않는단다. 개도 진정성을 알아보는 것이다.

진정성이란 무엇을 의미할까? 《진정성의 힘》의 저자인 제임스 길모어(James H. Gilmore)와 조셉 파인(B. Joseph Pine)은 진정성을 '이익을 창출하기 위해 고안되거나 조성되지 않은, 자체의 목적을 위해 존재하는 고유의 형태'로 정의하고 있다.

기업에서 많은 돈을 들여 실시하는 광고나 캠페인에서 기업의 진정성을 느끼는 고객은 많지 않다. 오히려 의심의 시선을 보내기 일쑤다. 진정성은 시간을 필요로 한다. 고객이 스스로 깨달을 수 있도록 정교한 단계를 거쳐 서서히 끌어올려야 한다. 그러면 구체적으로 어떻게 해야 진정성이 느껴지는 서비스를 탄생시킬 수 있는지 알아보자.

첫째, '사람의 경험(human experience)'이 진정성을 높인다. 이는 IT업계에서 말하는 '사용자 경험(user experience)'과 비슷한 개념으로, 가격과 품질, 그리고 기술 수준이 평준화되는 상황에서 차별화의 키포인트로 주목받고 있다. 사용자 경험은 사용자가 어떤 시스템, 제품, 서비스를 이용하면서 느끼고 생각하게 되는 지각과 반응 · 행동 등 총체적 경험을 말한다. 사용자 경험은 서비스 담당자인 '직원의 경험(agent experience)'과 더불어 '고객의 경험'을 만들어낸다.

콜센터를 예로 들어보자. 콜센터를 이용해본 사람은 누구나 상담원과 연결되기까지 시간이 걸린다는 사실을 안다. "잠시만 기다려주십시오"라는 멘트에 '연결되겠구나' 생각하는데 갑자기 "현재는 통화량이 많아 다시 걸어주십시오"라는 멘트가 나오고 일방적으로 전화가 끊어지기도 한다. 콜센터 상담원들도 이런 고객의 불편을 잘 알고 있다. 미국의 통신회사인 AT&T는 이를 해소하는 서비스로 사용자들의 긍정적 반응을 얻고 있다. 평균 상담대기시간이 18.6초인데, 상담원과 통화하려면 멘트가 나올 때마다 무시하고 0번을 누르라는 설명을 해주는 것이다. 사용자 경험과 직원의 경험을 바탕으로 고객의 경험을 바꾼 사례라고 할 수 있다.

에어비앤비(Air B&B)는 남는 방을 여행객에게 빌려주는 서비스를 제공하는 숙박공유사이트로, 여행객들에게는 저렴한 숙식의 기회를 열어주고 집주인들에게는 추가 소득을 올리게 해준다는 점에서 각광을 받고 있다. 사이트에는 이용할 수 있는 집의 사진과 물품, 주인에 관한 정보 등이 올려져 있다. 그런데 불만을 표시하는 사람들의 지적이 끊이지 않는다. 사진과 실제가 다르다거나 사고가 빈번하다는 등등의 문제를 제기한다. 그래서 에어비앤비가 도입한 것이 '위기대응전문가(crisis response specialist)' 서비스다. 직원들 중 일부를 불만 제기나 문제 발생 시 이를 해결하는 전담요원으로 채용하여 실시간으로 대응하게 한 것이다. 직접 현장을 방문하여 문제를 해결하거나 이용자에게 연락을 취하여 불만사항을 접수하고 재발을 방지하는 역할을 한다. 이 역시 사람의 경험을 바탕으로 진정성을 높인 사례에 속한다.

고객들은 서비스 이용의 불편함이나 잘못된 정보에 대해 매우 민감한 반응을 보인다. 바로 등을 돌리는 고객들도 있다. 이때 조금 시간이 걸리더라도 시스템이나 IT기기가 아니라 사람이 직접 나서서 성의껏 해결해주고자 하는 '비효율적 노력'이 고객을 감동시킨다. 기업의 경쟁력은 IT기술력이나 시스템이 아니라 인간의 체감에 달려 있는 것이다.

둘째, 사소해 보이는 부분에 대한 배려가 진정성을 높인다. 고객이 미처 생각하지 못한 부분까지 세심하게 배려하고 챙겨줄 때 고객은 '아, 이 회사는 말로만 하는 게 아니라 고객을 진정으로 배려하는 회사구나' 하고 생각하게 된다.

e편한세상의 대림건설은 오랜 노하우와 경험을 갖고 있었지만 래미안이나 자이만큼 차별화된 브랜드를 구축하지 못하고 있었다. 이런 상황에서 '진심이 짓습니다'라는 광고를 전면에 내세우고 다른 건설사들이 놓치고 있는 부분을 파고들었다. 누구나 비좁은 주차장에서 어렵사리 차를 밀어 넣고 좁은 틈새를 빠져나오느라 불편을 겪었던 경험이 있을 것이다. 대림건설은 주차 공간을 기존보다 10cm 넓힘으로써 사람들에게 '이렇게까지 섬세하게 신경을 쓰는 회사라면 아파트 내부는 얼마나 더 꼼꼼히 챙겼을까?'라는 인식을 심어주었다.

다른 사례도 있다. 일반 노트북은 옆면에 전원을 꽂게 되어 있다. 사람이 지나가다가 선에 걸리기라도 하면 노트북이 떨어져 망가지는 일이 자주 발생한다. 이를 예방하기 위해 맥북은 전원 코드를 자석으로 만들었다. 선을 건드려도 자석만 분리될 뿐 노트북이 훼손되는 일이 없게 한 것이다. 사람들은 그제야 그동안 사용해온 일반 노트북의 전원이 얼마나 불편했는지 깨닫게 되었다.

이처럼 사소하지만 남다른 배려로 상품이나 서비스를 부각시키는 차별화 방식을 '마이크로 밸류 마케팅(Micro Value Marketing)'이라고 한다. 간과하기 쉬운 마이크로 밸류를 채워주면 고객들은 그 진정성에 감동하고 기업에 몇 백 배의 이익을 안겨준다.

셋째, 서비스의 시작과 끝이 같아야 진정성을 높일 수 있다. 화장실에 들어갈 때와 나올 때의 마음이 다른 식으로 일관성이 없는 서비스는 고객에게 꼼수로 보일 뿐이다.

"한 IPTV 상품을 거의 사용하지 않아 해지하려고 홈페이지에 접속했습니다. 역시나 꼭꼭 숨겨놓은 곳에 해지 코너가 있더군요. 해지하려는 순간, 온라인상으로는 해지가 안 되니 직접 전화를 해서 해지하라는 메시지가 뜨더군요. 기분이 조금 상했지만 다음 날 전화를 걸기로 했습니다. 토요일 오전에 전화를 했더니 해지 상담은 하지 않는답니다. 하지만 가입 상담은 한다더군요. 어처구니가 없었습니다."

인터넷에 올라온 한 IPTV 이용자의 말이다. 이와 같은 불만의 상당수는 '가입은 쉽게, 해지는 어렵게'로 요약된다. 누구나 비슷한 경험을 해봤을 것이다. 새로 신용카드를 만들거나 인터넷에 가입할 때는 왕 대접을 받지만 해지할 때는 찬밥 취급을 당한다. 시작과 끝이 일치하지 않는, 진정성 결여의 전형적인 행태라고 할 수 있다.

반면에 "당신에게 꼭 필요한 자동차 상담을 해드립니다"라고 자신을 홍보하고 다니던 세일즈맨을 만나 "아직 괜찮아 보이니 좀 더 타시고 나중에 구입하세요"라는 말을 듣는다면 어떨까? 미용실에 갔는데 "오늘은 파마만 하시고 염색은 일주일 후에 하러 오세요. 2가지를 한꺼번에 하면 머릿결이 상할 수 있어요"라는 조언을 받는다면 마음이 어떨까? 세일즈맨에게, 미용실에 대해 깊은 신뢰감과 진정 어린 감동을 느낄 것이다.

가격으로 주목하게 하면 삼류 장사꾼이고, 가치로 주목하게 하면 이류 장사꾼이며, 가슴으로 주목하게 하면 일류 장사꾼이다. 평범한 세일즈맨은 고객을 쫓아다니지만, 진정성 있는 세일즈맨은 고객이 쫓아온다. 그는 팔려고 애쓰지 않는다. 한결같이 자신의 진심을 보여주고 가슴으로 고객을 감동시킨다. 고객을 부르는 변치 않는 비결이다.

HIDDEN SERVICE_2장

서비스는 어디로 가는가

서비스 전략 & 디자인

평균은 기억되지 않는다

군사들의 희생

100명의 병사들이 강을 건너려고 한다. 병사들의 평균 키는 180㎝, 강의 평균 깊이는 150㎝다. 보고를 받은 장군이 도강을 명령했다. 그런데 강 언저리를 지나면서 물이 갑자기 깊어지면서 병사들이 빠져 죽기 시작했다. 겁이 난 병사들이 뒤를 흘깃흘깃 쳐다봤지만 장군은 "돌격, 앞으로!"만 외쳤다. 물에 빠져 죽는 병사가 속출하자 장군은 당황했고 그제야 회군을 명령했다. 하지만 이미 많은 병사를 잃은 뒤였다. 알고 보니 이 강의 최대 수심은 2m였고, 병사들 중 2m가 넘는 사람은 30명이 안 되었다.

평균의 함정을 설명하는 유명한 우화다. 통계의 허구성을 지적한 격언도 있다.

'거짓말에는 3가지 종류가 있다. 그냥 거짓말, 새빨간 거짓말, 그리고 통계.'

그런데도 사람들이 평균값이나 통계수치에 의존하는 이유가 뭘까? 많은 양의 데이터를 간단한 수치로 나타냄으로써 전체적인 양상을 파악하는 데 편리하기 때문이다. 이를 정규분포 그래프로 나타내면 가운데가 볼록한 종 모양이 되고 그 볼록한 부분이 평균값이 된다. 그런데 이것이 현실을 제대로 반영하지 못할 때가 많다.

"왜 내 월급은 항상 평균보다 적은 걸까?"

이 질문은 영국의 경제학자 앤드류 딜노트(Andrew Dilnot)의 저서 《The tiger that isn't》의 한국어판 제목이기도 한데, 실제로 많은 직장인들의 연봉은 언론에 보도되는 평균보다 훨씬 적다. 이처럼 통계상의 평균값은 현실보다 크게 부풀려지거나 그 반대인 경우가 허다하다.

전체를 왜곡하는 '평균의 함정'

18대 국회의원선거 때의 일이다. 선거에 출마한 1,119명의 평균 재산이 44억 9,569만 원이라고 발표되었는데, 그중 재산 총액 1위인 출마자의 재산은 무려 3조 6,043억이었다. 평균에 미치는 영향이 너무 크다고 생각한 다른 출마자들이 그를 제외하고 계산했더니 평균 재산이 12억 7,576만 원으로 뚝 떨어졌다. 한 사람의 포함 여부에 따라 1인당 32억 이상의 차이가 난 것이다.

비슷한 예는 또 있다. 2015년 기준 우리나라 프로야구 선수는 총 628명으로, 15억 원의 최고 연봉을 받는 선수를 비롯해 140명의 선수가 억대 연봉을 받는다. 선수 전체의 평균 연봉을 계산하면 거의 2억 원에 육박하지만, 고액 연봉자를 뺀 대부분의 선수들이 받는 평균 연봉은 2,700만 원이다.

평균은 전체의 흐름을 보여주는 중요한 수치지만, 아주 큰 값이 포함되어 있을 때는 오히려 실제와 다른 결과를 보이기도 한다. 이러한 '평균의 함정'은 CS경영에서도 곧잘 나타난다. 서비스 품질관리지표가 숫자로 표시되기 때문이다. 서비스 품질지표에서 가장 중요한 척도인 고객만족도와 고객대기시간 등이 고객들의 체감 정도와 동떨어진 경우가 적지 않은 것이다.

보통 우리는 고객만족도 조사에서 5단계 척도일 경우 'Top 2 방식'이라고 해서 '만족한 고객'과 '매우 만족한 고객'을 만족한 고객으로 묶어 이 비율을 몇 %까지 끌어올리겠다는 목표를 세우고 서비스 성과지표에 반영한다. 그러나 고객만족도의 궁극적 의미는 '고객이 상품을 계속 구입할 것인가'를 예측하는 수단으로 활용하는 데 있다. 설사 고객이 만족한다고 말했더라도 같은 제품을 쓰지 않고 다른 제품으로 바꾼다면 이것은 고객만족도에서 드러나지 않은 불만족의 표현이다.

1980년대 중반 제록스는 고객만족도에서 4점(만족)을 준 고객과 5점(매우 만족)을 준 고객들의 재구입 의사를 비교해보고는 깜짝 놀랐다. 5점을 준 고객들이 4점을 준 고객들에 비해 무려 6배나 많은 재구입 의사를 갖고 있었기 때문이다. 고객만족도 지수가 고객충성도를 의미하지 않는다는 것이다. 예를 들어보자. A라는 회사의 고객만족도는 고객별로 70-70-80-90-90점으로 분포되어 있고 평균 고객만족도는 80점이며, B사는 10-90-100-100-100점의 분포로 평균 점수가 A

사와 같은 80점이다. 여기서 고객만족도가 고객충성도로 연결될 가능성이 높은 쪽은 100점으로 평가한 고객이 많은 B사다.

평균의 함정으로 볼 때 의사가 대장암 환자에게 평균 생존기간이 5년이라고 말하는 것도 위험하다. 그 말이 환자의 여생을 좌우할 수도 있기 때문이다. 생존기간의 분포에 대해서도 함께 알려줄 필요가 있다. 평균이 5년이더라도 4년 반에서 5년 반 사이에 분포하는 경우와 2년에서 20년 사이에 분포하는 경우는 전혀 다른 것이다. 올바른 판단을 위해서는 평균을 둘러싼 분포까지 충분히 감안해야 한다.

효과적인 서비스를 원한다면 '최빈값'과 '편차'에 주목하라

앞에서 살펴본 바와 같이 평균에는 일부 데이터가 전체를 왜곡시킬 위험성이 있다. 이러한 평균의 함정에서 벗어나려면 어떻게 해야 할까?

먼저 최빈값을 함께 고려하는 것이 좋다. 최빈값은 가장 빈도수가 많은 값, 즉 많은 개체가 속해 있는 값으로, 프로야구의 경우 대다수의 선수들이 받고 있는 연봉인 2,700만 원이 최빈값이다. 평균과 최빈값을 함께 봐야 프로야구 선수들의 연봉 분포에 대한 감을 제대로 잡을 수 있다.

그다음으로는 각각의 데이터가 흩어져 있는 정도를 나타내는 '편차'를 보아야 한다. 간단한 예로 2, 2, 2, 2, 2는 흩어져 있지 않은, 즉 편차가 없는 숫자들이고, 1, 5, 10, 15, 30은 많이 흩어져 있는, 편차가 큰 숫자들이다. 생존기간이 4년 반에서 5년 반은 편차가 적은 경우이고 2년에서 20년 사이는 편차가 큰 경우이다. 편차를 보면 개인과 집단의 서비스 품질에 어느 정도의 일관성이 있는지를 알 수 있다.

최빈값과 편차에 주목하게 되면 서비스 현장에 직원들을 얼마나 배치할지 결정할 때 큰 도움을 받을 수 있다. 예를 들어 종합병원에서 하루 중 환자들이 가장 몰리는 시간대(최빈값)와 가장 혼잡한 날(최대값)의 대기시간 간 편차를 살펴보면 환자들의 불편을 줄이고 효과적인 서비스를 제공하는 실마리를 발견할 수 있다.

직원들의 서비스 품질 향상에도 이를 활용할 수 있다. 미스터리쇼핑을 통해 측정한 결과, A라는 직원은 50, 60, 70, 80, 90이라는 점수가 나왔고, B라는 직원은 65, 70, 70, 70, 75라는 점수가 나왔다고 하자. A, B 둘 다 평균은 똑같이 70점이지만 서비스 품질이 같다고 할 수는 없다. 따라서 서비스 향상을 위한 접근 방법을 달리해야 한다. A의 경우 서비스 품질이 다시 50점으로 떨어질 가능성이 있으므로 서비스 품질이 일정하게 유지되지 않는 원인을 찾아 해결하는 것이 바람직하고, B의 경우에는 부진한 항목을 찾아 집중 개선하는 것이 더 좋은 결과를 가져올 것이다.

나는 서비스 관련 컨설팅을 할 때 기업의 품질관리지표를 평균값, 최빈값, 편차, 최대값 등으로 나누어 살펴본다. 평균값만으로 고객만족도나 대기시간 등을 관리하는 기업들이 많은데, 그때마다 관리지표의 목표치(평균)와 함께 최대값과 변동폭(편차)을 함께 볼 것을 권고한다. 평균 대기시간이 10분이라는 사실만으로는 서비스 수준을 판단하기에 부족하기 때문이다. 참고로 예비 창업자들은 그 업종의 평균매출액보다는 매출의 분포에 더 주목해야 한다.

우리는 일상생활에서 수많은 통계 정보를 접한다. 하지만 진짜 중요한 것은 숫자 자체가 아니라 숫자에 담긴 의미의 이해와 올바른 판단이다. CS경영과 서비스 품질에서도 숫자에 현혹되지 않는 성숙한 통계적 사고를 바탕으로 개선 방향을 수립하는 것이 중요하다.

완벽한 서비스를 위한 '플랜 B'

서비스 품질 수준에 대한 통계적 사고가 부족한 기업에서 흔히 보이는 고질적 사고방식 중 하나가 '오늘은 어쩔 수 없다'는 것이다.

어느 해 6월의 일이었다. 제주도에서 강의가 있어 티켓을 예약하려고 모 항공사에 전화를 걸었다. 대뜸 "약 10분 후에 직원에게 연결됩니다"라는 안내 멘트가 흘러나왔다. 순간 귀를 의심했지만 갑작스러운 시스템 문제이겠거니 생각하고 잠자코 기다렸다. 전화는 정확히 12분 만에 연결되었다. 사정을 알아보니 7월 1일부터 유류할증료가 부과되는데, 오늘까지 예약한 고객에게는 할증 요금이 적용되지 않기 때문에 예약 전화가 폭주했다는 것이었다. 왜 하필 오늘이란 말인가.

매일 아침 8시에 출근 버스를 기다렸다. 월요일, 화요일, 수요일, 금요일은 채 10분도 기다리지 않고 탈 수 있었다. 그런데 목요일에는 30분이나 기다려 겨우 탈 수 있었다. 누구에게나 벌어질 수 있는 상황이다.

이렇게 우리는 종종 예기치 않은 일을 만난다. 나쁜 경우도 있고 좋은 경우도 있다. 그런데 좋은 경우는 쉽게 잊히는 반면, 나쁜 경우는 시간이 지나도 생생하게 기억해낸다. 내가 몇 년이 지나서도 항공사

콜센터의 대기시간을 또렷이 기억하는 것처럼 말이다. 아마도 항공사 관계자들은 서비스가 나빠질 것을 미리 알고도 '오늘은 어쩔 수가 없어'라며 지레 포기했을 것이다. 그에 따르는 고통은 애먼 고객들의 몫일 뿐이다. 하지만 탁월한 항공사라면 다르게 대처했을 것이다. 전화량 폭증에 대비하여 사전에 비상계획을 세워 고객들의 불편을 최소화했을 것이다. 이것을 '플랜 B(Plan B)'라고 한다.

나에게도 플랜 B가 있다. 컴퓨터에 저장해둔 재산목록 1호인 강의자료와 저술 관련 정보들이 만에 하나 사라지는 것을 방지하기 위해 항상 제2, 제3의 백업시스템(back-up system)을 마련해두는 것이다.

기업 경영이나 서비스에서도 '괜찮아', '어쩔 수 없어'라고 해도 괜찮은 날은 단 하루도 없다. 언제 어떤 상황에서 돌발 사태가 일어나 고객들과의 약속에 구멍이 생길지 모르기 때문이다. 고객이 우리의 제품과 서비스를 구매하는 것은 언제나 최고의 품질을 제공하겠다는 약속을 믿기 때문이다. 고객과의 약속을 지키고 고객의 믿음을 굳건히 하려면 지진 같은 큰 비상사태에서부터 사소해 보이는 사고에 이르기까지 모든 돌발 상황에 철저히 대비하는 플랜 B를 수립하고 모의실험을 끊임없이 반복해야 한다.

'교토삼굴(狡兎三窟)'이라는 말이 있다. '영리한 토끼는 유사시에 대비해서 3개의 굴을 파둔다'는 뜻이다. 명품 서비스라는 말을 들으려면 우리도 꾀 많은 토끼가 되어야 한다.

CS경영을 어떻게 혁신할 것인가

움직이지 않는 수레

어느 날 백조와 새우, 꼬치고기가 짐을 실은 무거운 수레를 끌게 되었다. 백조는 백조대로, 새우는 새우대로, 꼬치고기는 꼬치고기대로 수레에 매달려 필사적으로 힘을 썼다. 그러나 한참을 매달려도 수레는 조금도 움직이지 않았다.

사실 수레에 실린 짐은 무거운 것이 아니었다. 혼자 끌어도 움직일 수 있을 만큼 가벼운 것이었다. 문제는 셋이 힘을 쓰는 방향이었다. 백조는 수레를 끌고 하늘로 날고자 했고, 새우는 뒷걸음질을 쳤고, 꼬치고기는 앞으로 끌어당겼다.

러시아 작가 이반 안드레예비치 크릴로프가 지은 '백조와 새우와 꼬치고기'라는 우화에 나오는 내용이다. 작가는 우화 끝에 이런 말을 덧붙였다.

"우리는 백조와 새우, 꼬치고기 중 누가 옳은지 판단할 수 없다. 단지 명확한 사실은 수레의 짐이 아직 그곳에 그대로 있을 뿐이라는 것이다."

한 방향으로 가지 못하는 것이 얼마나 치명적인지를 일깨워주는 이야기다. 그런데 이 이야기는 여전히 현재진행형이다.

1980년대 초 스칸디나비아항공(SAS)이 '결정적 순간(MOT, Moment of Truth, 접점에서 고객과 만났을 때의 짧은 순간으로, 기업의 이미지와 운명을 결정한다)'의 개념을 도입한 이래 고객만족경영이 경영의 화두로 떠올랐다. 그 후로 수많은 기업들이 이를 생존과 성공 전략으로 도입했다. 거의 동시에 제품과 서비스가 고객들을 얼마나 만족시켰는가를 알아보는 지표로 '고객만족도지수(CSI, Customer Satisfaction Index)'가 개발되었다. 기업들은 서비스를 제공하고 고객만족도지수로 평가하여 경영 전략에 반영했다. 지속적인 혁신을 위해 품질관리 사이클인 PDCA(Plan-Do-Check-Action)를 활용하기도 했다. PDCA는 다음의 흐름을 갖고 있다.

- 먼저 고객만족을 위한 제품과 서비스 제공을 계획(Plan)해서 실행(Do)한다.
- 다음에 그것이 고객을 만족시켰는가를 확인(Check)한다.
- 만약 고객만족을 얻지 못했다면 원인을 조사해서 조치(Action)를 취한다.

이러한 사이클이 순환되면 서비스 품질이 주기적으로 측정되고 고객만족도가 지속적으로 높아질 것이다. 서비스 수준이 쑥쑥 올라가 고객들이 기뻐하는 세상이 될 것이다. 그러나 세상은 그렇게 간단하게 바뀌지 않는다. 첫째는 고객의 기대가 높아져가는 서비스 패러독스 때문이고, 둘째는 조직이 PDCA 사이클로 순환되고 있지 않기 때문이다.

K은행에서 CS 업무를 담당하는 이 부장은 심각한 고민에 빠졌다. 지난해에 비해 고객만족도지수가 향상되지 않아 올해 목표를 달성하지 못했기 때문이다. 더구나 오늘 아침 신문에 발표된 업종별 순위를 보니 경쟁 은행보다 두 단계나 더 밀리고 말았다. 곧 있을 임원 호출에 뭐라고 답해야 할지 답답하기만 하다. 또 연말이 되면 금융감독원에서 은행별 민원 등급을 공개할 텐데 그때까지 별다른 변화가 없으면 고객만족도가 낮아서 그렇다며 고스란히 책임을 지게 될 것이었다.

이 부장은 고객만족팀의 책임자로 지난 1년간 최선의 노력을 다했다. 작년 초 발령을 받았을 때부터 고객만족도 조사 결과를 뜯어보면서 '전반적인 만족도'에서 경쟁 은행보다 점수가 낮은 이유를 분석하기 시작했다. 하지만 답을 얻기가 어려웠다. 고객만족도 조사라는 것이 대부분 "지금 거래하고 있는 은행에 대해 어느 정도 만족하십니까?"라는 질문에 1점부터 5점을 주도록 하고 있는 데다, 비교적 상세한 질문인 '요소별 만족도'조차 "은행의 금리나 요금제에 대해 얼마나 만족하십니까?"라는 정도여서 예금금리, 대출이자, 환전이나 송금수수료 등 좀 더 구체적인 항목에 대한 만족도를 알아내기가 불가능했다. 그러다가 만족도를 떨어뜨린 요소를 발견하게 되었다. 예금금리가 경쟁 은행에 비해 너무 낮은 점이 눈에 띈 것이다.

그는 예금금리를 담당하는 마케팅팀에 가서 다른 은행들과 같은 수준으로 맞추는 것이 좋겠다고 말했다. 하지만 팀장인 권 부장이 매몰차게 거절했다. "예금이 들어와도 운용할 곳이 마땅치 않은데 금리를 어떻게 올리나. 고객만족도보다 수익성 문제가 더 중요하다"는 것이었다.

그다음 찾아간 곳은 카드사업팀의 황 부장이었다. 주유소의 할인 축소와 레스토랑 식사권 폐지로 고객들의 불만이 많으니 혜택을 '점진적으로' 줄여나가자고 제안했다. 그러나 황 부장은 "카드 혜택만 빼먹고 거래는 하지 않는 체리피커(cherry picker. 상품이나 서비스는 이용하지 않고 이익만 챙기는 소비자)들과는 더 이상 거래할 필요 없다. 그들의 고객만족은 의미가 없다"며 거절했다.

이 부장은 마지막으로 인사팀의 정 부장을 찾아갔다. 인원 축소에 앞장서온 인사팀과는 껄끄러운 관계였지만 명퇴와 출산휴직 등으로 줄어든 창구 직원 탓에 고객들의 대기시간이 늘어난 점을 짚어야 했다. 하지만 정 부장은 "은행 업무의 자동화로 매년 5%씩 인원을 줄이는 것이 인사팀의 성과지표"라며 인원을 늘리는 데 단호히 반대했다. 모두가 백조와 새우, 꼬치고기처럼 서로 다른 방향으로 힘을 쏟고 있었다.

현업 부서가 고객만족도를 외면하는 까닭

옛날 옛적 네 사람이 함께 살고 있었다. 그들의 이름은 '모두(everybody)'와 '누군가(somebody)', '누구든(anybody)' 그리고 '아무도(nobody)'였다.

'모두'는 중요한 일을 완수해달라는 부탁을 받고 '누군가'가 할 수 있으리라 생각했다. 그런데 '누구든' 할 수 있었던 그 일을 '아무도' 하지 않았다. 이 때문에 '누군가'가 화를 냈다. 왜냐하면 이는 '모두'의 일이었기 때문이다. '모두'는 '누구든' 할 수 있다고 생각했으나 '아무도' 하지 않으리라는 것을 깨달았다. 결국 '누구든' 할 수 있었던 일을 '아무도' 하지 않자 '모두'는 '누군가'에게 책임을 돌렸다.

미국의 전래동화 중 하나로, 조직 내 주인의식의 결핍과 협력의 어려움을 꼬집고 있다.

기업에 고객만족팀이 있지만 K은행 이 부장의 경우처럼 문제점을 개선할 수 있는 실질적인 오너십을 갖지 못한 경우가 대부분이다. 게다가 전체 고객만족도에 큰 영향을 미치는 의사결정에 참여하지도 못한다. 예금금리를 내리거나 카드 혜택을 줄이는 의사결정에 개입하지 못하는 다른 현업 부서들도 사정은 비슷하다. 고객만족도 향상을 위한 오너십을 발휘할 수 없는 구조다. 각 부서마다 부여받은 핵심성과목표(KPI, Key Performance Indicator) 달성에 매달리느라 평가지표에 포함되지 않은 내용들에 대해서는 관심을 갖기 어렵다. 고객만족도 역시 평가의 대상이 아니다. 어느 한 부서의 성과로 볼 수 없기 때문이다. 결국 '모두'의 일이기 때문에 '아무도' 하지 않는 상황이 지속 반복된다. CEO가 중시하는 전사적 목표가 아이러니하게도 그 누구의 오너십도 없는 대상으로 전락해버리는 것이다.

고객감동을 '슬로건'에서 '현실'로 바꾸는 방법

한 청년이 일광욕을 즐기던 휴가객들 바로 옆에서 녹음기를 틀어놓고 음악을 즐기다가 바닷물에 뛰어들었다. 곧이어 도둑 역할을 맡은 사람이 녹음기와 옷가지 등 청년의 소지품들을 챙겨서 달아났다. 누가 봐도 도둑임이 분명했지만 20회의 실험 중에서 단 4명만이 '도둑'을 잡으려고 시도했다.

똑같은 상황에서 이번에는 청년이 바닷물에 들어가기 전에 "제 물건 좀 봐주세요" 하고 사람들에게 부탁을 했다. 그랬더니 놀랍게도 20회 중 19명이 도둑을 잡으려고 위험을 무릅썼다.

사람은 책임감과 오너십이 부여될 때 최선을 다하게 된다. 고객만족을 위한 서비스 정책도 이와 마찬가지여야 한다.

고객만족이 기업의 미래 성과에 더 큰 영향을 미치게 될 것이라는 사실이 부각되면서 고객만족도 평가 결과에 따라 포상을 하거나 해당 부서에 책임을 추궁하는 기업이 늘고 있다. 책임을 지고 문제를 해결해나갈 수 있는 사람에게 고객만족도를 개선하는 오너십을 부여하고 있는 것이다. 바람직한 현상이 아닐 수 없다. 브랜드 관리나 고객만족도처럼 파급 효과가 크고 강한 이슈일수록 아무도 책임을 지지 않고 방치하는 경우가 자주 발생하는데, 이러한 문제를 해결하려면 고객들과 직접 접촉하는 중요 접점인 터치포인트(touchpoint)에 해당하는 부서에 명확한 오너십을 주어야 한다.

오너십을 주는 방법은 두 단계에 걸쳐 이루어진다. 우선 고객만족을 좌우하는 결정적 터치포인트를 파악한다. 고객들이 항공사의 서비스가 좋았다고 말할 때 구체적으로 어떤 것이 좋았는지는 알 수가 없다. 대개는 여러 요소가 잘 맞아떨어진 경우로, 항공권 구매, 체크인, 비행기 탑승, 수하물 찾기 등 일련의 접점서비스가 좋았다는 뜻이다. 이처럼 고객들과 마주하는 접점, 즉 터치포인트를 개선하면 고객만족도가 올라간다. 터치포인트는 기업마다 다른데, 예를 들어 자동차손해보험사의 터치포인트는 홈페이지의 활용성, 고객센터 직원의 전문성, 보험가입 절차의 간편성, 보험료 청구서 수령의 용이성, 사고 처리나 보상의 신속성 등이다. 이렇게 고객이 접촉하는 순서에 따라 터치포인트를 생각해보면 담당 부서까지 파악할 수 있다.

그렇다면 가장 중요한 터치포인트는 무엇일까? 연구 결과에 따르면, 고객들이 보험회사에 대한 만족도를 결정하는 터치포인트는 사고 처리 과정이다. 사고 처리를 하면서 좋은 보험회사인가 아닌가를 결정적으로 판단한다는 이야기다. 병원에서는 결정적 터치포인트가 무엇일까? 의사들에 대한 만족도가 지지부진하여 고심하던 한 병원은 주임 간호사가 퇴원 48시간 안에 모든 퇴원 환자들에게 전화를 걸어 그들의 경험을 듣고 질문에 친절하게 대답해주어 큰 성과를 거두었다고 한다. 인간적 교감이 결정적 터치포인트였던 셈이다.

결정적 터치포인트를 알았다면 그에 맞게 명확한 오너십을 부여해야 한다. 터치포인트를 개선하기 위한 담당 부서를 지정하여 책임은 물론 권한을 주고 환경을 조성해주는 것이다. 한 생명보험회사는 고객의 상담만족도를 좌우하는 결정적 터치포인트가 첫 통화 성공률(FCR, First Call Resolution), 즉 한 번의 전화로 모든 문제를 해결하는 것임을 알아내고 이를 핵심품질지표로 설정하여 콜센터에 개선 목표를 부여하여 엄격히 관리하도록 했다. 자동차손해보험사의 경우라면 사고처

리팀이 오너십과 개선 책임을 갖도록 하면 된다.

고객만족팀은 부서별로 고객만족도를 높이거나 낮추는 결정적 터치포인트를 파악하는 데 주력하고, 오너십을 갖고 각 부서의 개선 방안과 결과를 고객만족도를 통해 측정, 평가해주면 된다.

더 소중한 고객이 있다

20 : 80

이탈리아의 경제학자 빌프레도 파레토(Vilfredo Pareto)는 1897년 영국의 부와 소득의 유형을 연구하다가 '전체 인구의 20%가 전체 부의 80%를 차지한다'는 사실을 발견했다. 이후 이는 '20 : 80의 법칙'(파레토는 정작 20:80이라는 표현을 사용한 적이 없다고 한다) 또는 '파레토 법칙'으로 불리게 되었고, '범죄자 20%가 전체 범죄의 80%를 저지른다'는 말처럼 사회현상을 설명하는 데도 널리 사용되었다.

통화 대상자 20%에게 통화량의 80%를 쓴다, 소비자들 중 20%가 전체 매출의 80%를 일으킨다, 전체 직원 중 20%가 업무의 80%를 담당한다, 수신되는 이메일의 20%만 확인하고 나머지 80%는 열지도 않은 채 폐기된다 등도 파레토 법칙을 설명해주는 예들이다. 집의 옷장에서도 비슷한 현상을 발견할 수 있다. 10벌의 옷이 있다면 그중에서 자주 입는 옷은 2~3벌에 불과하다.

'상위 20% 고객이 매출의 80%를 창출한다'는 황금률은 현대 마케팅의 기본 토대가 되고 있다. 그래서 금융회사와 유통업체를 비롯한 기업들이 주목하는 부문 중 하나가 'VIP마케팅'이다. 말 그대로 부유층을 겨냥한 마케팅 전략으로, 기업에 큰돈을 벌어주는 '특별한 고객'에게 차별화된 서비스와 마케팅을 집중하는 것이다. 일반고객 100명보다 부자 손님 몇 명을 잡는 게 순이익상 훨씬 효과적이기 때문이다. 실제로 은행의 거래고객 분포와 수익성을 분석해보면, 가장 많은 비중을 차지하는 일반 서민층 고객군에서는 이익이 별로 나지 않으며, 심한 경우 적자가 나기도 한다. 반면 부유층은 금액이 크고 다양한 상품을 거래하기 때문에 적은 수에도 불구하고 수익 기여도 면에서 큰 비중을 차지한다. 전체 고객의 10% 정도에 불과하지만 수익 기여도는 전체의 70~80%가 넘는다.

백화점들도 VIP고객에게 각별히 신경을 쓴다. 국내 한 백화점의 자료에 따르면, 상위 5%의 VIP고객들이 전체 매출액의 50.1%를 차지하고 있다. 최상위층 고객으로 올라갈수록 구매액이 급증한다는 사실도 확인되었다. 또한 백화점에 입점한 제품이 많아지면 매출도 오를 것으로 생각하지만, 실제로 백화점의 전체 수익 중 70~80%는 20%의 제품이 거둬들이고 있다. 이는 상품군을 늘리거나 모든 제품에 마케팅비를 쓰는 것이 비용 대비 효과가 떨어진다는 점을 시사한다.

VIP고객은 큰 수익을 안겨줄 뿐만 아니라 거래기간의 지속성 면에서도 일반고객보다 훨씬 더 나은 모습을 보여준다. 그들은 자신의 개성과 취미에 부합하는 브랜드나 서비스를 정할 때까지 상당한 시간을 들이지만, 선택하고 나면 오랜 기간 단골고객이 된다. 여간해서는 제품이나 서비스 담당자를 교체하지 않는다. VIP고객의 장점은 이뿐만이 아니다. 이들의 소비가 다른 계층의 소비를 촉진하기도 한다. 부유층의 소비가 중상류층에 의해 모방되고, 중상류층의 소비는 다시 중류층에 의해 모방되는 것이다. 이러한 현상을 마케팅에 활용하는 기업들이 있다. 비행기를 보면 이코노미클래스 고객들이 탑승할 때 앞쪽의 비즈니스클래스 공간을 통과하도록 되어 있다. 여기에는 항공사의 '계산'이 들어 있다. 이미 비즈니스클래스 고객들로부터 많은 이익을 창출하고 있지만, 이코노미클래스 고객들에게 비즈니스클래스의 면모를 보여주고 이를 모방하고 싶게 만들려는 것이다.

더 소중한 고객은 누구인가

스웨덴의 최대 은행인 스웨드뱅크(Swedbank)는 10개의 은행을 인수한 후 고객만족도를 높이기 위해 다양한 활동을 벌였다. 그런데 문제가 생겼다. 고객만족도는 높아졌으나 수익성이 악화되는 딜레마에 빠져버린 것이다. 원인을 분석해본 결과, 만족도가 높은 고객은 수익성이 없는 하위 80%에 속한 경우가 대부분이었고, 정작 수익 창출의 핵심인 상위 20%의 고객은 불만족하고 있다는 사실이 밝혀졌다. 우량고객을 만족시키는 데 실패한 것이다. 이후 스웨드뱅크는 상위 20% 고객에 대한 서비스를 더욱 향상시킴으로써 더 많은 거래를 이끌어낼 수 있었다.

효과적인 수익 전략을 위해서는 고객과의 관계를 유지하는 데 필요한 비용과 고객이 가져다주는 수익을 동시에 고려해야 한다. 그래서 비용보다 수익이 큰 고객과 장기적인 관계를 유지할 수 있는 방향으로 투자를 집중해야 한다. 기업이 현재보다 더 나은 수익을 얻고 중요한 고객과의 관계를 한층 더 강화할 수 있는 가장 확실한 방법이다.

미국 몬태나주 미줄라에 있는 몬태나은행은 고객들에게 높은 이율을 지급하면서도 건전한 영업이익을 내고 있다. 전략의 핵심은 '비용이 많이 드는 80%의 고객'을 버리는 것이었다. 은행이 매력적이지 않게 보이도록 만들어 그들이 예금을 하지 않고 떠나도록 유도했다. 그리고 나머지 20%의 '좋은 고객'에게 서비스를 집중했다. 작은 돈을 주고받는 걸 좋아하지 않는 그들의 성향에 맞추어 팩스 등 적은 비용이 드는 서비스들은 무료로 제공했다. 또한 예금액이 5만, 6만, 7만 달러를 넘는 고객에게는 금리를 우대해주었다. 반대로 1만 달러 미만의 고객은 이율이 사실상 0%가 되도록 했다. 이러한 전략 덕에 거액을 예치하는 고객이 늘어났고, 예금액이 지역 평균의 20배를 넘겼다. 어떤 고객이 "다른 은행에 비해 지점 수도 적고 사은품을 주지 않는다"고 불평하면 이렇게 응수했다.

"네, 저희는 그런 면에서는 별로입니다. 창구 거래가 잦거나 많은 지점이 필요한 분은 그 방면에서 더 나은 다른 은행을 찾아가셔야 합니다."

고객 입장에서는 서운할 수도 있지만 세상에는 이런 서비스를 좋아하는 고객도 있고 저런 서비스를 좋아하는 고객도 있기 마련이다.

아직도 많은 기업들이 고객의 수를 중시하는 전략을 펴고 있다. 적극적으로 관계를 유지해야 하는 '우량고객'과 더 이상 관계를 유지할 필요가 없는 '불량고객'을 구분하지 않는 것이다. 버리는 것에 대한 두려움 때문에 다 좋다는 소리를 듣는 팔방미인이 되려고 한다. 하지만 유명 브랜드는 그들의 가치에 맞는 고객만을 선택한다.

루이비통 매장 앞을 지나다 보면 줄을 서서 기다리는 사람들이 눈에 띈다. '고객에게 여유롭고 쾌적한 쇼핑 공간을 제공한다'는 명분으로 입장고객 수를 제한하기 때문에 벌어지는 풍경이다. 물론 그게 전부는 아니다. 실은 입구에서 '조용히 기다릴 줄 아는 온화한 성품의 상식적인 루이비통 팬'만을 선별하기 위한 특별한 연출이기도 하다. 기업 입장에서는 고객의 수도 중요하지만 수익성에 영향을 미치는 우량고객을 얼마나 보유하고 있느냐가 더 중요하다. 그런 차원에서 우선적으로 만족시켜야 할 고객이 누구인지를 분명히 하는 것이 기업의 매출 증대에 유리하다.

고객을 타깃팅하는 것이 왜 중요할까? 은행에서 모든 고객을 상대로 고객만족도 향상 방안을 물었다고 하자. 그러면 당연히 일반고객의 최대 니즈인 '많은 지점 수와 짧은 창구 대기시간'이 첫 번째로 꼽히고, 상대적으로 표본의 수가 적은 VIP고객의 '맞춤화된 금융상담' 등은 부차적인 사항으로 밀릴 것이다. 이러한 결과를 바탕으로 서비스 향상 방안의 우선순위를 정해서 자원을 투자한다면 전체적인 고객만족도는 올라가겠지만 우량고객들은 다른 은행으로 이탈하게 될 것이다. 결과적으로 고객만족도는 개선되지만 경영 성과는 악화되었던 스웨드뱅크의 전철을 밟게 된다.

스칸디나비아항공은 고객만족에 대해 조금이라도 공부해본 사람이라면 누구나 알고 있는 대표적인 성공 사례인데, 다소 잘못 알려진 부분이 있다. '결정적 순간'과 '역피라미드(고객이 조직의 가장 위에 있고, 경영진은 맨 아래에 있다)'로는 SAS의 성공을 설명하기에 부족하다는 것이다. 사실 SAS의 성공은 누구를 만족시킬 것인가, 누가 가장 많은 이익을 가져다주는가를 파악하여 타깃고객을 철저하게 파고든 결과였다.

얀 칼슨(Jan Carlzon)은 사장으로 취임하자마자 "SAS는 비즈니스 고객에게 최고의 항공사가 될 것이다"라고 선언하고 그것을 실행했다. 회사가 적자를 내고 있는데도 4,500만 달러를 추가로 투자하고 연간 1,200만 달러의 영업비를 증액했다. 모두가 타깃고객에게 집중하기 위한 것이었다. 대신 목적에서 벗어나는 예산이나 비용은 과감히 삭감했다. 이러한 전략이 SAS를 성공으로 이끈 것이다.

"모든 동물은 평등하다. 그러나 어떤 동물은 다른 동물보다 더 평등하다."

조지 오웰의 《동물농장》에 나오는 구절이다. 여기서 동물을 고객으로 바꾸어보자.

"모든 고객은 소중하다. 그러나 어떤 고객은 다른 고객보다 더 소중하다."

맞는 말이다. 80%의 성과를 만들어주는 너무나 소중한 20%의 고객에게 서비스를 집중하고 차별화해야 한다.

태도는 같게, 응대는 다르게

여기서 한 가지 유의할 점이 있다. 우량고객과 일반고객에 대한 차별적 응대가 인격적 차별화를 용인하거나 일반고객을 포기하라는 뜻이 아니라는 것이다. 차별적 응대란 시스템적(또는 상황적) 차별화를 말한다. 예를 들면 항공기의 퍼스트클래스와 같은 것이다. 퍼스트클래스는 의자도 크고 좌석 간 간격도 넓고 기내식도 다르다. 항상 승무원이 대기하고 있어 필요한 서비스를 언제든 요청할 수 있으며, 도착해서는 이코노미클래스 승객들보다 먼저 내릴 수 있다. 한마디로 고급스러운 서비스를 받고 서너 배의 요금을 더 낸다고 볼 수 있다. 그렇다고 승무원들이 퍼스트클래스 승객들에게만 친절하게 대하고 이코노미클래스의 승객들에게는 불친절하게 대하는 것은 아니다. 똑같이 친절하게 대한다. 다시 말해서 제도나 시스템의 차별화로 다른 수준의 서비스를 제공해야지 고객의 등급에 따라 다른 응대 태도를 취해서는 안 된다는 것이다.

이 책을 쓰고 있는데 내가 가입한 자동차보험이 만기가 되었다는 소식이 날아들었다. 보험사 상담원으로부터 안내를 받았는데 보험료가 70%가량 올랐다고 했다. "1년 동안 무사고 운전이었는데 왜 이리 올랐느냐?"고 물으니 "전년도는 무사고였지만 최근 3년간 4건의 사고가 있어서 할증이 되었다"고 했다. 주차하다가 남의 차를 긁은 것, 좁은 골목길을 통과하다가 백미러가 떨어져 교체한 것, 자갈을 실은 트럭 뒤를 따라가다가 날아드는 돌에 앞 유리가 금이 간 것 등을 모두 보험으로 처리한 결과였다. 지나친 보험료 인상에 속이 상해 예전에 거래했던 S보험사 설계사에게 전화를 했더니 "사고건수가 많아 저희 회사도 인수하기가 곤란하다"며 싸늘하게 전화를 끊었다. 때마다 손 편지를 써서 안부를 묻곤 하던 정성이 고마워 비싼 보험료를 감수하고 기꺼이 그녀의 고객이 되어주었는데, 배신감이 들었다. 그래도 한때는 VIP고객이었는데 손해가 날 가능성이 있는 고객으로 간주되면서 냉담하게 대하는 그녀의 행동이 오랜 기간 상처로 남았다.

다시 한 번 강조하지만 고객에 대한 태도는 일관되어야 한다. 설사 현재의 고객이 아니더라도 말이다. 고객만족을 기업의 재무 성과로 연결하는 '성과 지향적인 고객만족 전략'을 우선해야 하지만, 다른 고객의 자존심에 상처를 주는 일이 있어서는 안 된다.

VIP고객이 원하는 서비스

사람들로 붐비는 세일기간에 백화점에 가기란 여간 어려운 일이 아니다. 특히 주차가 골칫거리다. 그런데 백화점 주차요원에게 자동차 키만 맡기면 되는 고객이 있다. 바로 특급호텔에서 볼 수 있는 발레파킹서비스를 받는 VIP고객이다. 그들은 백화점의 특별관리 대상이다. 주차대행서비스는 물론 전용라운지 이용권과 각종 공연이나 행사 초대권을 제공받는다. 백화점 매출의 대부분을 차지하는 우수고객이기 때문이다.

VIP마케팅의 대상인 부유층은 일반고객들과는 전혀 다른 욕구와 소비패턴을 가지고 있다. 가장 큰 차이점 중 하나는 '가격'에 대한 관점이다. 일반고객들에게 가격은 제약 요인이지만, 부유층에는 자유 요인이다. 따라서 가격 할인이 일반고객과 달리 부유층에는 큰 효과를 발휘하지 못한다. 따라서 VIP고객을 유치하기 위해서는 그들만의 특성을 파악하고 그들이 받고 싶어 하는 서비스를 제공해야 한다.

첫째, VIP고객은 희소성 있는 브랜드와 서비스를 선호한다. 빈번히 구매하는 상품 종류는 금융, 아파트, 승용차, 의류, 향수와 보석, 골프용품, 문화, 전자제품, 여행과 휴양시설 등이다. 공통점은 희소성이다. 백화점 명품 매장에서 일하는 판매원들은 상품의 희소성을 강조하기 위해 종종 이렇게 이야기한다.

"이 상품은 저희 백화점에서도 이곳에만 딱 한 개 있습니다."

에르메스는 매출을 늘리기 위해 무분별하게 매장을 늘리지 않는 것으로 유명하다. 최고 브랜드라 하더라도 희소 가치가 없으면 외면해버리는 부자들의 속성을 잘 알기 때문이다. '이 세상에 단 하나뿐인', '당신만을 위한'이라는 콘셉트가 그들의 마음을 사로잡는 데 유용하다. VIP마케팅의 기본은 다다익선이 아니라 소소익선이다.

둘째, VIP고객은 자기들만의 커뮤니티를 만들어 교류하기를 좋아한다. 그들은 관심사나 취향이 비슷한 소집단 속에서 동질성을 확인하고 마음의 안정을 얻고자 한다. 인맥을 중시하며 지속적인 관계를 맺어나간다. 그래서 고급스럽고 색다른 커뮤니티를 운영하는 마케팅이 VIP고객들에게 큰 호응을 얻고 있다. 이른바 'VIC(Very Important Community)'는 VIP들의 사교클럽으로, 기업의 매출이나 일반고객들의 구매에 지대한 영향을 미친다. 효과적인 운영을 위해서는 각종 유행을 선도하는 트렌드세터(trend-setter)의 역할이 필수적인데, 활동적이고 인맥이 넓은 패션디자이너나 유명 연예인 등이 이에 속한다.

셋째, VIP고객은 고품격 체험 서비스에 관심이 많다. 그래서 VIP멤

버십 커뮤니티에서도 각종 체험 이벤트를 운영한다. 여행, 크루즈, 승마, 요트 등 다양한 이벤트를 하다 보면 멤버들끼리 친해지고 기업과의 관계도 더욱 우호적으로 발전한다. 최근에는 봉사 개념이 가미된 행사가 많아졌는데, 물질적 여유를 자신만을 위해 사용하지 않고 제3세계나 소외계층에 베풀 줄 아는 의식 있는 부유층, 특히 신세대 부유층인 욘족(yawns, young and wealthy but normal)족들에게 반응이 좋다.

넷째, VIP고객은 집사와 같은 특별한 대우를 원한다. 자산 관리를 전담해주는 PB(Private Banking)처럼 자신만을 위한 서비스를 선호한다. 유럽의 PB처럼 부모를 대신해 자녀의 학교를 방문하는 정도까지는 아니어도, 금융과 부동산은 물론 문화, 예술, 자녀교육, 건강, 관혼상제 등에 관한 토털 라이프 케어(total life care) 서비스를 기대한다. 이러한 기대에 부응하여 컨시어지(concierge)가 큰 주목을 받고 있다. 중세시대 유럽의 교회 문지기에서 유래한 컨시어지는 호텔, 백화점, 금융업계 등으로 영역을 확대하며 VIP고객을 대상으로 무한 감동을 실현하고 있다. 고객과의 접점에서 기업의 입장을 대변하고 고객의 숨은 니즈를 파악해서 해결해주는 커뮤니케이션 통로로서뿐만 아니라 고객만족을 매출로 연결하는 중요한 고리 역할을 하고 있다.

우리가 고객만족을 추구하는 궁극적 목적은 고객만족도와 재무 성과를 동시에 높이는 것이다. 그런 의미에서 모든 고객이 아니라 소수의 VIP고객에게 집중할 필요가 있다. 그것이 두 마리 토끼를 잡는 유효한 전략이다.

서비스 평가는 고객의 눈으로

잃어버린 열쇠

어느 늦은 밤에 맹구가 가로등이 켜진 도로 위를 두리번거리며 무언가를 찾고 있었다. 마침 지나가던 친구가 맹구에게 물었다.

"맹구야! 너 이 한밤중에 뭘 찾고 있는 거야?"

"열쇠를 찾고 있어. 현관 열쇠를 잃어버려서 지금 집에 들어갈 수가 없거든."

"열쇠를 마지막으로 본 게 어딘데? 그걸 잘 생각해봐."

"길 건너편에 있는 운동장 근처에서 떨어뜨린 것 같아."

맹구가 왜 그런 걸 묻느냐는 투로 대답했다.

"그런데 왜 여기서 열쇠를 찾고 있어?"

"운동장 근처는 캄캄한데 여기는 가로등이 켜져 있으니까 찾기 쉬울 것

같아서."

내가 서비스의 측정과 평가에 대해 강의할 때 자주 인용하는 예화다. 열쇠를 찾아야 하는 곳이 분명히 있는데도 불구하고 편리하다는 이유만으로 엉뚱한 곳에서 헤매는 경우가 서비스 영역에서도 심심찮게 발견되기 때문이다.

서비스 품질을 개선하려면 제일 먼저 현재의 상태부터 측정해야 한다. '측정할 수 없다면 개선할 수도 없다'는 말처럼, 서비스가 이루어지는 지금 이곳의 상태를 파악해야만 개선책도 찾을 수 있다. 측정에는 2가지 전제가 따른다. 정확하게 측정해야 한다는 것과 고객관점에서 측정해야 한다는 것이다. 그리고 이를 위해 가장 중요한 것이 '올바른 평가지표'다.

환한 곳에서 열쇠를 찾는 맹구처럼, 올바른 평가지표보다 측정하기 쉬운 평가지표를 선택하는 기업이 적지 않다. 이는 마치 명석함을 판단하기 위해 머리둘레를 재는 격이나 다름없다. 그래서는 정확한 측정 결과도 얻을 수 없고, 필요한 해결책도 찾을 수 없다.

고객의 관점이 아닌 기업의 관점으로 평가하는 경우도 흔히 볼 수 있다. 직원들의 전화응대 태도를 평가할 때 '전화벨이 2~3회 울린 다음 전화를 받는가?', '수신 시 첫인사와 끝인사를 했는가?' 등을 주요 항목으로 평가하는데, 정작 고객들은 이를 별로 중요하게 생각하지 않는다. 전화가 이리저리 돌려지지 않고, 상담원에게 바로 연결되고, 자신의 질문에 쉬운 말로 척척 대답해주는 것에 더 관심이 많다. 고객의 경험과 느낌을 중시하고 그의 관심사에 초점을 맞추어야 한다. "도구라고는 망치밖에 없을 경우 모든 문제가 못으로 보인다"는 미국의 심리학자 에이브러햄 매슬로(Abraham Maslow)의 말은 기업이 선호하는 평가지표에 의존할 경우 생길 수 있는 부작용을 매우 적절히 지적하고 있다.

구소련(舊蘇聯)의 한 침대공장에서는 침대에 얼마나 많은 철을 사용했는가에 따라 품질을 평가했다. 결과가 어땠을까? 누웠을 때 몸을 제대로 받쳐주는 편안함이 아니라 아주 무거운 침대를 만드는 데 열을 올렸을 것이다. 스칸디나비아항공에서도 이와 비슷한 일이 있었다. 처음에는 화물운송 부문의 평가를 '수송량'으로 했다. 화물수송량은 회사 이익과 직결되기 때문이었다. 자연스레 직원들은 수송량에만 신경을 썼고 '정시 도착'에는 관심을 갖지 않아 예정된 시간에 배달되지 않는 일이 속출했다. 이에 경영진이 평가 기준을 '확실성', 즉 화물의 정시 배송으로 바꾸게 되었고, 직원들은 그제야 고객관점에서 배송 절차와 시간 등에 관심을 기울이기 시작했다. 이를 계기로 SAS의 서비스 품질지표가 바뀌면서 고객의 니즈도 충족될 수 있었다.

평가지표는 배가 바다를 항해할 때 방향을 알려주는 나침반과 같다. 나침반이 있어야 배가 길을 잃지 않고 목적지에 닿을 수 있듯이, 평가지표에 따라 구성원들은 서비스 목표를 향해 나아가게 된다. 이와 같이 서비스 품질지표는 '사활이 걸린 중요한 문제'이지 '있으면 좋고 없어도 그만'인 것이 아니다. 물론 철저히 고객관점이어야 한다.

서비스 품질 평가시스템 구축 프로세스

다음으로 서비스 품질 평가시스템을 구축하는 절차를 알아보자. 절차는 크게 4단계로 이루어진다. 고객 정의 · 평가지표 개발 · 평가 시행 · 평가 결과의 활용이다.

첫 단계에서는 타깃으로 삼을 고객이 누구인지 정의하고, 그들의 요구가 무엇인지를 파악한다.

두 번째 단계에서는 고객의 요구에 따른 평가지표를 개발한다. 여기서 중요한 것은 고객중심적인 경영철학의 반영이다. 서비스 품질을 평가하는 데 경영철학까지 필요하냐는 의문이 든다면 다음의 사례를 참고하기 바란다.

한 콜센터에서 상담원들에게 전화받는 횟수에 따라 보너스를 지급하기로 결정했다. 한편으로 고객들에게는 상담원들의 서비스를 평가해달라는 엽서를 발송했다. 그 결과, 고객들로부터 가장 나쁜 평가를 받은 직원이 계속해서 보너스를 받는 어처구니없는 일이 벌어졌다. 그 직원은 포상 기준에 따라 보너스를 받기 위해 고객에게 걸려온 전화를 최대한 빨리 끊으려고 했다. 되도록 많은 고객의 전화를 받게 해서 생산성을 높이려는 경영자의 의도가 빚어낸 결과였다.

최근 국내의 한 증권사에서 매매수수료 기준으로 지점이나 영업직원에게 지급하던 개인성과급제도를 폐지했다. 고객에게 가치 있는 상품과 서비스를 제공하기보다 수수료를 더 받기 위해 잦은 주식매매를 유도했기 때문이다. 그 대신 고객만족도와 자산 증대, 비용의 효율성을 평가 기준으로 삼았다. 펀드나 주식은 많이 사고 팔수록 수수료 수익이 커지는 구조로 설계되어 있는데, 고객은 매매 때마다 수수료를 내야 한다. 담당 직원과 회사에만 이익이 되는 '거래량(약정고)'을 평가 기준으로 삼은 탓이다. 이를 고객에게 이익이 되는 '고객 수익률'로 바꿀 수 있느냐 없느냐는 결국 경영자의 철학에 달려 있다.

고객중심의 경영철학을 가진 회사라면 직원이나 회사의 매출액뿐만 아니라 고객의 이익을 생각하는 평가지표를 개발해야 한다. 그렇게 되면 단기적으로는 손해를 볼지 몰라도 점차 고객 수익률이 좋은 회사로 평판이 높아지면서 신규고객이 늘고 기존고객의 거래량도 증가하여 전체적인 이익이 커지게 된다.

새로 부임한 사장이 대대적인 회사 개혁에 착수했다. 그가 새롭게 시행한 조치 가운데 가장 획기적인 것은 판매사원의 평가 척도를 바꾼 것이었다. 평가 항목에서 매출을 없애고 대신 서비스에 대한 고객 평가를 새로운 척도로 삼았다. 판매사원의 활동이 매출 목표에 얽매이면 고객만족 서비스에 소홀해지기 쉽다는 판단에서였다. 이러한 사장의 방침에 대해 판매사원들이 나태해지지 않을까 하는 우려의 목소리도 컸지만 그의 생각은 달랐다.

"매출 목표는 한번 달성한 뒤에는 대충 달려가면 된다는 마음을 불러옵니다. 그러나 고객의 만족도를 평가 척도에 포함시키면 움직이고 있는 시간 모두를 고객을 위해 쓰지 않으면 안 됩니다. 모든 고객과의 만남이 한판 승부가 되는 거죠."

사원이 진심으로 고객을 대하면 고객에게 전해지고, 그러다 보면 자연히 매출 목표를 달성하게 된다는 것이었다. 2005년, 일본의 세계적인 화장품회사 시세이도의 사장이 된 마에다 신조(前田新造)의 이야기다.

그의 개혁은 성공했을까? 물론이다. 평가 척도를 바꾼 지 2년 반 동안 시세이도가 고객들로부터 받은 설문엽서만 160만 통이었고, 그 중 90%가 칭찬으로 채워졌다. 매출 성장은 말할 것도 없었다.

사람은 어떻게 평가받느냐에 따라 태도와 행동이 달라진다. 언제나 고객중심의 서비스로 경영 목표를 달성하겠다는 경영자의 신념과 이를 반영한 평가지표 개발이 그래서 중요하다.

세 번째 단계에서는 개발한 평가지표로 평가를 시행하고, 마지막으로 네 번째 단계에서는 평가 결과를 인사고과에 반영하고 포상한다.

서비스 품질 평가는 외부고객과 내부고객을 모두 포괄하여 시행해야 한다. 제품과 서비스를 구매하는 외부고객은 물론 회사 직원인 내부고객으로부터도 평가를 받아야 한다. 그래야만 모든 직원이 고객만족이라는 한 방향을 향해 움직일 수 있다. 여기에 예외가 있어서는 안 된다.

평소 친하게 지내던 어느 카메라 판매회사의 부장으로부터 CS 추진에 관한 조언을 해달라는 의뢰를 받은 적이 있다. 나는 부서별 CS 추진 과제 및 서비스 품질에 대한 핵심성과지표(Key Performance Indicator)를 보여달라고 요구했다. 그런데 그가 "몇 개 부서에서 우리가 CS와 무슨 상관이 있느냐며 반발이 심한데, 특히 인사부가 그렇습니다. 어떻게 하면 좋을까요?"라며 조언을 구했다. 나의 대답은 "인사부가 CS에 앞장서야 합니다"였다. 서비스의 품질은 '끼가 넘치는 직원을 채용하는 것'에서부터 시작되기 때문이다.

고객을 진정으로 만족시키려면 외부고객은 물론 내부고객의 만족지표도 필요하다. 만약 외부고객 만족지표로만 서비스 품질 평가시스템을 구축하면 인사와 총무 등 지원부서 직원들은 평가 대상에서 제외될 것이고, 온전한 평가가 될 수 없다. 서비스 품질 평가는 전사적으로 이루어져야 그 효과를 제대로 발휘할 수 있다.

서비스 품질 관리는 페덱스처럼

온전한 서비스 품질 평가를 위해 더 알아야 할 것이 있다. 바로 서비스품질지수와 미스터리쇼핑이다.

서비스품질지수는 고객만족도와 같은 외부 품질지수와 회사 내의 품질 목표 달성 여부를 평가하는 내부 서비스품질지수로 나눌 수 있는데, 외부 품질지수는 앞에서 다루었으므로 여기서는 내부 서비스품질지수만 소개한다. 내부 서비스품질지수는 말 그대로 직원들의 서비스에 대해 직원들 스스로 평가하는 것이다. 대표적 우수 사례로 꼽히는 세계적 택배회사 페덱스의 경우를 살펴보자.

페덱스는 체계적 서비스품질지수 관리를 통해 전설적인 고객만족도를 자랑하는 회사가 되었다. 1994년부터 소비자의 품질 인식에 영향을 미치는 요소를 화물 분실(10), 화물 손상(10), 배달 날짜 지연(5), 정시 인수 실패(3), 추적 불능(3), 불만 재발(3), 배달시간 지연(1), 송장 수정 요청(1), 고객의 배달 확인 누락(1)(괄호 안의 숫자는 가중치) 등 9개로 나누고, 고객들이 생각하는 중요도에 따라 부여한 가중치로 평가한 SQI(Service Quality Index, 서비스품질지수)를 매일매일 산출해오고 있다. SQI는 상대적 불만율이 아니라 절대적 불만건수를 기초로 산출되기 때문에 배송물량이 늘어나도 동일한 SQI값을 유지하려면 불만을 가진 고객의 비율을 지속적으로 줄여나가야 한다. 예를 들어 고객이 10만 명에서 13만 명으로 늘어나더라도 불만건수는 300건으로 묶어두는 것이다. 그러면 고객 불만율은 0.3%에서 0.23%로 감소하게 된다.

흔히 모니터링으로 불리는 미스터리쇼핑(mystery shopping)은 조사원이 고객으로 위장하여 직원들의 서비스 수준을 평가하는 것으로, 고객접점 직원이 바람직하고 훈련된 행동을 하고 있는지를 확인하는 수단이다. 그러나 신뢰성과 대표성은 낮은 편이다. 일시적인 경우가 많고 서비스 현장의 변수를 제대로 반영하지 않는 한계가 있기 때문이다. 따라서 CS부서에서 접점의 서비스 수준을 판단하는 수단으로 활용하는 것이 좋다.

여기서 또 하나 유의할 점이 있다. 미스터리쇼핑의 점검사항을 확인할 때 설문조사 형식으로 고객을 직접 참여시키는 것은 바람직하지 않다는 것이다. 고객을 품질관리조사관으로 삼아서는 안 된다는 말이다. 미국의 컬럼니스트이자 경영컨설턴트인 코프먼(Ron Koufman)이 경험한 이야기를 들어보면 그 이유를 알 수 있다.

"우리는 공항에서 호텔 리무진을 이용해서 이동하면서 놀라운 경험을 했다. 운전사는 매우 친절했다. 그는 차가운 타월과 음료수를 주었고, 음악을 선곡할 수 있게 해주었고, 날씨에 대한 이야기를 해주었으며, 에어컨을 켜서 쾌적한 이동을 가능하게 했다. 그의 미소와 상냥함은 정말 대단했다!

호텔에 도착한 나는 체크인을 하면서 한 장의 카드를 받았는데, 거기에 이런 질문들이 있었다.

① 공항에서 우리 직원이 마중했는가? ② 차가운 타월을 받았는

가? ③ 차가운 물을 받았는가? ④ 음악 선곡이 가능했는가? ⑤ 에어컨에 대해 당신의 의견을 물었는가? ⑥ 운전기사가 안전속도로 운전했는가?

그런데 나는 카드를 읽자마자 좋은 기분이 싹 사라졌다. 그 운전사의 열정이 가식으로 느껴졌다. 그가 우리에게 한 배려는 체크리스트에 따른 것이었고, 그의 상냥함은 기준을 충족시키는 행위였던 것이다."

만약 이 호텔이 고객의 의견을 듣고 싶었다면 손님을 조사관이 아니라 조언자로 대접했어야 했다. 예를 들어 "공항에서 호텔까지 이동하는 데 무엇을 해드리면 더 즐거웠을까요?"라고 물어보는 것이다.

고객만족도가 높다고 좋아하지 마라

고객은 모두 소중하다. 그런데 '완소(완전 소중한)' 고객이 있다. '다른 사람에게 우리 제품을 적극 추천해주는 고객이다.

고객 가치는 고객평생가치(CLV, Customer Lifetime Value)와 고객추천가치(CRV, Customer Referral Value)로 나눌 수 있다. 고객평생가치는 특정 고객이 가져다주는 이윤의 합계이고, 고객추천가치는 그 고객이 다른 고객을 데려옴으로써 발생하는 이윤의 합계이다. 나는 서울 태평로에 위치한 Y치과의 단골고객으로, 치아에 문제가 있다고 하는 지인이 있으면 반드시 추천해주고 있다. 내 치료비는 연간 100만 원도 안 될지 모르지만 내 추천을 받고 찾아간 사람은 수십 명이 넘을 것이다. 추천 가치가 더 높은 편이라고 할 수 있다. 나는 기회가 있을 때마다 평생 가치보다 추천 가치에 더 주목하라고 말한다.

우리는 고객만족도가 높은 고객이 비즈니스에 도움이 된다고 믿고 있다. 하지만 유감스럽게도 현실은 그렇게 간단하지가 않다. 기존의 거래처를 버리고 경쟁사를 택한 고객의 75%가 설문조사에서는 기존 거래처에 대해 '매우 만족'이라고 답했다고 한다. 만족도가 충성도로 직결되지 않았다는 뜻이다. 이런 차이가 생기는 까닭은 기업에서 고객만족경영을 소홀히 했기 때문이 아니라 그간의 고객만족도 조사가 고객의 마음속에 있는 충성도를 끄집어내는 데 한계가 있었기 때문이다.

사실 기업의 재무 성과는 고객만족도가 아닌 고객충성도에 좌우된다. 이러한 차원에서 큰 주목을 끄는 것이 '순추천지수(NPS, Net Promoter Score)'다. 세계적 컨설팅회사인 미국의 보스턴컨설팅그룹이 처음으로 주창한 이 개념은 고객이 다른 고객에게 기업(제품과 서비스)을 추천하는 정도를 나타낸다. 고객에게 '당신이 거래하는 기업을 주변의 친구나 선후배에게 추천하겠는가?'를 물었을 때 추천하겠다고 답하는 고객은 충성도가 높은 것이다. 추천하지 않겠다고 하는 고객도 있을 것이다. NPS는 '추천하겠다'는 고객의 비율에서 '추천하지 않겠다'는 고객의 비율을 뺀 수치다. 추천보다 비추천이 많으면 마이너스값이 될 수도 있다. 이것의 장점은 만족이나 불만족으로 표시되는 고객만족도로는 알 수 없는 고객의 속내를 파악할 수 있다는 것이다.

이해를 돕기 위해 독자들이 지금 읽고 있는 이 책을 예로 들어 설명해보자. "이 책을 친구나 회사 동료들에게 추천하시겠습니까?"라고 묻고 10점 기준으로 자신의 생각을 표시해달라고 요청한다. 그리고 표시한 점수에 따라 추천고객(9~10점), 수동적 고객(7~8점), 비추천고객(0~6점) 등 세 그룹으로 나눈다. 그리고 추천고객의 비율에서 비추천고객의 비율을 빼면 NPS를 구할 수 있다.

《로열티 경영》을 쓴 프레더릭 라이히헬드(Frederick F. Reichheld)는 〈하버드 비즈니스 리뷰〉에 발표한 논문에서 "성장을 추구하는 기업이 알아야 할 것은 고객만족도에 관한 복잡한 결과가 아니라, 단순히 고객이 그의 친구들에게 어떤 말을 전하는지를 아는 것"이라고 말했다. 그의 지적처럼 고객의 속내가 담긴 '순추천지수'를 파악해야 하며 지수 자체를 산출하는 것보다 고객의 추천과 비추천이 미치는 영향 요인을 심도 있게 규명하여 CS 전략을 수립할 수 있어야 한다.

울고 싶어도 웃는 감정노동의 진실

웃지 않는 여사원

사장이 직원들을 모아놓고 재미있는 유머를 들려주었다. 직원들은 이야기 중간중간에 책상을 두드리거나 배를 움켜쥐며 박장대소를 했다. 그런데 유독 한 여직원만은 웃지 않았다.

"자네는 왜 웃지 않지? 유머감각이 부족한가 보군."

사장의 물음에 그녀는 이렇게 대답했다.

"전 오늘 사표를 낼 예정이거든요."

직장생활을 하다 보면 웃기지 않아도 웃고, 때로는 화가 치밀어도 환한 미소를 지어야 할 때가 있다. 고객을 대하는 접점의 직원들은 그 정도가 심하다. 매일, 매 순간 그렇게 해야 한다.

1990년대 초 고객만족경영이 도입된 이래 우리나라의 서비스 수준은 발전을 거듭해오며 세계적으로도 인정받을 정도가 되었다. 일례로 미국의 CNN이 '한국이 세계에서 가장 잘하는 10가지'를 선정했는데, 항공기 승무원들의 친절한 기내 서비스가 그 안에 포함되기도 했다. 친절 자체는 당연히 자랑할 만한 일이다. 하지만 그 이면에서 부작용이 발생하기도 했는데, 바로 감정노동(emotional labor)의 문제다.

감정노동은 고객을 상대하면서 자신의 감정을 감추거나 억누르면서 해야 하는 일을 말한다. 그런 일에 종사하는 사람이 감정노동자다. 항공기 승무원이나 백화점 판매원, 식당 종업원, 콜센터 상담원을 비롯해서 직간접적으로 고객을 대하는 대부분의 직장인들이 여기에 포함된다.

패스트푸드점에서 바쁜 시간대에 주문한 음료가 조금 늦게 나왔다고 화를 내는 고객이 있다. 함부로 반말을 하는 고객, 음료나 음식이 입에 맞지 않는다며 불평하는 고객도 적지 않다. 하지만 점원들은 마냥 상냥하게 굴어야 한다. 자신의 감정을 억누르고 시종 웃는 얼굴로 정중하게 사과해야 한다. 실제 감정과 겉으로 표현해야 할 감정의 불일치로 인한 스트레스가 크다. 속에서 분노가 일기도 한다. 그런데 이 분노를 밖으로 표출하지 못하고 억제하면 마음 에너지를 고갈시키게 된다. 이를 재충전하지 않고 계속해서 소진하면 면역력을 잃고 과부하로 인해 병을 얻게 된다. 심지어 우울증이나 대인기피증, 공황장애로 이어지기도 한다. 모두가 감정노동이 낳은 폐해다.

감정노동은 1983년 미국의 UC버클리대 사회학과 교수인 앨리 러셀 혹실드(Arlie Russell Hochschild)가 처음으로 사용한 용어로, 델타항공의 여승무원들을 관찰하며 추출한 개념이다. 그는 감정노동을 '직업적인 특성에 따라서 마치 배우가 연기하듯 자신의 본래 감정을 숨기고 상대방이 원하는 표정과 몸짓을 해야 하는 노동'으로 정의했다. 배우처럼 주어진 역할에 따라 감정이입을 통해 자신과 상대방의 감정을 일치시켜야 한다는 것이다.

우리나라에서 감정노동이 크게 주목받게 된 것은 한 대기업의 상무가 비행기에서 벌인 소동이 세상에 알려지면서부터였다. 미국행 비즈니스클래스 탑승객이었던 그는 기내에서 제공되는 라면에 대해 갖은 트집을 잡다가 급기야 들고 있던 잡지로 여승무원의 얼굴을 때려 미국 경찰에 신고당하고, 결국 공항에 내리지도 못하고 되돌아와야 했다. 이른바 '라면상무' 사건이다.

땅콩회항 사건으로 온 나라를 떠들썩하게 하고 국제적으로도 망신을 당한 대한항공 전 부사장의 '갑'질 행태도 감정노동을 이슈화하는 데 크게 공헌(?)했다. 얼마 전에는 인천의 한 백화점에서 고객 앞에 무릎을 꿇고 있는 점원의 동영상이 떴다. 항공기 승무원을 비롯한 서비스 종사자들의 친절 뒷면에는 이 같은 인격적 모독 속에서 분노를 참으며 힘들어도 슬퍼도 웃음을 지어야 하는 수많은 '을'들의 아픔이 서려 있다. 과연 고객은 '왕'이고 서비스맨은 '하인'이어야 친절한 세상이 되는 것일까?

감정노동의 근본 원인

한 임금과 우의정이 세상 물정을 알아보려고 평복차림으로 마을을 돌아다니고 있었다. 날은 뜨겁고 갈 길은 멀고 해서 어느 주막에 들어갔는데, 주막 기둥에 아주 큰 글씨로 이렇게 적혀 있었다.

"손님은 왕입니다."

이를 본 우의정이 당황하며 임금에게 말했다. "전~하, 들켰사옵니다."

마케팅이나 CS경영에서 자주 듣는 말이 '고객은 왕이다'라는 말이다. 고객을 왕처럼 모셔서 감동시켜야 고객들로부터 사랑받고 성공할 수 있다는 의미다. 진짜 그럴까?

자본주의는 돈으로 매개되는 체제다. 내가 지불하는 돈과 내가 제공받는 상품과 서비스가 정확한 등가 가치를 형성한다. 가격이 적절하게 책정되었건 아니건 구매자는 상품과 서비스의 값을 지불할 뿐, 그 값에 판매자의 인격은 포함되지 않는다. 따라서 구매자와 판매자의 거래는 상호 간 호의에 기반해야 한다. 여기서 친절은 판매자가 구매자에게 일방적으로 제공하는 '서비스'가 아니라, 상대방에 대한 호의를 전달하는 일종의 '표현'이다. 상대방의 지갑에서 돈을 꺼내기 위한 '허식'이 아니라, 곳곳에 '악의'가 숨어 있는 험한 세상을 조금이라도 안전하게 만들기 위해 인류가 개발해낸 유구하고도 세련된 생활양식이라고 할 수 있다. 그런 의미에서 고객은 왕이 아니다. 상품과 서비스에 돈을 지불하면서 상대방과 호의를 나누는 파트너다.

감정노동을 연구하는 전문가들은 감정노동자들을 울리는 고객의 심리가 '고객은 왕이고, 너는 나의 종이다'라는 인식에 근거하고 있다고 말한다. 그리고 왕과 종으로 구분하는 인식이 '서열 습성'에서 비롯되었으며, 이것이 감정노동의 근본 원인이라고 밝힌다.

군집생활을 하는 동물의 세계에는 어디서나 서열이 존재한다. 미국 서부에 가면 말 농장을 많이 볼 수 있다. 보통 한 우리에 20마리 정도를 넣어서 관리하는데, 이놈들 사이에도 엄연한 서열이 존재한다. 먹이를 주면 1위부터 20위까지 서열대로 먹는다고 한다. 절대 순서를 바꾸는 일이 없단다.

닭의 세계에서는 서열이 높은 쪽이 낮은 쪽을 쪼아댄다. 이른바 '쪼는 순위(pecking order)'가 정해져 있다. 이를 처음 발견한 사람은 노르웨이의 생물학자 셸데루프 에베(T. Schjelderup Ebbe)다. 어렸을 때부터 닭을 무척 좋아했던 에베는 어머니가 사준 닭들에게 각각 이름을 붙여가며 키웠다. 그러던 중 이상한 현상 하나를 발견한다. A라는 닭이 B를 쪼고, B가 다시 C를 쪼는 행위였다. 특이한 점은 C의 경우 자신을 쪼았던 B가 A에게 마구 쪼이는 것을 보면 A에게 절대 대들지 못한다는 것이다. 이를 통해 그는 쪼는 순위에 따라 닭들의 서열이 정해진다는 사실을 발견하게 되었다.

나중에는 이런 실험도 했다. 수탉 100마리를 한 울타리에 넣어두었다. 그랬더니 3일 밤낮을 가리지 않고 서로를 쪼아대며 피가 터지도록 싸웠다. 그런데 3일이 지나자 언제 그랬느냐는 듯 싸움이 뚝 그쳤다. 알고 보니 3일 동안의 전투는 100마리의 수탉들 사이에서 벌어진 서열 전쟁이었다. 이 전쟁에서 승리한 수탉이 패배한 수탉의 벼슬을 쫄 수 있는 권리를 갖게 된다. 이런 식으로 1위부터 100위까지의 서열이 정해졌다. 동물들 사이의 서열을 '쪼는 순위'로 명명하게 된 것은 닭의 세계에서 이런 현상이 처음으로 발견되었기 때문이다.

그렇다면 우리 인간의 모습은 어떨까? 진화심리학자들에 따르면,

인간도 다른 동물들과 마찬가지로 서열 습성이 내재화되어 있다. 이것이 표출되는 대표적인 곳이 서비스 현장이다.

종업원들을 하인처럼 대하는 고객들이 있다. 멋대로 반말을 하고, 괜한 트집을 잡아 환불해달라고 고래고래 악을 쓰고, 다짜고짜 사장을 불러 따진다. 돈을 내는 '왕'의 지위를 이용하여 사장이건 종업원이건 얕잡아 보고 온갖 스트레스를 준다. 자신의 서열을 높여보고 싶은 마음속 깊은 곳의 욕망이 작동한 결과다. 라면상무의 '악행' 역시 심리학적으로 해석하면 자신의 서열 확인을 위해 승무원을 아랫사람 취급한 데서 나온 것이다.

직원들을 감동시킨 회사의 조치

그렇다면 우리는 심각한 감정노동의 문제를 어떻게 풀어가야 할까? 일차적으로는 개인의 노력이 필요하다. 어렵지 않다. 자신의 뇌에 사실을 알려주고 깨우치게 하면 된다. '감정노동은 서열 싸움이고, 나를 괴롭히는 못된 고객의 심리는 서열 집착에서 비롯된 거야'라고 말해주면 뇌가 알아듣고 스스로 스트레스를 조절한다.

며느리를 처음부터 꽉 잡아놓지 않으면 나중에 큰일 난다고 입버릇처럼 말하는 아주머니가 있었다. 그녀에게 며느리가 생겼다. 주변 사람들이 모두 "이제 저 며느리는 죽었다"며 걱정하는 마음으로 두 사람을 지켜보았다. 그런데 이상하게 조용했다. 이유가 있었다.

한번은 시어머니가 느닷없이 "친정에서 그런 것도 안 배웠냐?"며 큰소리로 면박을 주었다. 그러자 며느리가 대답했다.

"저도 친정에서 배운다고 배웠는데, 어머니께 배우는 것이 더 많아요. 모르는 것은 자꾸 나무라고 가르쳐주세요."

또 한번은 "그런 것도 모르면서 대학 나왔다고 하나?"면서 퉁을 놓았다. 하지만 이번에도 며느리는 웃으며 이렇게 말했다.

"요즘 대학 나왔다고 해봐야 옛날 초등학교 나온 것만도 못해요, 어머니."

매사 이런 식으로 며느리가 굽히고 들어가니 시어머니도 더 이상은 어쩔 수가 없었다. 언제나 자신을 낮추는 며느리를 인정하고 수용하게 되었다. 참으로 현명한 며느리가 아닐 수 없다.

인간의 서열 본능을 깨닫고 스스로를 낮추면 상대방의 공격 의지를 무력화할 수 있다. 모욕감도 누그러뜨릴 수 있다. 상대방이 건네는 모욕적 언사를 나 자신에 대한 모멸로 받아들이지 않고 상대방의 못된 자아 탓으로 돌려버리는 것이다.

나는 직장생활 중 22년을 은행원으로 보냈다. 그 가운데 15년 이상을 서비스 관련 업무, 그것도 일선 민원업무를 주로 담당했다. 당시 나는 사람들 사이에서 민원 해결의 고수로 통했다. 거기엔 내가 즐겨 사용하던 전략(?)이 있었다. 공격적으로 나오는 고객들에게 무조건 안절부절못하는 모습으로 미안해하는 것이었다. 고객들을 상대하며 발견한 공통점이 하나 있는데, 지위가 높고 나이가 든 관리자에게 더 심한 비난을 한다는 것이었다. 그렇게라도 자신을 내세우고 싶어 하는 고객들에게 어쩔 줄 몰라 하며 사과부터 하고 나면 대부분 공격을 멈추었다. 속이 풀렸기 때문이다. 아마도 그들은 속으로 매우 통쾌해했을 것이다.

나는 각종 민원을 처리하면서 항상 같은 마음을 먹었다. 남들이 생각하는 만큼 힘들어하거나 귀찮아하지 않고 오로지 '민원인들이 감정의 응어리를 풀고 출입문을 나가면서 후련한 상태가 되기를…' 하는 마음으로 나를 낮추고 진심을 다해 사과하고 설명했다. 그러면 고객이 오히려 "너무 심하게 말해서 미안합니다" 하고 말하기도 했다. 나는 "속이 좀 풀리셨다니 다행입니다. 저는 괜찮습니다"라고 말하며 고객을 끝까지 우대했다. '현명한 며느리'처럼 기꺼이 아래로 내려가 고객의 서열을 높여준 셈이다.

하지만 감정노동의 문제는 결코 개인의 노력만으로 해결될 수 없다. 조직의 뒷받침이 절대적으로 중요하다. 우선적으로 회사가 직원들에게 고객으로부터 상처받지 않을 권리를 부여해야 한다.

다음은 어느 도시락카페의 입간판에 쓰여 있는 내용이다.

"우리 직원이 고객에게 무례한 행동을 했다면 직원을 내보내겠습니다. 그러나 우리 직원한테 무례한 행동을 하면 고객을 내보내겠습니다."

참으로 멋진 주인이다. 이 내용은 많은 사람들에게 공감을 불러일으켰고 SNS를 통해 확산되면서 큰 화제가 되었다.

콜센터는 사람들이 분노를 터뜨리는 대표적인 곳이다. 온갖 폭언과 성희롱을 일삼는 악성고객들 때문에 상담원들의 스트레스가 이만저만이 아니다. 그래도 상담원들은 꾹꾹 참아야 한다. 어떤 경우에도 고객의 전화를 먼저 끊지 못하도록 한 규정 때문이다. 그런데 조금씩 바뀌어가고 있다. 상담원들을 보호하기 위해 악성고객과의 통화를 끊을 수 있게 하는 회사가 늘어나고 있다. 고객이 막무가내로 나오거나 욕설을 하면 다음과 같이 단호한 메시지로 대응하게 한다.

"저는 고함을 지르거나 욕설이 사용될 때는 통화를 계속하지 못하게 되어 있습니다. 계속 이런 식으로 말씀하시면 저는 이 통화를 끝내야 합니다."

상담원들은 이처럼 자신들을 존중해주는 회사의 조치에 대해 감동하고 있다고 한다.

감정노동 문제를 해결하기 위한 마지막 조건

감정노동 문제를 해결하기 위해 또 하나 필요한 조건이 있다. 바로 감정노동자를 배려하는 사회문화의 조성이다.

프랑스 리비에라의 한 카페에서 고객의 친절도에 따라 다르게 가격을 매기는 메뉴판을 트위터에 올려 화제가 된 적이 있다. 메뉴판에 이렇게 쓰여 있다.

"커피 한 잔 – 5.9유로(8,000원)"

"커피 한 잔 주실래요? – 4.25유로(6,000원)"

"안녕하세요? 커피 한 잔만 주실래요? – 1.4유로(2,000원)"

인터넷을 뜨겁게 달군 이 메뉴판을 만든 주인에게 사연을 들어보니 무례하게 구는 고객이 많아 써 붙이게 되었다고 한다.

우리나라에서도 한 커피 전문점이 '따뜻한 말 한마디' 이벤트를 벌여 눈길을 끌었다. 공손하게 주문하면 커피값을 50%까지 깎아주고, 반말이나 속된 말을 쓰면 할인해주지 않는다. 처음에는 한시적인 이벤트로 진행할 계획이었는데, 반응이 좋아 매월 첫째 수요일에 계속하는 것으로 바꾸었다고 한다.

상대방을 대하는 태도를 보면 그가 어떤 사람인지 알 수 있다. 때로는 이것이 인생과 비즈니스의 성패를 결정하기도 한다.

방위산업체 레이시언의 CEO 빌 스완슨(Bill Swanson)은 《스완슨의 알려지지 않은 경영의 법칙》에서 '웨이터의 법칙'을 강조한다. 웨이터를 거칠게 대하는 사람은 절대로 비즈니스 파트너로 삼지 말라는 귀띔이다. 그런 사람은 웨이터만이 아니라 직원들도 험하게 다루어 인재가 떠나게 만든다. 그래서 그는 중요한 결정을 하기 전에 상대방과 식사를 하면서 웨이터를 어떻게 대하는지 꼭 살폈다고 한다.

미국의 고급 샌드위치 전문체인인 '오봉팽(Au Bon Pain)'을 공동 창업한 론 샤이치(Ron Shaich)는 유력한 회사 법률고문 후보였던 한 여성과 식사를 하다가 채용을 포기하기로 했다. 자신에게는 공손하던 여성이 식당 종업원에게는 놀랄 만큼 무례하게 대하는 모습을 보았기 때문이다.

그런가 하면 한 정보통신업체의 CEO는 함께 식사를 하던 사람이 웨이터의 실수를 유머로 넘기는 것을 보고 계약을 체결하기로 결정했다. 웨이터가 그의 고급 양복에 와인을 쏟았는데도 "오늘 아침에 바빠서 샤워를 못했는데 그걸 어찌 알았느냐"는 우스갯소리로 당황하는 웨이터를 위로하는 모습에서 그의 인품을 읽었던 것이다.

인격이 높고 신뢰할 만한 경영자는 자신의 운전기사나 비서, 경비원을 아랫사람이라고 홀대하지 않는다. 다정한 인사말을 건네고, 식사할 때도 그들을 챙기고 배려한다. 이처럼 웨이터의 법칙, 비서의 법칙, 운전기사의 법칙 등을 적용해보면 그 사람의 진면목을 속속들이 알 수 있다.

감정노동에 종사하는 사람들을 배려할 줄 알아야 한다. 나와 가족, 친구를 포함해서 우리는 누구나 소비자인 동시에 감정노동자가 될 수도 있다. 앞에서 소개한 도시락카페의 입간판에는 이런 글귀도 쓰여 있었다.

"우리 직원들은 언제 어디서 무슨 일을 하든지 항상 존중을 받아야 할 훌륭한 젊은이들이며 누군가에게는 금쪽같은 자식입니다."

고객으로서 자신의 권리와 지위를 누리는 것 못지않게 서비스를 제공하는 이들을 인격적으로 대할 때 사회의 시한폭탄과도 같은 감정노동 문제가 비로소 해결될 수 있다.

스펙이 아니라 천성을 채용하라

소녀가 된 고양이

암고양이 한 마리가 잘생긴 청년을 사모해서 아프로디테 여신에게 자신을 사람으로 만들어달라고 기도했다. 진심에 감동한 여신은 고양이를 아름다운 소녀로 만들어주었고, 청년은 소녀를 보고 한눈에 반해버렸다. 둘은 금세 사랑하는 사이가 되었고 결혼에 성공했다.

어느 날 여신이 고양이가 본성까지도 사람이 되었는지를 시험해보기 위해 소녀의 방 안에 쥐 한 마리를 풀어놓았다. 그러자 소녀는 자신이 사람이 되었다는 사실도 잊은 채 침대에서 훌쩍 뛰어내려 쥐를 삼켜버렸다. 이 모습을 본 여신은 한숨을 내쉬며 소녀를 다시 고양이로 되돌려놓았다.

'강산은 변해도 천성은 변하지 않는다'는 말이 있다. 아무리 교육을 시켜도 타고난 성격은 바꾸기가 어렵다고 한다. 성격을 바꾸려고 애쓰기보다 단점을 고치고 장점을 충분히 발휘할 수 있게 하는 편이 더 현명하다.

그런데 서비스 교육만으로 고객만족을 완성할 수 있다는 신념을 가진 경영자들이 있다. 잘못된 신념이다. 교육만으로는 서비스에 탁월한 직원을 만들 수 없다. 원래 '교육한다(educate)'는 말은 '이끌어내다(educe)'라는 어원에서 출발했다. 교육은 끼가 넘치고 사려 깊고 성실한 직원의 능력을 최대한 발휘하도록 이끌어내는 보조 수단일 뿐이다. 즉, 없는 능력을 교육으로 만들어낼 수는 없는 일이다. 총수익이 20억 달러를 넘어서며 급성장한 로젠블루스여행사는 "우리가 찾는 것은 기술이 아니라 좋은 사람이다. 우리는 사람들이 업무 기술을 갖추도록 교육시킬 수는 있지만, 태도가 좋아지도록 만들 수는 없다"고 말한다. '최고의 태도는 훈련되거나 교육되지 않는다. 그것은 채용되어야 한다'는 말도 같은 뜻이다. 경영학의 구루 피터 드러커(Peter Drucker)는 이런 말을 했다.

"기업이 신입사원 한 사람을 채용하는 데 40분밖에 투자하지 않는다면, 그 사람의 잘못을 바로잡기 위한 교육을 시키는 데는 400시간이 걸린다."

'채용이 먼저'라는 사실을 강조한 사람은 또 있다. 세계적인 경영학자이자 컨설턴트인 톰 피터스(Tom Peters)가 하워드 슐츠(Howard Schultz) 스타벅스 회장에게 "도대체 이렇게 큰 회사에서 어떻게 직원들이 모두 웃을 수 있습니까?"라고 물었다. 이에 하워드 슐츠는 "첫째, 우리는 웃을 줄 아는 사람을 뽑습니다. 둘째, 정말로 잘 웃는 사람을 승진시

킵니다"라고 대답했다.

특별한 회사의 특별한 채용법

미국 동부와 캐나다에 거점을 둔 커머스뱅크(Commerce Bank)는 규모는 작지만 혁신적인 사업모델로 은행업계에서 최고의 성장률을 보이고 있다. 이 은행에서 운영하는 독특한 방식이 있다. 이름하여 '와우(Wow) 스티커'다. 직원들이 이 스티커를 갖고 다니다가 감동받을 정도로 친절한 사람을 만나면 즉시 건네주는 것이다. 스티커에는 '당신의 친절에 감동했습니다. 이 스티커를 가지고 은행에 오시면 머그컵을 선물로 드립니다'라는 내용이 적혀 있다. 커머스뱅크는 스티커를 가지고 오는 사람에게 머그컵을 선물하는데, 그 자리에서 면담을 실시하여 입사를 제안하기도 한다.

입사 지원자들에게는 친화력 테스트를 한다. 서류 심사와 전화 인터뷰를 통과한 지원자들을 대상으로 일대일 인터뷰를 진행하는데, 실제로는 인터뷰를 위해 기다리는 모습을 지켜볼 뿐이다. 이를 '스마일 테스트(smile test)'라고 하는데, 지루하게 기다리는 동안에도 미소를 잃지 않는 사람이 누구인지를 살피는 것이다. 그런 사람이야말로 최고의 고객서비스를 제공한다는 사실을 잘 알고 있기 때문이다. 이 테스트를 통과한 지원자를 커머스뱅크의 직원으로 채용한다. 그리고 사내 대학에서 충분히 교육한 다음 일선에 배치한다.

커머스뱅크만의 특징은 또 있다. 대부분의 은행들이 인건비를 절약하기 위해 고객들에게 현금자동입출금기를 이용하거나 인터넷뱅킹을 하라고 권유하지만, 커머스뱅크는 정반대로 고객들이 직접 창구에 나와서 직원들과 소통하며 거래하도록 유도한다. 은행의 서비스를 고객들이 직접 느낄 수 있는 기회를 만들어주기 위해서다(*이 같은 경영 방식으로 성장을 거듭하던 커머스뱅크는 2007년 캐나다에서 두 번째로 큰 토론토 도미니언은행(Toronto Dominion Bank)과 하나가 되어 현재는 TD Bank로 이름이 바뀌었다).

사우스웨스트항공도 커머스뱅크와 유사한 방법으로 직원을 채용하는데, 그 배경은 이렇다. 단거리 노선만 운행하던 초창기에 이 항공사는 음료와 식사, 신문과 잡지 등의 서비스를 제공하지 않는 대신 경쟁사들보다 낮은 요금으로 고객들을 끌어들였다. 그러다가 점점 장거리 노선이 늘어나면서 지루해할지 모르는 승객들을 위한 서비스가 필요해졌고, 승무원들이 직접 마술을 선보이고 재미있는 유머를 건네자는 아이디어를 떠올렸다. 그래서 승무원들에게 마술과 유머를 가르쳤는데, 기대한 효과가 나타나지 않았다. 원래 무뚝뚝한 사람이 교육을 받는다고 바뀔 리가 없었던 것이다. 결국 방법을 바꾸어 학력, 경력, 외모보다 유머감각이 있는 사람을 우선적으로 채용하게 되었다. 채용광고에도 "우리는 남의 말을 잘 들어주고, 다른 사람을 생각하고, 미소를 잘 짓고, '감사합니다'라는 말을 할 줄 아는 다정한 사람을 찾습니다"라고 밝혔다.

결과는 대성공이었다. '비행시간이 지루하다'는 고객의 불평이 거의 사라지고, 만족도가 크게 상승했다(물론 사우스웨스트는 모든 직원을 유머감각이 있는 사람으로만 채용하지 않았다. 승객들을 직접 대하는 승무원을 뽑을 때 유머감각을 중요한 기준으로 삼았다는 이야기다).

지금까지 채용의 중요성을 설명했다. 채용이 탁월한 서비스기업으로 가는 첫째 조건이다. 그렇다면 둘째 조건은 무엇일까? 교육훈련이다. 태도와 능력을 최대한 발휘할 수 있게 하려면 교육훈련이 필수적이다.

'세계에서 가장 칭송받는 항공사', '최고의 경쟁력을 갖춘 항공사'로 높은 평가를 받는 싱가포르항공은 '최신예 항공기와 상냥한 대접'이라는 콘셉트에 근거한 고품격 서비스를 자랑한다. 근간은 바로 교육이다. 연간 7,000만 달러에 달하는 과감한 교육 투자가 오늘날의 싱가포르항공을 만들었다고 해도 과언이 아니다. 급여가 자국 내 평균 수준임에도 불구하고 우수 인력들이 몰려드는 이유도 여기에 있다. 교육에 투자하는 회사를 선호하는 것이다. 이처럼 싱가포르항공은 질 높은 교육을 통해 회사 이미지는 물론 직원들의 능력을 끌어올림으로써 고객들에게 고품격 서비스를 제공할 수 있었다.

탁월한 서비스기업으로 가는 셋째 조건은 적절한 인재 배치에 있다. 어떤 자리에 어떤 능력을 가진 직원을 배치하느냐가 서비스 품질을 좌우한다. 설문조사업체인 갤럽이 어느 기업의 의뢰를 받아 고객 4만 5,000명을 대상으로 고객서비스 담당자 4,600명에 대한 평가를 실시했다. 그 결과, 상위 25%의 담당자는 61%의 고객을 만족시켰고, 차상위 25%는 40%의 고객을, 그리고 다음 25%는 27%의 고객을 만족시킨 것으로 드러났다. 최하위 25%는 고객들에게 오히려 부정적인 영향을 미치고 있었다. 이 결과는 담당자에 따라 고객만족도의 차이가 크게 나는 업무일수록 보다 유능한 인재들을 우선적으로 배치해야 한다는 사실을 확인시켜준다.

한 가지 더 유념할 점은 고객들에게 제공하는 서비스의 중점에 따라 인재 배치를 달리해야 한다는 것이다. 고급 백화점이나 대형 할인매장이나 고객만족은 똑같이 중요하지만 중점은 다르다. 고급 백화점은 세련되고 개별화된 맞춤서비스로 고객경험을 관리하지만, 대형 할인매장은 좋은 품질의 제품을 다른 곳보다 더 낮은 가격에 공급하는 것을 중시한다. 1,000원짜리 쇼핑 매장인 다이소는 다루는 상품이 생활용품인 만큼 생활용품에 대한 지식과 경험이 중요하다. 그래서 다이소 직원은 주부이고 점장의 92%는 여성이다. 서로 지향하는 고객가치와 CS 추진 방향이 다른 것이다. 그렇다면 고급 백화점에서는 고객서비스와 판매에 뛰어난 인재를 배치해야 하고, 할인매장에서는 현지에서 더 낮은 가격으로 제품을 조달할 수 있는 구매에 능한 인재를 배치해야 한다. 다이소에서는 활기 넘치는 주부사원이 제 능력을 발휘한다.

서비스가 탁월한 기업들의 사례를 연구하다 보면 3가지 공통점을 발견할 수 있다. 우수한 인재를 채용하는 특별한 전략이 있고, 치밀한 계획에 따라 강도 높은 교육을 시키고, 성향과 능력에 맞게 인재를 배치한다는 것이다.

친절과 진심의 차이

나는 서비스와 마케팅 전문가로 오래 활동해왔다. 1990년대 초 CS 경영이 우리나라에 도입되었을 때부터 줄곧 이 분야를 연구하고 경험한 덕택에 이제는 한눈에 서비스 수준을 알아보는 안목을 갖게 되었다. 불과 10년 전만 해도 식당이나 대중교통, 공공기관, 심지어 백화점에서도 불쾌한 서비스 때문에 기분이 상했던 적이 있었는데, 지금은 그런 경우를 거의 볼 수 없다. CS경영이 정착된 느낌이다.

그럼에도 불구하고 못내 아쉽고 허전한 마음이 들 때가 있다. 직원들이 매뉴얼에 따라 '친절 응대'는 잘하는 편인데, '진심에서 우러나오는 감동'을 주는 경우는 찾아보기 쉽지 않다. 상냥한 말투로 질문에 답해주면서 "더 궁금하신 점은 없으십니까?"라고 응대하는 것은 서비스 체크리스트에 나와 있기 때문이다. 만족도 조사를 하면 '매우 만족'을 부탁한다며 과잉 친절을 베풀어 오히려 어색하게 느껴지는 경우도 있다. 그럴 때마다 '친절한' 직원이 좋은 평가를 받기 위해 꾸며낸 행동으로 '친절한 척' 연기하는 배우 같다는 생각이 든다.

지난해 여름 사랑하는 어머니가 하늘나라로 가셨다. 어머니는 2년 동안 요양병원에 입원해 계셨는데, 나는 주로 주말을 이용해 찾아뵈었다. 돌아가시기 1년 전부터 어머니는 제대로 거동을 못해 간병인과 간호사에게 전적으로 의지할 수밖에 없었다. 그들에게 늘 "잘 부탁드린다"는 말로 내가 직접 간병하지 못하는 불효를 대신하곤 했다. 그런데 갈 때마다 어머니를 더 극진하게 보살펴드리는 것처럼 수선을 떠는 이들이 있었다. 믿음이 가지 않았다.

어머니가 돌아가시고 우리 형제들은 미처 슬픔을 헤아릴 겨를도 없이 문상객들을 맞이하고 장례식을 준비하는 일로 경황이 없었다. 그 와중에 장례용품을 강매하다시피 하고 턱없이 비싼 이용대금을 물리는 경우들을 접하고 씁쓸한 마음이 들었다.

정반대의 경우도 있다. 장례식 당일, 발인을 마치고 나오는데 낯익은 아줌마 두 분이 나란히 서서 버스를 향해 고개를 숙이며 인사하고 있는 모습이 눈에 띄었다. 3일 동안 우리 가족과 문상객들을 위해 음식 준비를 해주던 장례식장 도우미였다. 마치 가족처럼 꼼꼼하고 정성스럽게 챙겨주고 손님들을 응대해주었다. 그리고 마지막까지 출구에 나와 생전에 본 적도 없는 어머니를 배웅해주던 그분들의 모습이 오랫동안 가슴에 남았다. 그분들을 보면서 장례식장에서 가졌던 불편한 마음이 눈 녹듯 사라졌다.

설사 교육받은 매뉴얼에 있었다 하더라도 타고난 천성에서 나오는 자신의 진심을 담아야 사람의 마음을 얻을 수 있다. 진심 앞에서 사람은 '와우(Wow)!' 하고 감탄한다. 연출과 가식이 난무하는 세상에서 까다로워진 고객을 감동시키려면 진심을 전달해야 한다. 진정성 있는 직원들이 와우! 스토리를 만드는 법이다.

모두가 공유해야 할 '와우! 스토리'

서비스의 전설로 일컬어지는 미국 노드스트롬백화점에서 있었던 일이다. 어떤 노인이 타이어를 반품하러 왔는데, 그 타이어는 이 백화점이 아니라 다른 곳에서 구입한 것이었다. 그런데도 판매사원은 타이어값을 그 자리에서 내주었다. 이 이야기는 지금까지도 서비스의 신화처럼 전해지고 있다.

최상의 고객경험을 제공하는 리츠칼튼호텔과 관련한 일화들도 고객들의 입에서 입으로 퍼져나가고 있다. 그중 하나를 소개한다.

2012년 여름 한 가족이 플로리다주 어밀리아섬에 있는 리츠칼튼호텔에 묵었다. 그런데 집으로 돌아온 후 아들이 매우 아끼고 좋아하는 기린인형 조시를 호텔에 두고 온 것을 알게 되었다. 아버지는 상심한 아들을 위로하려고 조시가 호텔에서 휴가를 즐기고 있다는 거짓말을 했다. 그러고는 호텔에 연락해서 찾아줄 것을 요청했는데, 다행히 직원이 세탁실에서 인형을 발견했다. 안도한 아버지는 아들에게 한 거짓말의 증거를 만들고 싶었다. 그래서 호텔 직원에게 사정을 이야기하고 수영장을 배경으로 기린인형 사진을 찍어서 보내주면 좋겠다고 부탁했다.

며칠 후 호텔에서 보낸 소포가 도착했다. 그 안에는 조시와 함께 리츠칼튼이 제공하는 과자와 바인더가 들어 있었다. 바인더에는 조시를 찍은 사진들이 가지런히 담겨 있었는데, 수영장에서 일광욕을 즐기는 모습은 물론 마사지를 받는 모습, 골프 카트에 탄 모습, 호텔의 명예 보안요원으로 모니터 앞에서 근무를 서고 있는 모습까지 있었다. 리츠칼튼 직원의 창의력과 친절에 아이의 부모가 깊은 감동을 받은 것은 두말할 나위가 없다. 아이의 아버지는 이 일을 블로그에 올렸고, 인터넷을 타고 사람들 사이에 화제가 되었다. 조시의 페이스북 페이지가 생겼을 정도다.

리츠칼튼호텔은 고객이 예약하면 고객에 대한 상세 정보에 따라 맞춤서비스를 제공하여 고객들이 최고의 경험을 할 수 있도록 배려한다. 또한 최고의 서비스를 받았다는 고객의 와우! 스토리 주인공에게 매일, 매주 서비스상을 수여하고, 전 세계의 모든 직원이 매주 월요일과 금요일에 한자리에 모여 스토리를 공유할 수 있게 한다.

이야기는 사람들에게 거부감을 없애고 주장을 쉽게 받아들이게 하는 묘한 매력이 있다. '이것을 하자'고 말하면 거부감이 들지만 '누가 이렇게 했다더라'라고 하면 거부감 없이 스스로의 판단하에 수용할 수 있기 때문이다. 이것이 '스토리텔링의 힘'이다.

좋은 사례를 발굴하여 직원들과 나누고 포상하는 것은 자연스럽게 서비스의 핵심을 알려주는 교육 효과가 있다. 고객에게 잊지 못할 추억을 선사한 와우! 스토리를 모두가 공유하고 실천할 수 있도록 이를 조직문화로 정착시키는 노력이 필요하다.

사장처럼 일하는 직원은 누구인가

'한 통에 4달러'

미국의 어느 석유회사에 애치볼드라는 사람이 입사했다. 그런데 얼마 안 되어 그의 별명은 '한 통에 4달러'가 되었다. 기안을 올리거나 무언가를 확인해줄 때마다 자신의 이름 옆에다 항상 '한 통에 4달러, 스탠더드석유회사'라고 적었기 때문이다. 심지어 출장을 가서 묵는 호텔의 숙박부에도 '한 통에 4달러, 스탠더드석유회사'라고 썼다. 이를 본 동료들이 "그까짓 거 회사 홍보에 도움이 되겠어? 바보 같은 짓이야"라며 조롱 삼아 별명을 붙여주었다.

어느 날 캘리포니아의 한 작은 마을로 출장을 가게 된 애치볼드는 여느 때와 다름없이 호텔 숙박부에 '한 통에 4달러, 스탠더드 석유회사'라고 적어 넣었다. 그런데 그의 행동을 유심히 살펴보던 한 신사가 왜 이런 것을 적느냐고 물었다. 그는 너무도 당연하다는 듯 "혹시 손님들 중에서 갑자기 석유가 필요한 분이 있다면 숙박부를 본 종업원들이 저의 연락처로 연락할 확률이 높지 않겠습니까?"라고 대답했다.

한 달여가 지난 어느 날, 애치볼드는 스탠더드석유회사의 오너인 존 록펠러로부터 초청을 받았다. 록펠러는 "당신처럼 일에 열중하는 사람과 함께 일해보고 싶다"고 말했고, 이 일을 계기로 애치볼드는 훗날 록펠러 회장이 은퇴하고 난 뒤 그의 후계자가 되었다. 캘리포니아의 한 호텔에서 만난 신사는 록펠러였다.

사실 애치볼드가 한 일은 누구나 할 수 있는 사소한 일이지만 그것을 실천한 사람은 애치볼드 한 사람뿐이었다. 그 결과 그는 회사의 경영자가 될 수 있었다.

"주인의식을 갖고 일하는 게 사실 큰 노력이 드는 것이 아니다. 그런데 그렇게 발상을 바꾸고 나니 업무가 전혀 다르게 보였다. 종업원 마인드로는 몇 년을 일해도 전혀 발전이 없었는데, 주인의 마인드로 일했더니 하루하루 나의 능력이 쌓여가는 것을 느끼게 되고, 무심코 지나치던 것에서 운영의 노하우를 체득하게 되었다."

일본 파친코업계의 대부로 불리는 한창우 마루한 회장의 말이다. 이처럼 일하는 이유가 달라지면 일이 다르게 보이고 지지부진하던 일에 놀라운 변화가 일어난다. 주인의식을 갖게 되어 회사를 위하는 것이 곧 나를 위하는 것과 동일시되는 것이다.

인텔 창업자 앤디 그로브(Andy Grove)는 "열심히 일하면 회사가 책임진다는 것은 틀린 말이다. 믿을 것은 오직 능력뿐"이라며 직원들에게 끊임없는 성장을 촉구한 경영자로 유명하다. 그는 직원의 성장 위에서 회사가 성장한다고 생각했다. 팀장급들에게 산업 동향과 자사의 전략에 대해 끊임없이 질문을 던졌고, 직원들에 대한 교육을 의무화하여 그 결과를 급여에 연동시키며 경쟁을 독려했다. 이에 직원들은 자신의 일이 자신의 성장과 몸값을 올리는 데 크게 도움이 된다고 생각하여 열정을 갖고 몰입했다.

미국 펜실베이니아대 와튼경영대학원의 애덤 그랜트(Adam Grant) 교수는 직원들에게 일의 의미를 찾아주면 성과가 개선되는지를 알아보기 위해 2005년 한 콜센터의 직원들을 중심으로 연구를 진행했다. 이 콜센터는 학교 기부금을 모으는 일을 하는 곳으로, 이직률이 400%에 달하고 직원들의 성과나 사기도 엉망이었다. 그랜트 교수는 콜센터 직원들과 기부금으로 장학금을 받은 학생들과의 만남을 주선했다. 단지 함께 차를 마시며 10분 정도 대화를 나눈 것이 전부였는데, 그 후 콜센터에 놀라운 변화가 일어났다. 한 달 뒤 성과를 분석해보니 직원들이 잠재 기부자들과 통화를 시도한 시간이 이전보다 2배로 늘었고, 거두어들인 기부금도 주간 185달러에서 503달러로 거의 3배나 증가했던 것이다.

'일이 끝나면 손님은 외투와 가방을 챙기고 주인은 빗자루와 걸레를 챙긴다' 라는 말이 있다. 주인인지 손님인지는 금방 눈에 띈다. 자신의 일에 의미를 두고 일하는 직원과 그렇지 않은 직원의 일하는 태도는 확연히 다르다. 인간은 본질적으로 의미를 추구하는 존재이기 때문이다. 마지못해 출근하는 직원은 건성건성 일하며 어떻게 하면 좀 더 편할 수 있을까만 생각해 좋은 성과를 내지 못한다. 이 직원은 손님이다. 그에 반해 자신이 세상의 가치를 높이는 중요한 일을 하는 사람이라고 생각하는 직원은 자신의 일을 고귀하게 여기며 정성을 다해 고객을 대하고 헌신적으로 일함으로써 탁월한 성과를 낸다. 이 사람은 오너의 눈에 주인으로 비친다.

직원을 '주인'으로 만드는 길

다음 날 중요한 회의가 있는 한 고객이 옷가방을 분실해 곤란해하자 항공사의 고객서비스센터 직원이 집에서 자신의 옷 한 벌을 가져와 고객에게 주었다. "저와 같은 사이즈의 옷을 입으신다는 것을 알았습니다. 이 시간에는 모든 옷가게가 문을 닫아 제 옷 한 벌을 가지고 왔습니다. 나중에 돌려주시면 됩니다"라는 메모도 함께 남겼다.

《서비스경영 불변의 원칙》에 소개된 미국 위스콘신주에 있는 미드웨스트익스프레스항공사의 사례다. 이 항공사는 뉴욕의 라과디아공항에 취항하기 위해 오랫동안 끈질긴 노력을 기울였다. 결국 탑승구를 배당받았지만 주변 환경이 엉망이었다. 업체를 불러 청소하려는데 직원들이 직접 하겠다고 나섰다. 그들은 토요일에도 출근해 주변을 청소하고, 바닥을 다듬고, 벽을 다시 칠했다. 도대체 무엇이 그들을 움직였을까? 주인정신이다. 주인정신을 가진 직원들은 자발적으로 회사와 고객에게 헌신한다. 그러면 이러한 주인정신은 어떻게 갖게 되는 것일까?

미드웨스트익스프레스 직원들의 주인정신은 회사가 그들을 주인처럼 대우했기에 가능했다. 사람들은 회사에서 가장 중요한 존재가 사장이라고 생각하지만, 실제로는 고객접점에서 일하는 직원들이 사장보다 더 중요하다. 고객 입장에서는 지금 만나는 직원이 곧 회사 자체다. 이들이 회사 이미지를 살리기도 하고 죽이기도 하기 때문이다. 그래서 접점의 직원들에게 권한을 주어 주인의식을 가질 수 있도록 독려해야 한다. 직원이라 해도 필요한 만큼 힘을 쓸 수 있다면 사장과 다름없는 주인의식을 가질 수 있다.

고객들이 서비스를 받고자 할 때 가장 듣기 싫은 말이 무엇인지 아는가? "그 일은 제 담당이 아닌데요"이다. 하지만 리츠칼튼호텔 같은 곳에서는 "담당자에게 물어보겠습니다"라는 말을 들을 수 없다. 벨보이에게 에어컨 문제를 제기해도 "사과드립니다. 제가 곧 처리해드리겠습니다"라고 답한다. 그리고 문제를 해결해준다. "담당자에게 알리겠습니다"와 "제가 처리해드리겠습니다"의 차이가 지금의 리츠칼튼을 만들었다 해도 과언이 아니다.

리츠칼튼호텔의 직원들은 고객의 불편을 감지하는 즉시 그 문제를 해결하기 위해 2,000달러를 사용할 수 있는 권한을 갖고 있다. 횟수 제한도 없다. 직원들은 이 돈으로 투숙객이 두고 간 비행기 티켓을 가져다주러 공항에 다녀올 수도 있고, 실내 공기를 문제 삼는 알레르기 환자를 위해 공기청정기를 설치해줄 수도 있다. 직원들이 사용하는 돈은 자신이 생각하는 최고의 서비스를 고객에게 베풀 권한의 상징이다. 이처럼 자율적으로 선택하고 결정할 수 있는 권한을 가진 직원은 더 이상 하인이 아니라 주인이다.

주인정신이 없다고 직원들을 탓하기 전에 직원을 주인으로 만들기 위해 어떤 권한을 주고 있는지 먼저 점검해보아야 한다.

고객이 황홀경에 빠지는 순간

서비스 현장에서 자율성을 발휘하는 직원을 만나기는 쉽지 않다. 대다수의 직원들이 회사 규정이나 매뉴얼에 종속되어 고객이 원하는 서비스를 거절하는 것에 익숙하다. 직원들에게 권한을 부여하는 기업이 드문 까닭이다.

평일에도 4주 전에 예약을 해야 한다는 미국의 유명 레스토랑 찰리 트로터(Charlie Trotter's)는 서비스 표준에 대한 엄격한 가이드라인을 가지고 있다. 그러나 서비스팀에는 자발성, 유연성, 상식선의 임기응변에 관해 상당한 재량권을 부여하고 있다. 직원이 고객에게 와인 한 병을 그냥 주었더라도 상사에게 보고하고 설명할 필요가 없다. 지금은 세상을 떠났지만 이곳의 주인이자 총주방장이기도 했던 트로터가 직원들에게 전하는 메시지는 이것이었다.

"나는 여러분을 완벽하게 신뢰합니다. 그렇게 하세요. 여러분이 그렇게 하는 데는 그럴 만한 이유가 있다는 것을 알고 있습니다."

모든 규칙이나 규정에는 하나의 공통된 목적이 있다. 그것은 우리의 삶을 효율적이고 질서 있는 모습으로 만들려는 것이다. 그런데 이 규칙들이 언제나 맡은 임무를 다하지는 않는다. 심지어 일부 규칙은 우리가 성취하려는 것을 방해하기도 한다.

나는 야구중계를 즐겨 시청하는 야구 애호가다. 내가 응원하는 팀의 선수가 홈런을 칠 때면 나도 모르게 엉덩이가 들썩거리고 두 손을 번쩍 치켜올리며 환호한다. 홈런이 극적인 것은 공이 정해진 한계를 넘어 담장을 훌쩍 넘어가버리기 때문이다. 마찬가지로 서비스가 규정을 넘어 홈런을 치는 순간 고객은 황홀경에 빠진다.

어느 토론회에서 내가 직원의 유연성, 자발성을 강조하자 경영자 한 분이 "어느 정도까지 서비스 직원들의 유연성을 허락해야 합니까?"라고 물었다. 나는 "야구의 홈런처럼 일정 범위(홈런 존)에 들어가기만 하면 됩니다. 일정 범위란 첫째로 고객의 상식, 둘째로 직원의 사리사욕은 아닐 것, 셋째로 상대 규칙 정도가 아니겠습니까?"라고 대답했다. 여기서 상대 규칙이란 원활한 관리와 운영을 위해 만들어진 것으로, 항공서비스라면 20분 전까지 티켓팅, 기내에 가지고 들어갈 수 있는 수화물의 크기 같은 것들이다. 병원에서 분만이 임박한 산모는 입원신청서류를 뒤로 미뤄도 된다. 반면 절대 규칙이란 안전벨트 착용, 무기와 폭발물 검사 등 절대로 어겨서는 안 되는 규칙을 말한다. 병원 안에서의 금연은 절대규칙이다.

서비스가 탁월한 기업을 만들고 싶다면 직원들에게 '때로는 규정을 어기라'고 가르칠 수 있어야 한다. 규정은 봉사하기 위해 있는 것이지 노예로 만들기 위해 있는 게 아니다. 이러한 유연성이 고객의 만족도는 물론 직원의 만족도까지 향상시킨다.

효과적인 직원만족도 조사를 위한 조언

어떤 자동차 부품업체가 설비시설 노후화로 생산성이 떨어져 고민하다가 고가의 최신형 설비를 구입하여 생산성을 크게 높였다. 그렇다면 그 경쟁력은 언제까지 유지될까? 경쟁업체가 같은 설비를 구입하게 되면 다시 똑같아진다. 하지만 설비를 다루는 기사의 아이디어로 프로세스를 개선하여 납기를 단축시키고 거래처에 더 좋은 AS를 제공한다면 어떨까? 경쟁업체가 같은 설비를 들인다 해도 여전히 높은 경쟁력을 유지할 수 있을 것이다. 이처럼 진정한 경쟁력은 돈을 들인 설비가 아니라 설비를 다루는 기사의 능력과 열정에서 나오며, 이러한 직원이 많은 회사는 경쟁업체들이 따라올 수 없는 최고의 회사가 된다. 그래서 무엇보다 직원만족도를 높여야 한다고 강조하는 것이다.

사우스웨스트항공은 〈포춘〉지가 매년 발표하는 '존경받는 기업' 순위에서 2015년 7위에 랭크되었다. 잘 알려진 대로 이 회사는 직원들이 일터를 즐거운 곳으로 여겨야만 좋은 서비스가 나온다는 경영철학을 지키고 있다. "직원이 첫 번째이고, 고객은 그다음이다", "고객은 항상 옳다는 말은 틀렸다. 그것은 직원을 배신하는 것이다. 가치 있는 고객만이 옳고, 그런 고객만이 대접받을 가치가 있다"고 말한다. 높은 직원만족도, 가장 낮은 이직률의 이유를 알 수 있다.

직원들의 만족도를 높이는 다른 요인으로 적정 수준의 임금을 빼놓을 수 없다. 기업들은 임금을 올리면 비용이 상승하여 순익이 감소하고 생산성이 떨어지게 된다고 생각한다. 그러나 〈하버드 비즈니스 리뷰〉에서 발표한 '10여 년간 소매유통업체 연구 결과'에 따르면, 직원에게 투자하면 낮은 가격에 제품을 공급할 수 없다는 통념은 근거가 없었다. 미국 유기농식품시장의 대표 브랜드인 트레이더조(Trader Joe's)나 회원제 창고형 할인매장인 코스트코처럼 승승장구하는 유통업체들은 직원들에게 상당한 금액을 투자하면서도 제품을 업계 최저의 가격으로 공급한다. 그런데도 재무 상태가 우수하고 고객서비스 또한 경쟁업체보다 훌륭하다. 이 연구는 소매유통 분야에 초점을 맞추었지만,

병원이나 레스토랑, 은행, 호텔 등의 서비스업종에도 똑같이 적용할 수 있다.

하버드비즈니스스쿨의 얼 새서(Earl Sasser) 교수 등은 '서비스 돌파구들(Service Breakthroughs)'이라는 연구를 통해 외부고객에게 양질의 서비스를 제공하고자 하는 기업은 내부고객인 직원들의 니즈를 살피는 것부터 시작해야 한다고 밝혔다. 이를 '서비스 수익체인(service profit chain)이라고 부르는데, 즉 고객서비스가 수익의 원천이 되는 논리적 구조를 말한다.

- 내부고객에 대한 서비스 품질이 직원만족에 영향을 미친다.
- 직원만족은 이직률을 감소시키고 생산성을 높인다.
- 높은 직원 유지율과 생산성은 탁월한 서비스를 가능하게 한다.
- 고객서비스는 고객만족을 가져온다.
- 고객만족은 고객충성도를 높인다.
- 고객충성도는 기업에 수익과 성장을 가져다준다.

'고객만족은 직원만족부터'라는 말은 이제 상식에 속한다. 그래서 많은 기업이 매년 직원만족도를 조사하고 있다. 여기서 우리가 짚어야 할 점 2가지가 있다.

첫째, 고객만족도 조사와 마찬가지로 직원만족도 조사도 문제점의 도출과 공유, 개선에 초점을 맞추어야 한다는 점이다. 서비스품질인증 심사나 기업 컨설팅을 하는 과정에서 직원들과 면담을 해보면 이런 소리를 많이 듣는다.

"직원만족도 조사라는 것을 하기는 했는데, 결과가 어떻게 나왔는지 잘 모르겠습니다."

나는 경영자들에게 직원만족도 조사를 했으면 결과를 사실 그대로 공개하고 가장 핵심적인 3가지 문제점을 가려내 직원들의 의견을 들어보라고 조언한다. 직원들과 공유하고 함께 문제의 해결책을 찾으라는 것이다. 그렇지 않은 조사라면 아무런 의미가 없다.

둘째, 직원만족도의 변화 추세를 살펴보는 것이 중요하다는 점이다. 한 조사 결과에 의하면, 국내 직장인들 가운데 이직을 준비 중인 사람이 18%, 이직 절차를 진행 중인 사람이 24%에 달한다고 한다. 이직률이 높은 조직은 손실이 클 수밖에 없다. 서비스에 숙련된 직원은 하루아침에 만들어지지 않으며 금방 대체할 수도 없기 때문이다. 서비스 경쟁력을 유지하려면 직원들의 만족도가 어떤 수준에 있는지, 어떻게 변하고 있는지를 예의주시해야 한다. 만족도가 상승 추세라면 다행이지만, 감소하고 있다면 서둘러 대책을 마련하여 이탈이 없도록 해야 한다. 그런 면에서 직원만족도 조사는 외부기관의 도움을 받아 1년에 한 번 전사적으로 실시하는 것에 그치지 말고 부서 단위로 몇 차례에 걸쳐 주기적으로 해나가는 것이 훨씬 효과적일 수 있다.

HIDDEN SERVICE_3장

서비스는 영원하다

서비스의 정석

서비스에 예술을 허하라

매뉴얼과 직원

한 호텔의 CEO가 룸메이드 직원들에게 매뉴얼이 얼마나 중요한지 알려주기 위해 실험을 했다. 실험은 이틀 동안 직원들이 호텔의 매뉴얼에 따르지 않고 요령껏 일하는 것이었다. 무슨 일이 일어날지 호기심을 느낀 직원들은 이 실험에 적극적으로 참여했다. 그들은 베개를 전처럼 정성껏 부풀리지 않고 건성으로 처리하는가 하면, 욕조도 전과 달리 광이 날 정도로 닦지 않았고, 수건도 가지런히 정리하지 않았다. 그렇게 직원들은 매뉴얼을 지키지 않고 요령껏 일했다.

영향은 즉각 나타났다. 고객들은 예전에 비해 직원들에게 "감사합니다"라는 표현을 잘 쓰지 않았다. 또한 안내데스크 직원들에게 룸서비스를 부탁할 때도 퉁명스럽게 말했을 뿐만 아니라 아침을 먹을 때 팁도 조금만 남겼다.

실험이 끝나고 고객들에게 호텔에 머무는 동안 경험했던 서비스의 질에 대해 어떻게 느꼈는지를 물어보았다. 고객들은 "참을 수 없을 정도는 아니었지만 작은 부분들이 아쉬웠다"고 답했다. 매뉴얼에 나오는 세부사항들이 훌륭한 호텔을 만드는 핵심 요소였던 것이다. 실험에 참여한 룸메이드 직원들은 고객들의 답변을 통해 업무 매뉴얼에 따르는 일이 얼마나 중요한지 느낄 수 있었다.

샌프란시스코에 본사를 두고 있는 호텔그룹 주아 드 비브르(Joie de Vivre)의 창업자 칩 콘리(Chip Conley)의 이야기다.

서비스는 표준화를 통해 고객에게 제공되어야 한다. 서비스 표준화는 직원들 개개인의 특성으로 인한 오차를 줄이고 서비스의 일관성을 달성할 수 있는 효과적인 수단이다. 전 세계 어느 스타벅스를 가도 똑같은 커피를 맛볼 수 있는 것도 이러한 표준화 덕택이다. 잘 알려진 맥도날드의 성공 신화도 메뉴를 단순화하고, 모든 공정을 표준화하고, 화장실 운영규칙 등 5만여 가지가 넘는 매뉴얼을 통해 '어디서 누가 만들어도 똑같은 햄버거 맛'을 낼 수 있게 한 데 있었다. 예를 들어 감자튀김을 익히는 온도와 시간, 야채를 써는 크기까지 모든 제조공정이 나와 있다. 맥도날드의 매뉴얼은 가히 과학화와 표준화의 모범이라 할 만하다.

식당에 들어서면 깔끔한 유니폼을 입는 젊은 직원이 반갑게 인사를 건네며 좌석을 안내한다. 고급 인테리어로 꾸며진 식당 안에는 재즈 음악이 흐르고, 한쪽 벽면에는 수십 종의 와인이 빼곡히 진열되어 있다. 허리에 무전기를 차고 귀에 이어폰을 꽂은 직원이 다가오더니 무릎을 꿇고 주문을 받는다.

이곳은 어디일까? 빕스나 아웃백스테이크하우스 같은 외국계 패밀리 레스토랑이 떠오를 것이다. 하지만 아니다. 이곳은 불고기, 생갈비, 된장찌개 등을 파는 '불고기브라더스'다. 불고기 전문식당이지만 고급 레스토랑 분위기에 고급 웰빙 식재료를 써서 건강을 생각하는 고객층의 마음을 단번에 사로잡았다. 체인화에도 성공했다. 불고기브라더스가 한식당의 체인화에 성공할 수 있었던 요인은 표준화된 서비스와 한식의 미묘한 맛을 계량화한 데 있었다. 예를 들어 된장찌개의 염도, 김치의 산도, 과일의 당도에서부터 양념의 양, 냉면 면발을 씻는 물 온도와 횟수까지 계량화하고 불의 세기, 조리시간 등을 공식화했다. 이렇게 매뉴얼화된 모든 조리법이 불고기브라더스의 '메뉴뱅크'에 담겨 있어서 신입사원도 그것만 보면 똑같은 결과물을 만들어낼 수 있게 해놓았다.

어느 매장에 가더라도 깔끔한 유니폼을 차려 입은 직원들이 그리터(greeter. 입구에서 손님을 맞는 직원), 테이블 담당 서버, 테이블을 치우는 서버, 바텐더 등의 업무를 나눠 맡아 균일한 서비스를 제공한다. 복잡한 프로세스를 표준화시켜 일관성을 보장하면 누구나 빠른 시간에 전문성을 갖추게 된다. 서비스도 매뉴얼로 만들어 직원들을 교육하면 동일한 수준의 품격 있는 서비스 제공이 가능해진다.

좋은 서비스는 어떤 서비스인가

직원들에게 단지 "좋은 서비스를 하라!"는 말만 되풀이해서는 곤란하다. 무엇을 어떻게 해야 좋은 서비스인지를 명확히 알려주어야 한다. 그래서 필요한 것이 서비스 표준이다. 서비스 표준은 고객에게 서비스에 대한 신뢰를 줄 수 있는 유형의 증거이자, 직원들이 제대로 서비스를 하고 있는지를 측정하는 막강한 수단이 된다.

매뉴얼은 서비스 표준을 명문화한 것으로, 서비스의 대표적 특징인 무형성을 유형화한 결과라고 할 수 있다. 따라서 무엇보다 구체적으로 서술되어야 한다. 그래야만 따라 할 수 있고, 이행 결과도 측정할 수 있다. 예를 들면 이런 식이다.

- 고객이 접근하면 3초 이내에 시선을 마주하고 미소를 지어라.
- "안녕하십니까?"라는 인사말로 30도 고개를 숙여 인사하라.
- 대화 중에는 적어도 한 번 이상 고객의 이름을 불러라.
- 고객에게 항상 자신의 이름과 전화번호를 알려주어라.

서비스 제공 과정을 표준화하는 데 몇 가지 꼭 지켜야 할 사항이 있다. 첫째는 불가피한 경우가 아니라면 절차나 보고 단계를 늘리지 말라는 것이다. 불필요한 사항을 추가하는 것은 꼭 필요한 사항이 빠진 것만큼이나 해롭다.

둘째는 나쁜 서비스의 발생 원인을 직원의 정신 상태 탓으로 돌리지 말라는 것이다. 그보다는 매뉴얼과 시스템에서 잘못된 곳이 없는지를 점검해야 한다. 목표를 달성하기 위해 무엇을 개선하고 지원할 것인가를 분석하는 것이 중요하다.

셋째는 모든 행동을 일일이 측정하려 하지 말라는 것이다. 가장 필요한 행동인 '협력'은 측정이 불가능하다. 협력이 필요한 업무는 개개인의 행동을 측정하기보다 상황을 보고 판단할 수 있어야 한다.

표준화와 획일화를 구별하라

커피 체인점에 가서 '뭐가 좋을까? 아이스커피로 할까, 따뜻한 라떼로 할까?' 고민하다가 주문을 하려는데 갑자기 종업원이 말문을 막아버린다.

"드시고 가실 건가요?"

고객이 하려는 말을 채 들어보지도 않고 먼저 알고 싶은 것을 묻는다. 그러면 뭔가에 쫓기듯 메뉴를 정해 말하게 된다. 종업원은 테이크아웃용 종이컵을 준비할지, 머그컵을 준비할지를 알고 싶어 그러는 것이겠지만, 고객의 입장을 생각하지 않는 듯한 질문에 언짢은 기분이 들 수 있다.

매뉴얼에 고객에 대한 첫 응대를 그렇게 하라고 나와 있더라도 상황 판단에 따라 응대는 얼마든지 다르게 할 수 있다. 때로는 미소 띤 얼굴로 고객의 말을 기다려줄 수도 있어야 한다. 매뉴얼대로 하다 보면 자신도 모르는 사이에 '매뉴얼 지상주의'에 빠지기 쉽고, 자칫 고객의 기분을 상하게 할 수 있음에 유의해야 한다.

미국의 서비스 경영학자인 칼 알브레히트(Karl Albrecht)는 수많은 고객의 불만들을 분석하여 공통 요인을 찾아냈다. 그리고 이를 '고객서비스의 7대 죄악(the seven sins of service)'이라고 이름 붙였다. '무관심, 무시, 냉담, 어린애 취급, 로봇화, 규정 제일, 발뺌'이 그것이다. 여기서 로봇화는 "감사합니다. 안녕히 가십시오", "어서 오십시오. 다음 손님!" 하는 식으로 직원이 기계적으로 어느 손님에게나 똑같은 말과 동작으로 대하는 걸 말한다. 표준화가 중요하지만 이를 획일적으로 적용하면 인간미와 유연성을 느낄 수 없는 자동판매기가 되어버린다. 매뉴얼을 지키느라 상황에 따른 유연성과 개별적 배려를 잊어서는 안 된다. 아무리 매뉴얼이 체계적으로 촘촘히 설계되어 있다 해도 실제로 벌어지는 특수한 상황까지 모두 담아낼 수는 없기 때문이다. 표준화가 획일화가 되어서는 안 된다. 기계적인 응대를 좋아할 고객은 아무도 없기 때문이다.

콜센터에서 응대 매뉴얼과 스크립트는 상담원들에게 센터장보다도 더 의지가 되는 존재다. 그런데 이에 대한 비판이 커지고 있다. 스크립트에 의존한 무미건조한 대화에 고객들이 기피감을 나타내면서 개선의 목소리가 높아지고 있다. 어떻게 하면 좋을까? 스크립트를 없애면 될까? 아니다. 스크립트는 서비스의 표준화를 위해 필수불가결하다. 여기서 제시할 수 있는 한 가지 방안은 스크립트가 무조건 따라 읽는 '대본'이 되지 않도록 하는 것이다.

다산콜센터의 홈페이지는 매일 상담원을 칭찬하는 글들로 가득하다. 서울시의 120 다산콜센터 상담원들은 아주 엉뚱한 질문에도 재치를 발휘해 고객을 만족시킨다는 평가를 받는다. 그곳에도 엄연히 매뉴얼이 있지만, 상담원들은 자신의 판단에 따라 고객의 질문에 답할 수 있게 교육받는다. 이런 일화가 있다.

한 고객이 전화해서 "코뿔소랑 코끼리랑 싸우면 누가 이기나요?" 라고 물었다. 상담원은 재치를 발휘해 "고객님, 아마 힘센 놈이 이길 것 같습니다"라고 대답했다.

이것이 바로 매뉴얼을 뛰어넘는 유연한 서비스다.

대량 프로세스는 매뉴얼로, 예술적 프로세스는 자율로

디즈니랜드에서는 '서비스'라는 말 대신 '스탠더드 오퍼레이션(standard operation, 준수해야 할 최고 수준의 목표)'이라는 표현을 사용한다. '친절(hospitality)'이라는 단어도 '예의(courtesy)'로 바꿔놓았다. 형식상의 친절이 아니라 가슴에서 우러나오는 '예의 바름'이 중요하다는 판단에서다. 고객들에게 예의 바른 서비스를 제공하기 위한 기본사항을 정해두고, 고객들로부터 호평받는 서비스를 할 수 있도록 교육하고 있다. 예를 들어 직원들에게 '손가락 한 개로 특정한 곳을 가리키지 않는다'고 가르친다.

그렇다면 문서화된 매뉴얼과 규정이 없다면 어떨까? 그런 기업은 성공할 수 없을까? 그렇지 않다. 매뉴얼이 없더라도 조직에 강력한 서비스문화가 정착되어 있고 경영자 자신이 살아 있는 매뉴얼이 된 기업은 성공한다. 노드스트롬백화점이 그렇다. 이곳은 '고객서비스를 제일주의로 실천하는 것'이 조직문화로 살아 있다. 매뉴얼은 오직 이것밖에 없다.

"어떠한 상황에서도 당신의 현명한 판단에 따라주십시오. 그 외에 다른 규정은 없습니다."

이 간결한 매뉴얼에는 고객서비스에 대한 리더의 탁월한 식견과 직원들의 능력에 대한 깊은 신뢰가 들어 있다. 이것이 노드스트롬 기업문화의 핵심이다. 직원들은 언제든 경영자와 선배의 도움을 받는다. 노드스트롬의 리더십은 규정, 매뉴얼, 말이 아니라 모범을 보이는 것이다.

그러면 디즈니랜드나 맥도날드처럼 서비스의 규칙과 제공 과정을 표준화하여 매뉴얼화하는 게 나을까, 아니면 노드스트롬백화점처럼 매뉴얼 없이 직원들의 판단에 맡기는 게 나을까? 항공사 승무원을 호텔 주차요원처럼 관리한다면 서비스 품질이 어떻게 될까? 모든 경영자가 고민하는, 판단하기 어려운 문제다. 하지만 기준은 가질 수 있다. 예술적 프로세스(artistic process)인지, 대량 프로세스(mass process)인지를 구별하여 적용 여부를 생각할 수 있다. 다시 말해서 서비스의 프로세스가 예술적 성격이 강한지, 과학적 성격이 강한지를 판별하여 표준화의 적절성을 가늠해보는 것이다.

맥도날드와 토요타자동차에서는 공정의 표준화를 통해 제품의 품질과 서비스의 효율을 엄청나게 향상시켰다. 업무의 구조와 내용이 과학적 성격이 강한 대량 프로세스에 적합했기 때문이다. 대량 프로세스는 고객에게 제공될 서비스나 제품의 품질이 동일해야 할 경우에 효과적이다. 자동차와 레스토랑, 금융 등에서 많이 도입하고 있다.

반면에 예술적 성격이 강한 프로세스는 본질적으로 시스템화나 표준화와는 잘 어울리지 않는다. 투입되는 요소가 동일하지 않고 숙련된 기술과 노하우가 필요하기 때문이다. 에르메스 핸드백을 만드는 장인은 장인학교 3년 과정을 수료하고 또 2년간의 수련 과정을 마쳐야 비로소 제작에 참여할 수 있다. 모든 과정이 수작업으로 진행되는 에르메스 켈리백은 장인 1명이 평균 18시간 이상을 작업해야 완성된다. 이와 같은 예술적 프로세스는 매뉴얼보다 담당자의 경험과 판단이 더 중요한 분야에 어울린다. 명품 생산, 항공사 기내서비스, 성형외과 수술 등이 여기에 속한다.

서비스 현장에서 예술적 프로세스와 과학적 프로세스는 그 정도를 달리할 뿐 엄격히 구분할 수 있는 것이 아니다. 그래서도 안 된다. 디즈니랜드에서처럼 비즈니스 상황이나 조건에 맞게 적절히 조화를 이룰 수 있게 해야 한다.

사소한 서비스는 결코 사소하지 않다

털의 비밀

옛날에 짚신장수 아버지와 아들이 살았다. 부자는 장이 설 때마다 나란히 자리를 잡고 짚신을 팔았다. 그런데 늘 사람들이 아버지의 짚신을 먼저 사가고 다 팔린 뒤에야 아들의 짚신을 사가는 것이었다. 아들은 그 이유를 알 수가 없었다.

"아버지, 제 짚신이 모양도 더 예쁘고 튼튼하게 잘 만든 것 같은데, 왜 사람들이 아버지 짚신을 더 많이 사가는 걸까요?"

"아들아, 네가 내 아들이지만 지금은 가르쳐줄 수 없다."

아들은 답답했으나 그냥 그대로 지내는 수밖에 없었다. 세월이 흘러 아버지가 돌아가시게 되었다. 임종 직전 아버지는 "아들아, 내 짚신의 비밀은 털, 털, 털…"이라고 말하다가 그만 숨을 거두고 말았다. 아들은 그게 무슨 소리인지 이해할 수 없었는데, 아버지가 남긴 짚신과 자신이 만든 짚신을 비교해 보다가 미세한 차이를 발견했다. 겉보기에는 별 차이가 없었는데 직접 신어 보니 아버지의 짚신이 훨씬 부드러웠던 것이다. 짚신을 만들 때 작은 털까지 다듬은 것이 아버지의 비결이었다.

아주 사소한 차이가 일의 완성도를 좌우한다. 특히 서비스에서 사소한 것은 없다. 디테일이 차별화를 가능하게 하고 사업과 인생의 성패를 결정한다.

1961년 4월 12일, 인류 최초의 우주인인 유리 가가린은 19명의 지원자들과 경합을 벌인 끝에 우주비행사로 선발되어 보스토크 1호를 타고 89분간 우주를 비행했다. 그가 최후의 1인이 된 이유는 무엇이었을까?

최종 결정 1주일 전, 20명의 지원자들은 보스토크 1호에 직접 타볼 수 있는 기회를 얻었다. 이때 다른 지원자들은 아무렇지 않은 듯 신발을 신은 채로 우주선에 올랐다. 하지만 가가린은 그들과 달리 신발을 벗고 양말만 신은 채 우주선에 올랐다. 그것이 우주선 설계자의 눈에 띄었다. 설계자는 27세의 젊은 청년이 자신이 심혈을 기울여 만든 우주선을 아끼는 모습을 보고 인류 최초로 우주를 비행하는 신성한 사명을 가가린에게 부여했다.

작은 행동 하나를 보고 채용 여부를 결정하는 기업들이 있다. 영국의 한 은행에서는 입사 희망자들을 면접할 때 일부러 면접장소로 가는 바닥에 구겨진 휴지뭉치를 떨어뜨려놓고 누가 그것을 집어 휴지통에 넣는지를 살펴 합격자를 선발했다. 어떤 유명 레스토랑은 면접자들이 자리에서 일어선 후 의자를 테이블 밑으로 밀어 넣는지, 테이블 위의 컵이나 휴지를 치우는 걸 돕는지를 주의해서 지켜본다.

개인도 기업도 디테일에 치중해야 한다. 치열한 경쟁과 기술의 보편화로 모든 것이 상향 평준화되는 시기에 경쟁력을 확보하는 길은 고객이 인정할 만한 디테일을 찾아 차별화의 요소로 만드는 것이다. 그것이 고객의 서비스 경험에 작지만 인상 깊은 감동의 기억을 선사하게 된다.

고객을 부르는 디테일, 내쫓는 디테일

유명한 탐험가가 세계의 사막들을 모두 여행하고 돌아왔다. 세계 각국의 기자들이 인터뷰를 하기 위해 모였는데, 가장 관심을 끌었던 기자의 질문은 오랜 사막 여행에서 그를 가장 힘들게 했던 것이 무엇이었는가 하는 것이었다. 기자들은 대부분 찌는 듯한 더위나 밤의 추위, 끝없는 갈증일 거라고 예상했다.

"그런 것들은 전혀 문제되지 않았습니다. 긴 여행 동안 저를 가장 괴롭게 했던 것, 그것은 신발 속에 계속해서 들어오는 작은 모래들이었습니다."

사소한 문제는 결코 사소하지 않다. 고객에게는 모든 것이 진실의 순간(Moment of Truth)일 수 있다. 나도 비슷한 일을 겪은 적이 있다.

집의 화장실이 너무 낡아서 벽에 타일을 새로 붙이고 변기를 새것으로 바꾸는 등 대대적인 수리를 했는데, 끝나고 나서 보니 문제가 있었다. 변기뚜껑을 올리면 그대로 고정되지 않고 자꾸 다시 내려오는 것이다. 여간 불편한 게 아니었다. 공사할 때 뒤로 약간 더 젖히게 해야 했는데, 89도쯤 되게 해놓아 계속해서 큰 소리를 내며 도로 닫히니 그때마다 부아가 났다. 이걸 고치려면 변기통 전체를 앞으로 당기는 공사를 해야만 한다고 해서 할 수 없이 긴 막대로 괴었는데 여간 흉물스럽지 않았다. 차라리 천장에 물이 새거나 벽에 금이 간 것 같은 큰 문제였다면 당장 수리를 했겠지만 이 정도의 문제는 다시 손보기도 애매해서 두고두고 불편함을 감수하게 되었다.

디테일의 실패는 고객응대 현장에서도 자주 보인다. 그리고 그것 때문에 고객을 화나게 하거나 떠나게 만들기도 한다.

서비스가 탁월한 기업의 경영자들은 자신이 직접 나서서 직원들의 서비스를 세세하게 챙긴다. 페덱스의 회장인 프레드 스미스(Fred Smith)는 여러 도시의 페덱스 시설들을 둘러볼 때 배달기사가 운전하는 트럭을 타고 방문한다.

서비스는 오랜 연습이 필요한 오케스트라처럼 결코 하루아침에 향상되지 않는다. 종이를 한 장씩 쌓아올리는 작업처럼 더디게 이루어진다. 그러나 무너지는 것은 한순간이다. 단 한 번의 사소한 실수로 충분하다. 일류 레스토랑의 이미지는 물컵에 묻은 얼룩 하나로 추락할 수 있다. 기내 탁자에 남겨진 커피 자국이 비행기 엔진인들 제대로 점검했을까 하는 의심과 불안감을 낳는다. 이처럼 보기에 아주 작은 흠이 고객을 짜증나게 하고 다른 것들까지 불신하게 하는 '깨진 유리창'이 되는 것이다.

'깨진 유리창의 법칙'은 잘 알려진 것처럼 유리창이 조금 파손되었을 뿐인데 그로 인해 약탈과 파괴가 일어날 가능성이 높아지는 현상을 가리키는 말로, 미국의 저명한 홍보업체 사장인 마이클 레빈(Michael Levine)이 비즈니스에 접목하면서 유명해졌다. 그는 고객이 겪은 한 번의 불쾌한 경험, 한 명의 불친절한 직원, 정리되지 않은 상품, 말뿐인 약속 등 사소해 보이는 문제가 기업 전체에 악영향을 줄 수 있다고 말한다. 극장의 경우를 예로 들어보자. 모든 극장에서 영화를 상영하기 전에 광고를 내보내는데, 이것에 불만을 갖는 관객들이 적지 않다. 그러다가 광고 없이 다음 개봉작 예고만 하는 극장을 알아내면 바로 그곳의 단골이 된다. 상영 전 광고가 극장의 깨진 유리창인 셈이다.

고객이 바라는 서비스는 '기대를 뛰어넘는 감동'이다. 그러나 그전에 깨진 유리창, 즉 구멍을 즉시 수리하고 다시 또 생기지 않도록 예방하는 것이 먼저다. 좋은 방법이 있다. 바로 '포카요케(poka-yoke)'라는 것이다. 일본어로 '실수를 방지한다'는 뜻인데, 현장에서 실수로 일어나는 문제들을 방지하는 장치를 일컫는다. 예를 들어 데스크톱컴퓨터는 복잡한 코드를 잘못 꽂는 일이 없도록 하기 위해 각 코드마다 꼭 들어맞는 모양으로 만들어져 있다. 비행기 화장실은 안에서 문을 잠그면 '사용 중' 이라는 표시가 자동으로 뜨도록 되어 있고, 병원에서는 행여 수술 후에 환자의 몸 안에 수술 도구가 남아 있지 않도록 하기 위해 칸칸이 나뉜 트레이를 사용한다.

서비스업계에도 포카요케가 보편화되어 있다. 고객접점별로 반복해서 사고가 나거나 고객의 부정적 경험을 유발하는 부분을 추적하고 이유를 찾아내 이중안전장치를 설계해놓았다. 은행의 현금자동입출금기(ATM)도 그중 하나다. 예전에는 ATM에서 현금을 인출하고 나서 카드를 그대로 꽂아두고 가는 고객이 많았다. 심리학자들은 이를 '완성

후 오류' 때문이라고 설명한다. 사람은 애초의 목적이나 임무를 끝내고 나면 이전 단계의 사항을 곧잘 잊어버린다는 뜻이다. 이처럼 자주 '실수하는 동물'인 사람을 위해 카드를 먼저 뽑아야만 현금이 나올 수 있게 한 것이다.

사람들 스스로도 다양한 포카요케를 개발하여 사용한다. 한 예로 콜센터 직원들은 '친절하게 대하라'는 지침을 실천하기 위해 전화기 옆에 거울을 부착해놓고 혹시나 굳어진 얼굴로 고객의 전화를 받지 않는지 확인하고 있다.

서울의 한 호텔은 다시 찾아준 고객들을 알아보기 위해 기발한 포카요케를 생각해냈다. 벨보이가 고객을 맞이하고 짐을 받아 운반할 때 고객에게 호텔에 처음 왔는지를 물어본다. 전에 온 적이 있다고 말하면 고객의 짐을 데스크 오른쪽에 놓고, 처음 이용하는 고객이면 왼쪽에 놓는다. 그러면 데스크 직원이 짐의 위치를 보고 "다시 찾아주셔서 감사합니다"라는 인사로 반갑게 맞이한다.

어떤 디테일에 집중하면 좋을까

지금까지 디테일이 얼마나 중요한지를 살펴보았다. 하지만 모든 부분에서 완벽한 디테일을 추구하기란 실로 어려운 일이다. 범위가 너무나 넓기 때문이다. 그래서 우리는 핵심 요소를 선별하고 특정 영역에 집중해야 한다. 즉, 중요한 고객이 누구인지, 그들이 체감할 수 있는 디테일 요소가 무엇인지를 찾아내서 충족시켜야 한다.

앞에서 설명한 '카노모델'을 기억하는가? 제품의 가치를 높인다고 해도 소비자의 만족도가 이에 비례해서 증가하지 않는 것이 만족 요인이다. 이동전화서비스에서 통화 품질이 수준 이하일 때는 만족도에 큰 영향을 미치지만, 어느 정도 이상이면 별 영향을 주지 않는다. 이처럼 디테일을 잘못 선택해서 투자할 경우 더 이상의 서비스 개선 효과가 나타나지 않을 수도 있다. '디테일의 함정'이다. 이럴 때는 다른 요인, 즉 감동 요인(흥분 요인)에서 개선할 디테일 요소를 찾아야 한다.

고객의 입장이 되어 주의를 기울이면 숨어 있던 고객만족의 디테일을 발견할 수 있다. 애플은 사용자가 애플의 기기로 음악을 듣거나 영상을 볼 때 이전에 설정했던 볼륨값을 기억하도록 했다. 이어폰이나 스피커로 바꿔 들을 때 갑자기 커지는 소리 때문에 깜짝 놀라거나 매번 새로 볼륨을 설정해야 하는 불편이 없도록 하기 위해서였다. 리츠칼튼호텔에서는 매일 갱신되는 고객이력파일을 체인 전체가 공유한다. 그래서 리츠칼튼서울에서 묵었던 어느 고객에게 알레르기가 있을 경우 이 사실을 입력하여 그 고객이 세계 어느 리츠칼튼에 가더라도 무자극성 베이비샴푸를 제공받을 수 있게 한다. 이처럼 감동 요인에서 디테일을 찾아 집중하면 고객을 감동으로 이끌 수 있다.

경영전략가 마이클 포터(Michael E. Porter) 교수는 "전략은 하지 않을 일을 선택하는 것이다"라고 했다. 모든 영역에서 잘해보겠다는 생각은 현명한 전략이 아니다. 환경과 조건에 따라 집중할 수 있는 디테일의 영역을 선택해야 한다. 열심히 했는데도 서비스 성과가 기대 이하라면 초점을 잘못 맞춘 것이 아닌지 다시 한 번 살펴야 한다.

공감이 먼저다

예술과 외설의 차이

서인도제도에 있는 푸에르토리코공화국의 국립미술관에는 수의를 입은 노인이 젊은 여인의 젖을 빠는 〈노인과 여인〉이라는 그림 한 폭이 걸려 있다. 바로크미술의 대표 화가인 루벤스의 그림으로 알려진 이 작품을 본 방문객들은 노인과 젊은 여인의 부자연스러운 애정행각에 불쾌한 감정을 숨기지 못한다. 포르노나 다름없는 이런 그림을 어떻게 국립미술관에서 전시한단 말인가. 그러나 이 그림에는 기막힌 사연이 있다.

수의를 입은 노인은 젊은 여인의 아버지로, 푸에르토리코의 자유와 독립을 위해 싸운 독립투사였다. 하지만 독재정권에 체포되어 투옥되고 음식물 투입 금지라는 가혹한 형벌을 받아 감옥 안에서 서서히 죽어갔다. 해산한 지 얼마 안 된 그의 딸이 무거운 몸을 이끌고 감옥을 찾아갔다. 아버지의 마지막 모습을 보기 위해서였다. 뼈만 앙상하게 남은 아버지를 바라보는 딸의 눈에 피눈물이 맺혔다. 딸은 숨을 헐떡이는 아버지 앞에서 자신의 가슴을 열어 자신의 젖을 아버지 입에 물렸다.

처음에 그림을 보고 불편한 심기를 드러내던 사람들도 이와 같은 사연을 듣고 나면 이내 고개를 끄덕이고 그림을 다시 본다. 그림에 대한 시각이 포르노에서 가슴 절절한 부녀간의 사랑으로 바뀌어 눈물을 글썽인다. 그림에 공감하는 것이다.

공감(empathy)은 그리스어 엠파테이아(empatheia)에서 유래되었다. 안(in)이라는 뜻의 접두사 '엠(em)'과 고통, 열정이라는 뜻의 '파토스(pathos)'가 합쳐져 '그 사람의 고통과 느낌 속으로 들어간다'는 의미를 갖게 되었다. 그래서 공감은 '다른 사람의 생각이나 감정을 자기 내부로 옮겨 넣어 그의 체험과 동질의 심리적 과정을 만드는 일'로 정의할 수 있다. 이와 같은 공감에 남다른 재주를 가진 사람들이 있다. 시인들이 그렇다.

저게 저절로 붉어질 리는 없다
저 안에 태풍 몇 개
저 안에 천둥 몇 개
저 안에 벼락 몇 개

시인 장석주 씨의 '대추 한 알'이라는 시의 일부다. 이처럼 시인들은 보이지 않는 것을 보고, 사물과 하나 되어 그 관점을 시어로 표현해낸다. 대상과 한 몸 되기, 바로 '일체화(一體化)'다.

탁월한 서비스 역시 고객의 마음과 하나가 되는 공감의 과정을 거쳐 탄생된다. 어떤 고객이 신용카드를 분실했다고 하자. 다행히 분실 이후에 사용한 기록은 없었다. 이때 "분실신고를 모두 끝냈습니다"라고 말하는 카드사 담당자와 "많이 놀라셨죠? 이제 걱정하지 않으셔도 됩니다. 분실신고를 모두 끝냈습니다"라고 말하는 담당자가 있을 수 있다. 고객은 누구를 좋아할까? 당연히 후자다. 기계적으로, 사무적으로 취급되는 것을 좋아할 사람은 없다. 놀란 자신의 마음과 하나 된 느낌으로 어루만져주는 것이야말로 가장 전문가다운 서비스다.

엄마가 뽀로로 가방을 좋아할까?

다섯 살배기 아이들에게 루이비통 가방과 뽀로로 가방 중에서 엄마의 생일 선물을 고르라고 하면 아이들은 십중팔구 뽀로로 가방을 선택한다. 자신이 좋아하는 것을 엄마도 좋아하리라고 생각하는 것이다. 이처럼 어린아이들은 자신의 관점과 다른 사람의 관점을 잘 구분하지 못한다. 자기중심성(ego-centrism) 때문이다.

자기중심성은 어린아이의 심적 특성을 나타내는 개념으로, 스위스의 아동심리학자 장 피아제(Jean Piaget)가 1948년 처음 제창했다. 피아제는 어린아이들이 약 7세까지는 타인의 관점을 이해할 수 있는 능력을 갖지 못한다고 보았다. 8~9세가 되어야 비소로 엄마가 뽀로로 가방보다는 명품 가방을 원한다는 사실을 알게 된다는 것이다.

하지만 이 같은 자기중심성은 여덟 살이 되었다고 해서 자연스럽게 없어지는 것이 아니며, 성인이 되어서도 곧잘 드러나곤 한다. 타인의 관점을 잘 이해하지 못하는 선천적 뇌의 영향이다. 우리의 뇌는 많은 경험과 교육을 거치고 나서야 다른 사람이 나와는 다른 생각과 의견을 가질 수 있다는 사실을 깨닫게 된다. 즉, '마음 읽기 능력'을 갖추게 되는데, 이를 '인지적 공감'이라고 한다. 다른 한편으로 다른 사람과 감정을 공유하고 반응하는 '정서적 공감'이 있는데, 이것이 가능한 것은 뇌 속의 특별한 세포인 '거울신경' 덕분이다.

거울신경은 우리가 어떻게 감정을 공유하는가에 대한 해답을 제시한다. 썰렁한 장면에서도 다른 사람들이 웃는 소리가 흘러나오면 자신도 모르게 따라 웃는다. 사랑하는 사람이 고통스러운 표정을 지으면 덩달아 얼굴을 찡그리게 된다. 그런가 하면 TV에서 폭력적인 장면을 많이 접한 아이들은 공격적인 행동을 보일 가능성이 높아진다고 한다. 역시 거울신경이 그 장면을 무의식적으로 받아들여 모방하기 때문이다. 이 모두가 거울신경을 통한 감정의 전염에서 비롯되는 것이다. 몇 년 전 모 방송사에서 방영했던 〈다모〉라는 드라마의 "아프냐? 나도 아프다"라는 대사처럼 말이다. 그런데 전염의 정도는 관계에 따라 다르게 나타난다. 나와 관련이 깊고 가까운 관계일수록 거울신경이 더 활발하게 반응하기 때문이다.

서비스의 미래는 공감에 달렸다

나에게는 잊을 수 없는 몇 가지 순간이 있다. 그중 하나는 아들이 고등학생 때 동네깡패에게 얻어맞아 머리에 피를 흘리며 집에 들어왔을 때였다. 식겁한 나는 아들을 데리고 인근의 대학병원 응급실로 뛰어갔다. 그런데 간호사가 "뭐 이런 일로 한밤중에 뛰어왔느냐"며 핀잔을 주는 것이 아닌가. 어이가 없었다. 다행히 아들은 일주일도 안 되어 상처를 치료하고 나중에 의과대학을 나와 의사가 되었지만, 그때의 간호사를 생각하면 지금도 기가 막힌다. 피를 흘리는 아들을 보고 놀라고 흥분한 아버지의 심정을 조금도 헤아리지 못하는 공감불능 간호사였던 것이다.

의료서비스는 다른 어떤 서비스보다 고객의 심리와 감성에 대한 섬세한 터치가 중요하다. 하지만 우리나라의 의료 현장은 아직 물리적 치료에만 초점을 맞추고 있는 곳이 많다. 치과에서는 잇몸병만 없애주면 되고, 성형외과에서는 코를 높여주기만 하면 된다는 식이다.

지인 중 한 명은 얼마 전 아이와 함께 병원을 찾았던 때를 잊을 수가 없다고 했다. 의사는 목이 아픈 아이의 입안을 들여다보더니 이렇게 말했다.

"아이쿠, 이런! 얼마나 아팠니? 많이 아팠지? 쯧쯧. 우리는 이제 어떤 세균이 너를 아프게 하고 있는지 알아낼 거란다. 그리고 나쁜 세균을 모조리 물리칠 수 있는 천하무적 약을 너한테 줄 거야!"

그러고는 지인을 보고 말했다.

"아이가 패혈성 인두염인 것 같네요."

아마도 미래의 의료서비스는 공감 능력과 따뜻한 태도, 유머에서 성패가 결정될 것이다. 《새로운 미래가 온다》의 저자 다니엘 핑크(Daniel Pink)는 미래의 인재가 갖춰야 할 조건으로 공감 능력, 디자인, 조화, 놀이, 스토리, 의미를 꼽았는데, 이 중에서도 대체 불가능한 진짜 경쟁력으로 공감 능력을 강조한다. 옥스퍼드대 마틴스쿨의 칼 베네딕트 프레이(Carl Benedikt Frey) 교수팀은 〈고용의 미래: 우리의 직업은 컴퓨터화에 얼마나 민감한가?〉라는 논문에서 "자동화와 기술 발전으로 20년 내에 현재 직업의 47%가 사라질 것"이라고 지적했다.

지금은 디지털 기술에 기반한 자동화시스템으로 대부분의 영역이 평준화된 상태다. 이런 시대에 대체 불가능한 새로운 차별화의 영역은 무엇일까? 한마디로 기계가 대신할 수 없는, 사랑하고, 감탄하고, 공감하고, 위안을 주는 영역이다. 컴퓨터는 비용과 시간을 절약해줄 수는 있지만, 유연하지도 따뜻하지도 않으며, 사람의 마음을 읽고 반응할 수도 없다. 공감 능력이 없는 무뚝뚝한 기계일 뿐이다. 그래서 이제는 '사람만이 경쟁력'이라고 말하는 것이다. 물론 여기서 말하는 사람은 공감 능력이 있는 인재다.

공감 능력을 키우는 3가지 방법

남녀 간의 사랑은 표현이 중요하다. 내가 공감하고 있음을 상대방에게 알려야 한다. 공감을 표시하기 위해 자주 쓰는 방법으로 '반영'의 표현법이 있다. 상대방의 말을 재진술한 후에 말 속에 담긴 감정이나 욕구를 언급하는 것이다. 예를 들어 "혼자만 그런 대접을 받았다니 억울했겠군요", "동생 부탁은 들어주면서 네 부탁은 안 들어주니 엄마가 미웠겠구나"라고 말하는 것이다.

애플에서 사용하는 〈직업훈련매뉴얼〉을 보면 '3F 공식'이라는 것이 있다. 불평하는 고객들에게 어떻게 대응할지를 알려주는 지침인데, 일종의 '공감 스킬'이라고 할 수 있다.

먼저 고객의 기분(Feel)을 알아주는 것이다. 고객의 반론을 부드럽게 인정하고 동의한다. 이어서 전에도 비슷한 감정을 가졌던(Felt) 고객이 있었다, 하지만 보다 중요한 사실을 발견했다(Found)는 식으로 고객의 반론을 극복해나간다. 예를 들면 "왜 그렇게 생각하시는지 알겠습니다(Feel). 선생님뿐 아니라 다른 고객들도 그렇게 생각했습니다(Felt). 그러나 실제로 사용해보고 나서는 그것이 큰 문제가 아니라는 사실을 알게 되었습니다(Found)"라는 식으로 말이다.

그러면 이제 어떻게 하면 공감 능력을 키울 수 있는지를 알아보자.

첫 번째 방법은 직접 고객의 입장이 되어보는 것이다. 직접체험을 통해 고객의 생각이나 감정을 알아야 감정이입이 되기 때문이다.

아마존의 CEO인 제프 베조스(Jeff Bezos)는 IT업계에서 가장 주목받는 경영자다. 서점, 인터넷, 서버, 전자책, 음악, 태블릿PC 등 뛰어드는 사업마다 시장을 뒤흔들고 있다. 미국 〈포브스〉지에 소개된 '베조스로부터 배우는 기업 운영 전략'에 그의 경영 원칙이 나오는데, 그중 하나는 '모든 사원이 콜센터에서 일할 수 있어야 한다'는 것이다. 실제로 아마존의 정규직원들은 누구나 매년 이틀씩 콜센터 직원교육을 받는다. 베조스 자신도 예외가 아니다. 그는 "트위터, 블로그 등을 통해 온갖 불만이 터져 나오는 시기에 소비자의 목소리를 직접 들을 준비가 되어 있지 않으면 현장에서 멀어질 수밖에 없다"고 말한다.

가난하게 살아본 사람이 어려운 사람을 더 잘 돕는다. 사정을 잘 알기 때문이다. 스포츠 분야에서는 일류 선수 출신보다 이류 선수 출신이 일류 감독이 되는 경우가 더 많다. 자신이 직접 겪어보아 선수들의 마음을 속속들이 들여다볼 수 있기 때문이다. 대기업이나 조그마한 카페도 다르지 않다. 고객의 라이프스타일을 직접 체험해보지 않고는 비즈니스 성과를 기대하기 어렵다.

두 번째 방법은 간접경험이다. 직접 해보고 느껴보는 것이 제일 좋지만, 세상 모든 일을 다 해볼 수는 없는 노릇이다. 미국의 자동차왕 헨리 포드는 "경험의 학교를 졸업하려면 너무 오래 걸린다. 막상 졸업하고 나면 일하지 못할 정도로 늙어버린다"는 말을 했다.

간접경험 중에서 가장 좋은 것은 문학성이 높은 소설을 읽거나 영화나 연극, 공연 등을 관람하는 것이다. 다양한 예술작품들을 보면서 느끼는 희로애락의 감정과 마음의 울림은 사람의 내면을 더 깊고 풍부하게 해준다. 작품 안으로 들어가 자신이 진짜 경험한 것 같은 느낌을 갖게 한다.

공감 능력을 키우는 세 번째 방법은 불필요한 긴장을 푸는 것이다. 최근 네덜란드에서 한 연구팀이 재미있는 실험을 했다. 실험 참가자들에게 준비된 얼굴 사진을 잠깐 보여준 뒤 사진의 주인공이 긍정적 감정 상태인지 부정적 감정 상태인지를 판단하여 버튼을 누르도록 했다. 이때 참가자들은 사진에 나타난 표정을 무의식적으로 따라 했다. 그 다음에는 참가자들에게 이를 악물고 어깨에 힘을 주어 자세를 고정하도록 지시했다. 그랬더니 아무런 제약 없이 버튼을 누르게 했을 때보다 사진의 감정 상태를 판단하는 속도가 훨씬 느려졌다. 몸이 굳어지면 그만큼 남의 감정을 느끼는 능력도 떨어진다는 이야기다.

긴장을 풀고 편안한 상태일 때 감정이입이 잘 된다. 헐렁한 상태가 좋다는 뜻이다. 1~2분만 하던 일을 멈추고 몸에서 힘을 빼고 규칙적으로 호흡을 해보라. 그리고 입을 살짝 벌려 미소를 지어보라. 자연스럽게 긴장이 풀리면서 공감 능력이 좋아질 것이다.

탁월한 서비스맨의 커뮤니케이션

선과 악의 씨앗

어느 시골, 작은 성당의 주일미사에서 신부를 돕던 어린 소년이 실수로 성찬용 포도주 그릇을 떨어뜨렸다. 그러자 신부가 어찌할 바를 몰라 쩔쩔매고 있던 소년의 뺨을 때리며 버럭 소리쳤다.

"다시는 제단 앞에 나타나지 마라!"

이 말은 소년의 가슴에 깊은 상처를 남겼다. 소년은 그 후로 평생 동안 성당에 발을 들여놓지 않았다. 그는 훗날 공산당의 지도자가 되었는데, 그가 바로 유고의 독재자로 군림했던 요시프 브로즈 티토다.

어느 큰 도시의 성당 주일미사 때였다. 신부를 돕던 소년이 실수로 성찬용 포도주 그릇을 떨어뜨렸다. 신부는 놀라 금방이라도 울 것 같은 소년을 이해와 사랑 어린 눈길로 쳐다보며 가만히 속삭였다.

"괜찮다. 일부러 그런 것이 아니잖니? 나도 어릴 때 실수가 많았단다. 너도 신부가 되겠구나."

이 소년은 자라서 천주교 대주교가 되었는데, 그가 폴턴 쉰이다.

티토는 신부의 말 한마디에 신을 비웃는 공산당 지도자가 되었고, 폴턴 쉰은 신부의 말대로 신의 일꾼이 되었다. 한마디 말이 사람의 운명에 얼마나 큰 영향을 주는지를 깨닫게 해주는 이야기다.

말은 곧 의식의 일부가 되어 사람의 일생을 이끌어간다. "안 된다. 끝장났다"는 부정적인 말을 많이 쓰면 그 말이 굴레가 되어 정말 되는 게 없고 끝장이 나는 삶을 살게 된다. 부정적인 말이 무의식에 깊게 각인되어 부정적인 존재로 만들어버리기 때문이다.

말은 서비스맨과 고객의 관계도 결정한다. 상황에 적합한 긍정적인 말은 고객을 기분 좋게 하고 다시 찾고 싶게 만들지만, 애매하거나 부적절한 말은 고객을 불쾌하게 하고 다시는 찾고 싶지 않게 만든다. 고객과의 의사소통 시 사용해야 할 가장 좋은 말을 하나 꼽으라면 무엇이라고 할 수 있을까? 여러 가지가 있을 수 있겠지만 "네, 해드리겠습니다"가 제일 좋다.

얼마 전 한 사보에서 BMW를 1,900대나 판매한 딜러에 관한 기사를 읽었다. 그는 연간 판매 실적에서 10년 연속 TOP 10에 이름을 올리며 명예의 전당 회원이 되었는데, 성공 세일즈의 첫 번째 비결로 '예스맨(yes-man)이 되는 것'을 꼽았다.

"자동차 영업을 하면서 스스로 만든 몇 가지 원칙이 있다. 그 가운데 가장 중요하게 꼽는 것은 고객에게 절대로 해서는 안 되는 금기어다. '안 됩니다', '못 합니다', '죄송합니다' 이 3가지 말은 지금까지도 고객과의 상담, 전화, 문자 등 모든 커뮤니케이션에서 지양하는 말이다. 딜러 생활을 하다 보면 예상치 못한 고객의 부탁 또는 문의에 당혹스러워질 때가 많다. 간혹 차를 산 지 2~3년이 지난 고객이 수십만 원 상당의 서비스를 요구하는 경우도 있다. 고객의 부탁을 모두 들어줄 수는 없지만 중요한 것은 '대응의 방식'이다. '제가 한번 알아보겠습니다', '본사 측에 확인해보겠습니다'와 같이 고객의 말에 귀를 기울이고 있다는 것을 상대방이 느낄 수 있도록 하는 것이 가장 중요하다고 생각한다."

전국 각지에서 수많은 딜러들이 자동차를 한 대라도 더 판매하기 위해 치열하게 경쟁하는 상황에서 같은 서비스를 제공한다면 어떤 경쟁력도 가질 수 없다. 남들과 다른 '무엇인가'를 고객에게 제공할 수 있어야 한다. 그 '무엇인가'란 "해줄 수 있어요?"라는 고객의 질문에 "예!"라고 답하는 것이다.

스칸디나비아항공의 전 회장이자 고객만족경영의 창시자로 일컬어지는 얀 칼슨은 다음과 같은 이야기를 들려준다.

"일전에 홍콩 만다린호텔이 최고의 고객서비스로 권위 있는 상을 두 번이나 받았다는 사실을 알게 되었다. 그곳 총지배인인 친구에게 그 비결을 물었다.

'나도 모르겠네. 고객들에게 예스라고 말할 권한이 현장 직원들에게 있기 때문이 아닐까? 하지만 직원들이 고객의 요구에 노라고 말하려면 먼저 관리자의 허락을 받아야 한다네.'"

리츠칼튼호텔은 신입사원 오리엔테이션 첫날, 수련원에 들어온 신입사원들에게 '노(No)'라고 크게 말하고 더 크게 그것을 반복하라는 지시를 내린다. 그러고는 그것이 이 호텔에서 'No'라고 말할 수 있는 마지막 기회였다고 설명한다. 모든 고객에게 긍정적으로 대답하는 것은 더 많은 비용이 들고, 더 오랜 시간이 걸리고, 더 많은 노력을 요하는 일이지만, 고객감동이 평생고객이라는 더 큰 수확으로 되돌아온다는 사실을 잘 알고 있는 것이다.

최고의 서비스맨은 고객 앞에서 "없습니다", "안 됩니다", "모릅니다"라는 말을 절대 쓰지 않는다. 일단 "알겠습니다" 하고 최선을 다해 고객의 요청에 부응하려고 애쓴다. 그러고도 도저히 안 되겠다 싶으면 솔직하게 "열심히 애써보았지만 (…) 정말 죄송합니다"라며 사과한다. '최선을 다한 아니오'여야 한다는 말은 이와 같은 뜻이다. 어떤 공감이나 도움의 의사 표시도 없이 냉담하게 "아니오"라고 말하는 것은 고객에게 상처를 주는 부정적인 표현일 뿐이다.

마지막은 항상 긍정형으로!

'끝이 좋으면 다 좋다'는 말이 있다. 대화에서도 시작이 중요하지만 끝은 더 중요하다. 그래서 마무리는 반드시 긍정형으로 해야 한다. 장점과 단점을 함께 말할 경우에는 단점을 먼저, 장점을 나중에 말하는 것이 좋다. "너무 아름다우세요. 하지만 저는 안경 쓴 사람은 별로 좋아하지 않아요"라고 말하는 대신 "저는 안경 쓴 사람은 별로 좋아하지 않는데, 안경 쓴 모습도 너무 아름답네요"라고 말하면 듣는 사람을 더 기분 좋게 할 수 있다.

긍정형 표현은 고객서비스에도 활용할 수 있다. 고객의 부탁이나 요구에 "~해줄 방법이 없다"거나 "어쩔 수 없다"는 표현은 고객을 기분 나쁘게 만들어 상황을 악화시킨다. 결국 당신은 고객에게 무능하고 무성의한 사람으로 비치게 된다.

마무리를 긍정형 표현으로 바꾸는 몇 가지 요령을 알아보자.

하나는, 희망이나 기대, 해줄 수 있는 것 중심으로 표현하는 것이다. '~하기를 바란다', '~했으면 좋겠다', '~을 기대한다' 등의 표현을 덧붙인다. "오늘 중으로는 물건을 배달해드릴 수 없습니다. 아직 이곳에 도착하지도 않았습니다"라고 하는 대신 "저도 주문하신 물건을 오늘 배달해드릴 수 있으면 정말 좋겠습니다. 물건이 도착하는 대로 연락드리겠습니다"라고 하면 같은 내용이라도 받아들이는 사람이 훨씬 더 긍정적이게 된다.

다른 하나는, '해줄 수 있는 조건'을 앞에 제시하는 것이다. 이유를 대며 거절하지 않고 '~이 충족되면', '~한 후에'라고 한 다음 무엇이 가능해지는지를 보여준다. "숙제를 못했으니 게임은 안 돼", "신용 상태가 나빠서 대출해줄 수가 없다", "일이 밀려 있어 휴가를 갈 수 없다"고 하지 말고, "숙제를 끝내고 나면 얼마든지 게임해도 괜찮다", "신용 등급이 회복되는 대로 대출해드리겠습니다", "이 일을 마치면 휴가 가도 좋아"라는 식으로 표현하면 상대방을 긍정적으로 자극하게 된다.

또 다른 하나는, 고객중심적인 표현으로 바꾸는 것이다. 얼마 전 친척 한 분이 수술차 입원했다. 나는 퇴근시간이 되자마자 허겁지겁 뛰어갔다. 그런데 병원에 들어서자마자 "면회시간이 끝났으니 방문객은 나가주십시오"라는 안내방송을 듣게 되었다. 병원으로부터 거부당한 것 같은 느낌 속에서 결국 병문안도 하지 못하고 헛걸음을 치고 말았다. 미국에서는 면회시간이 끝나갈 때 "작별인사를 나눌 때까지 5분이 남아 있습니다"라고 안내방송을 하는 병원이 많다고 한다. 5분 뒤에 나가달라는 뜻이지만 듣기에 훨씬 부드럽다.

골프장에서는 한 사람이 티샷을 할 때 다른 사람들이 멀찌감치 떨어져 있어야 한다. 그런데 어쩌다 티잉 그라운드에 올라가는 사람이 있다. 그러면 "올라가시면 안 돼요!"라고 소리치는 캐디들이 있다. 일순간 분위기가 싸해진다. "한 분씩만 올라가주시겠습니까?"라고 말하는 것이 고객중심적인 표현이다.

일상적으로 사용하는 평범한 인사말도 긍정형으로 바꿀 필요가 있다. "고객님, 기다리시게 해서 죄송합니다"보다는 "고객님, 기다려주셔서 감사합니다"가 훨씬 듣기에 좋다.

따르게 만드는 표지판 커뮤니케이션

표지판은 보통 2가지 기능을 한다. 사람들이 길을 찾는 데 도움이 되는 정보를 제공하고, 지켜야 할 규칙을 알린다. 사실을 전달할 뿐 별 느낌은 없다. 이에 비해 감성지능 표지판은 마음을 움직여 쉽게 실천하게 만든다. '목적'이 들어 있기 때문이다. 예를 들어 "강아지의 배설물을 치워주세요"라고 하지 않고 "아이들이 노는 곳입니다. 강아지 배설물을 치워주세요"라는 식으로 표현하는 것이다. 이렇게 목적을 덧붙이면 사람의 마음을 움직이는 데 효과적이다.

어느 구내식당의 벽에서 "잔반을 줄이면 반찬의 가짓수가 늘어납니다"라는 플래카드를 본 적이 있다. "먹을 만큼만 가져가세요", "잔반을 줄입시다"라는 문구에 익숙해 있던 차에 아주 신선한 느낌으로 다가왔다. 고객의 입장에서 바라본 긍정형의 문장으로 잔반을 줄인다는 목적과 반찬의 가짓수가 늘어난다는 이익을 동시에 드러내는 효과적인 표현이었다.

목적의식을 부여하면 사람들은 보다 큰 관심과 실천으로 화답한다. 길을 가다 보면 도로공사 보수를 알리는 표지판에 "공사 중, 통행에 불편을 드려 죄송합니다. 현장 소장 백"이라고 쓰여 있는데, "○월 ○○일까지 더 넓고 안전한 도로로 바꾸는 중입니다"라고 하는 편이 훨씬 좋을 것이다. 고객에게 질문할 때도 이유를 덧붙이는 것이 좋다. 고객은 서비스를 받을 때 질문이 오면 부담스러워하는데, "이 질문에 답해주시면 더 빨리 회신해드릴 수 있습니다"라는 식으로 설명하면 이해와 협조를 구하기가 쉬워진다. 또 산에 오르다 보면 "도토리를 가져가지 마세요", "야생 열매류를 채취하다 적발되면 벌금을 물립니다"라는 표지판들이 눈에 띄는데, 이것도 "도토리는 다람쥐의 겨울 식량입니다"라고 긍정형 표현으로 바꾸는 편이 낫다. 병원에서 간호사들이 환자가 사용하는 침대의 커튼을 닫을 때 "환자분들의 사생활을 보호해드리기 위해 커튼을 내립니다"라고 말하면 배려심이 보다 돋보일 수 있다.

미소를 짓게 만드는 유머형도 괜찮은 아이디어다. 어느 식당에는 '100세 이상 흡연 가능'이라는 문구가 적혀 있는데, '금연'이라는 상투

적이고 규제적인 단어보다 긍정적이고 재미있는 느낌을 준다. 어느 백화점은 화장실 입구에 '몸무게 줄이는 곳'이라는 문구를 붙여놓았다. 사람의 몸이 대부분 물로 이루어져 있으니 몸의 수분을 배출하면 몸무게가 조금은 줄어들 것이다. 재치 있는 표현이다.

감성을 자극하는 표지판이 공감을 불러일으킨다. 이유 있고 미소를 자아내는 표현을 써라. 더욱 많은 사람들이 따르고 실천하게 될 것이다.

무엇이 특별한 상품을 만드는가

여우와 나무꾼

먹을 것을 구하기 위해 마을 근처까지 갔던 여우가 그만 사냥꾼의 눈에 띄고 말았다. 여우는 꽁지가 빠지게 도망쳤지만 뒤쫓아 오는 사냥개와 사냥꾼을 따돌리기에는 무리였다. 그때 숲에서 나무를 베고 있던 나무꾼을 만났다. 여우는 숨을 헐떡이며 나무꾼에게 애원했다.

"사냥꾼에게 쫓기고 있어요. 제발 숨겨주세요."

여우가 측은했던 나무꾼은 자신의 오두막에 여우를 숨겨주었다. 잠시 후 사냥꾼이 쫓아왔다.

"여보시오. 혹시 여우 한 마리가 이쪽으로 오지 않았소?"

"방금 한 마리가 저쪽으로 쏜살같이 도망가던데요."

나무꾼은 그렇게 말하면서도 손가락으로는 오두막을 가리켰다. 하지만 사냥꾼은 손가락이 가리키는 쪽이 아니라 나무꾼이 말한 쪽으로 달려갔다.

사냥꾼이 사라지고 난 뒤 여우가 오두막에서 나왔다. 그런데 나무꾼에게 고맙다는 말도 하지 않은 채 그냥 가려고 했다. 화가 난 나무꾼이 여우를 불렀다.

"이런 배은망덕한 녀석. 목숨을 구해줬는데도 고맙다는 말 한마디도 없이 그냥 가느냐?"

그러자 여우가 퉁명스럽게 대꾸했다.

"만약 당신의 말과 행동이 일치했더라면 당신께 큰 감사를 드렸을 겁니다."

《이솝우화》에 나오는 '여우와 나무꾼' 이야기다. 말과 행동이 다른 사람, 신뢰할 수 없는 사람을 풍자하고 있다.

서비스나 세일즈에 필요한 첫 번째 자질은 무엇일까? 바로 신뢰다. 담당자의 지식과 태도 그리고 전문성에 대해 고객이 신뢰할 수 있어야 한다. 하지만 신뢰는 하루아침에 얻어지는 것이 아니다. 오랜 시간 긍정적인 경험이 쌓여서 비로소 얻어지는 것이다. 신뢰는 한 번의 거짓말로 무너지기도 하고 한 번의 인상 깊은 사건으로 강화되기도 한다.

신뢰가 부족하면 고객관계가 성립되기 어렵고, 신뢰를 잃으면 고객이 떠나고 만다. 그 자리에 불신이 들어선다. 신뢰는 나와 고객 사이를 이어주는 마음길이며, 비즈니스에서 가장 무서운 적은 불신이다.

요즘은 인터넷과 SNS의 발달로 고객들도 기업이 무엇을 속이고 감추는지를 쉽게 파악할 수 있게 되었다. 예를 들어 인터넷을 검색하면 어떤 중고차업체를 조심해야 하는지, 어떻게 사고차량을 구별할 수 있는지 금방 알 수 있다. 세일즈맨의 말이 참인지 거짓인지도 어렵지 않게 확인할 수 있다. 아파트 리모델링 견적도 금세 비교해볼 수 있다. 이렇듯 기업과 고객 간 정보의 비대칭이 해소되면서 제품 자체보다 인간적 신뢰가 비즈니스의 성패를 가르는 핵심 요소가 되었다.

신뢰에는 쌍방이 존재한다. 기업이 고객을 신뢰하고 고객이 기업을 신뢰하는 것이다. 그런데 현실은 그렇지 않다. 보이스피싱이 기승을 부리자 "의심되면 의심하세요, 의심이 안심입니다"라는 공익광고까지 등장했다. 기업에서도 "저희는 고객 여러분을 믿을 수 없습니다"라는 광고(?)를 곳곳에서 하고 있다. 주유소에서는 고객이 기름값을 지불하지 않고 가버릴까 봐 감시카메라에 의해 적발될 것이라는 경고문을 큼지막하게 붙여놓는다. 의류매장에서는 옷을 훔쳐갈까 봐 도난방지용 태그를 달아놓는다. 심지어 어떤 나이트클럽은 술값을 계산하지 않고 나가는 사람들을 막기 위해 비상출구마저 잠가놓았다. 화재라도 나면 끔찍한 비극이 발생할 것이다. 불행하게도 1%의 나쁜 고객 때문에 99%의 선량한 고객을 잠재적인 범죄자로 취급하는 셈이다.

고객을 믿지 못하면서 어떻게 나를 믿어달라고 할 수 있을까. 물론 절도를 경계하기 위한 합리적인 방안을 강구할 필요는 있다. 하지만 고객에게 반감을 품게 하는 표현이나 장치는 가능한 한 부드럽게, 고객의 눈에 띄지 않도록 하는 것이 좋다.

서비스와 세일즈에서 신뢰 다음으로 필요한 자질은 '호감을 얻는 것'이다. 현재 알고 지내는 사람들 중에서 가장 좋아하는 사람과 가장 싫어하는 사람을 떠올려보기 바란다. 그 두 사람이 자동차를 팔러 왔다면 당신은 누구에게 차를 사겠는가? 누구라도 내가 좋아하고 호감이 가는 사람에게서 자동차를 구입할 것이다. 호감이 고객을 끌어당기고 너그럽게 만든다. 설령 다소 불편한 점이 있더라도 고객은 호감이 느껴지는 사람을 선택한다. 따라서 우리는 고객의 호감을 얻는 전문가가 되어야 한다. 사람은 호감과 신뢰라는 감정적 선택에 더 크게 좌우되기 때문이다.

호감과 신뢰를 얻는 방법

이제 고객의 호감과 신뢰를 얻을 수 있는 방법에 대해 이야기해보자.

첫째, 자주 얼굴을 마주하라.

'한 번 보고 두 번 보고 자꾸만 보고 싶네'라는 노랫말도 있듯이, 모든 관계에서 중요한 것은 접촉이다. 만나고 사랑하고 가정을 이루는 남녀처럼, 잦은 접촉이 호감을 형성하고 신뢰를 향상시킨다.

그러면 얼마나 '접촉'해야 고객이 마음을 열고 친숙하게 여기게 될까? 새롭고 특이한 음식의 경우에는 12번 정도 맛을 봐야 입에 익숙해진다고 한다. 인터넷뱅킹은 5번 정도 경험해야 적응이 되고, 유통업체는 2번 정도 방문하고 나서 편안함을 느끼게 된다고 한다. 이렇게 해서 친밀감이 들어야 호감과 신뢰가 생겨나게 된다.

둘째, 회사의 이익은 두 번째임을 천명하라.

고객과 기업의 이해관계가 충돌하는 경우는 비일비재하다. 이때 기업은 고객의 이익을 지키기 위해 행동할 것이라는 확신을 고객에게 심어주어야 한다. 고객들은 증권사가 단지 높은 수수료 수입 때문에 새로 나온 뮤추얼펀드를 추천하는 것이 아니기를 바란다. 파워블로거들이 돈 받고 맛집을 소개하는 일이 없기를 바란다. 의사가 값비싼 약을 권하는 이유가 제약회사와의 특별한(?) 관계 때문이 아니기를 바란다. 고객 자신의 이익과 건강을 위해 그러기를 원한다.

2차 세계대전 후 패전국 일본에서는 결핵이 퍼져 수많은 사람들이 죽어가고 있었다. 이때 미국의 제약회사 머크가 결핵치료제인 부신피질 스테로이드제를 개발했다. 이제 머크는 돈방석에 앉은 것이나 다름없었다. 하지만 창립자 조지 머크(George Merck)의 '사람을 살리기 위해 의약품을 개발한다'는 이념에 따라 죽어가는 일본인들을 위해 약을 무상 배포하기로 결정했다. 머크는 2003년 〈포춘〉지가 '수익은 두 번째라고 한 조지 머크'라는 제목으로 재조명하면서 역사상 가장 위대한 CEO 중 한 사람으로 뽑혔다.

셋째, 적극적으로 고객 입장에서 취약점을 파악하고 예방하라.

롯데카드는 초과 지출을 알려주는 '와이슈머서비스'를 제공하고 있다. 와이슈머는 와이즈 컨슈머(wise consumer)의 줄임말로, 고객이 매월 롯데카드 홈페이지에 예상 지출액을 설정해놓으면 그 금액이 초과했을 때 즉각 메시지로 알려준다. 고객이 카드를 많이 사용해야 수수료 수입이 늘어나는 신용카드사에서 실시한 이 서비스는 고객의 과소비를 막았다는 평가와 함께 큰 호응을 얻었다.

미국의 프로그레시브라는 보험사는 계약자가 차 내 모니터링 기기를 통해 운전 관련 정보를 제공할 경우 보험료를 30%까지 할인해주는 것으로 유명하다. 또한 자사 웹사이트에 경쟁사의 보험료를 공개하고 있다. 다른 보험사의 보험료가 더 저렴하지 않을까 하는 고객의 추측을 불식시키려는 의도다.

위의 두 기업은 고객의 입장에서 취약점을 파악하고 기대 이상의 서비스를 제공하여 신뢰와 호감을 얻은 모범 사례로 꼽힌다.

넷째, 고객의 모든 접점을 통합하라.

대면 접촉이 이루어지는 오프라인업체와 달리 온라인업체는 고객이 판단의 근거로 삼을 수 있는 정보가 적기 때문에 고객의 신뢰를 얻기가 매우 어렵다. 그런데도 아마존닷컴은 2012년 미국에서 가장 신뢰받는 기업으로 선정되었다. 아마존에서는 독자가 전에 구입한 책을 다시 주문할 경우 그 사실을 알려준다. 책 한 권을 더 파는 대신 아마존에 대한 만족도를 높여 장기적인 고객관계를 만드는 기회로 삼는 것이다.

어느 기업의 콜센터에 전화했을 때 똑같은 문제를 두고 각기 다른 직원에게 재차 설명해야 했던 경험이 있을 것이다. 불편하기도 할뿐더러 해당 기업에 대해 불신감이 생긴다. 고객이 제기한 어떤 문제도 바로 해결될 수 있도록 모든 고객접점을 통합적으로 관리해야 한다.

마지막으로, 고객의 만족을 보장한다고 표현하라.

최근에 한 대리운전업체로부터 문자메시지를 받았다. "OO번 기사님의 운행에 만족하셨는지요? 상, 중, 하로 평가를 부탁드립니다. '하'였다면 그 이유는?"이라는 내용이었다. 그런가 하면 긴급출동 견인차 업체는 콜센터 직원이 만족도 조사를 하고 점수가 출동한 직원의 성과에 반영된다는 사실을 고객에게 알려준다. 모두가 고객으로부터 신뢰를 얻기 위한 노력이다.

기업은 만일 서비스가 사전에 정한 기준을 만족시키지 못하면 고객에게 보상하겠다고 약속하는 서비스보증제도를 통해 고객의 불안을 해소할 수 있다. 또한 직원의 이익을 고객의 이익과 연계한다는 점을 알려줌으로써 고객의 만족을 보장할 수 있다.

복장과 환경도 신뢰의 영역이다

사람들은 단정한 옷차림을 한 사람에게 신뢰와 호감을 느낀다. 그것이 전문성을 의미한다고 생각하기 때문이다. 이처럼 눈에 보이는 것에 비추어 상대를 판단하고 그에 맞게 반응을 보이는 경우를 흔히 볼 수 있는데, 이는 '인지의 한계' 때문이다. 귀신이 아닌 이상 척 보고 한 사람의 인품이나 학식, 재력과 직업을 한눈에 알아볼 수는 없는 노릇이다. 단지 눈에 들어오는 옷차림, 자동차, 얼굴 표정, 소지품, 매너 등을 단서로 보이지 않는 그의 실체를 가늠할 뿐이다.

영화 〈귀여운 여인〉은 옷차림이 사람에 대한 인식과 대우를 좌우할 수 있다는 사실을 극명하게 보여준다. 허름한 옷을 입은 여주인공 줄리아 로버츠는 고급 옷가게에서 문전박대를 당한다. 그런데 며칠 뒤 고급 옷을 입고 다시 나타나자 종업원의 태도가 180도 달라진다.

미국 세인트루이스대의 존 몰리(John E. Morley) 교수가 옷과 관련한 고정관념과 편견을 잘 보여주는 실험을 했다. 그는 실험 참가자에게 '고급스러운 옷'을 입게 하고 한 호텔로 들어가라고 했다. 이때 그냥 들어가는 것이 아니라 다른 사람들이 들어갈 때 같이 들어가도록 했다. 그 결과, 문에서 마주친 사람들의 약 94%가 고급스러운 옷을 입은 실험 참가자에게 먼저 양보하는 모습을 보였다. 반대로 '허름한 옷'을 입었을 때는 무려 82%가 양보하지 않았고, 심지어 5%의 사람들은 욕설을 내뱉기까지 했다. 단지 옷만 바꿔 입었을 뿐인데 말이다. 고급스러운 옷을 입었을 때는 사람들이 무의식적으로 이런 생각을 떠올렸을 것이다.

'고급스러운 옷차림을 한 걸로 보아 분명 지위가 높은 사람이거나 교양이 있는 사람일 거야.'

외모와 복장은 신뢰감 형성에 중대한 영향을 미친다. 그래서 약사는 하얀 가운을 입고, 미용사는 깔끔하게 손톱 손질을 한다. 보석점에서 점원이 하얀 목장갑을 끼고 상품을 취급하는 것도 고급 상품에 대한 특별한 정성을 보이기 위함이다. 그런 모습을 지켜보는 고객은 '내가 구입할 제품에 예의를 갖추는구나' 하는 호감을 갖게 된다.

서비스가 제공되는 공간의 청결성도 고객의 신뢰와 호감을 좌우하는 요인이다. 예컨대 객차가 청결하면 고객은 철도회사의 서비스가 정확하고 양호할 것이라고 생각하게 된다. 반대로 식당에서 종업원의 앞치마에 얼룩이 묻어 있는 것을 보면 음식도 불결할 것이라 여겨 발길을 돌리게 된다. 그래서 기업들은 고객과의 접점 장소인 매장의 상품 배치, 색상, 조명, 사운드, 심지어 카운터 위의 초콜릿까지도 신경을 쓴다. 서비스를 제공할 때 눈에 보이는 것들은 눈에 보이지 않는 것들의 가치를 전달하는 통로임을 알기 때문이다.

매장을 구성하는 모든 요소는 고객의 눈에 드러나는 물적 증거들이다. 그런 맥락에서 화장실은 고객을 내쫓는 대표적인 곳 중 하나라고 할 수 있다. '화장실은 그저 볼일만 볼 수 있으면 되지'라는 생각을 갖고 있는 서비스맨은 서비스맨으로서 자격이 없는 사람이다. 물론 화장실이 깨끗하다고 해서 "귀사의 화장실이 너무나 깨끗해서 거래를 했습니다"라고 말하는 사람은 없을 것이다. 하지만 사소한 것 하나가 기업의 전체 이미지를 흔들 수 있다. 위생과 청결의 중요성은 업종을 불문한다.

사과는 화끈해야 사과

푸줏간 주인의 후회

푸줏간 주인이 상한 식품을 슬쩍슬쩍 끼워 팔다가 적발되었다. 곧 조사가 시작되었다. 그는 몇 년 동안 부당이득을 챙긴 것으로 드러났다. 재판을 맡은 관리는 3가지 처벌 중에서 하나를 선택하도록 했다. 첫 번째는 벌금으로 100냥을 내는 것이고, 두 번째는 곤장 50대를 맞는 것이고, 세 번째는 팔던 불량 식품을 자신이 먹는 벌이었다. 벌금을 내기는 아깝고 곤장을 맞는 것은 무섭고…, 결국 주인의 선택은 자신이 팔던 음식을 먹는 것이었다. 그러나 고기를 먹기가 점점 힘들어졌다. '상한 음식 때문에 심각한 병에 걸리는 것은 아닌가' 하는 걱정이 눈덩이처럼 커졌다. 그래서 사정을 했다.

"도저히 못 먹겠습니다. 차라리 매를 맞겠습니다."

애써 벌어놓은 '피 같은' 돈을 벌금으로 내는 것은 여전히 아까웠던 것이다. 그러나 곤장을 10대쯤 맞자 '죽을지도 모른다'는 생각이 들면서 더럭 겁이 났다. 그래서 다시 눈물을 흘리며 말했다.

"저를 불쌍히 여기셔서 그만 때려주십시오. 차라리 벌금을 내겠습니다."

2014년 12월 조현아 대한항공 부사장의 '땅콩회항' 사태를 지켜보면서 이 푸줏간 주인의 이야기가 떠올랐다. 사건이 터졌을 때 대한항공은 조 부사장을 보호하는 방향으로 가닥을 잡았다. 그래서 '사무장이 규정과 절차를 무시했다', '매뉴얼대로 하지 않았다'는 등의 해명자료를 냈다. 하지만 여론은 대한항공의 해명을 곧이곧대로 받아들이지 않았고, 더 큰 역풍이 일어났다. 그러자 그다음 날 오후 조 부사장이 기내서비스와 호텔사업 부문을 총괄하는 보직에서 사퇴한다고 밝혔다. 대한항공은 조 부사장의 행동이 "지나친 행동이었다"면서도 "기내서비스와 기내식을 책임지고 있는 임원으로서 문제 제기와 지적은 당연한 일"이라고 밝혔다. 다시 그다음 날에는 조 부사장이 사표를 제출했고, 이틀 뒤에는 대한항공뿐 아니라 그룹 내 모든 자리에서 물러나겠다고 밝혔다. 처음부터 다 내려놓은 것이 아니라 여론의 눈치를 봐 가며 찔끔찔끔 물러선 것이다. 결국 푸줏간 주인처럼 모든 것을 잃고 말았다.

반면에 연예인 최민수와 김혜수는 잘못을 쿨하게 인정하며 사과란 이렇게 하는 것이라는 모범을 보여주었다. 최민수는 2008년 노인 폭행 시비에 휘말렸다. 당시 그가 기자회견장에서 무릎을 꿇으며 한 말이다.

"내가 저지른 일을 나 역시 용서할 수가 없다. 나를 용서하지 말아

달라. 죽을 때까지라도 용서를 구해야 하지 않을까 하는 생각이 든다."

이후 노인을 폭행하지 않았다는 사실이 밝혀졌지만 최민수는 사죄의 뜻으로 산속에 들어가 2년간 칩거생활을 했다.

2013년 탤런트 김혜수는 자신의 논문 표절 문제가 불거졌을 때 "내가 무지해서 발생한 것으로 겸허히 반성한다"며 변명 없이 사과했다. 그녀는 논문 의혹을 받은 학위를 반납하고 시청자들에게 머리를 숙였다. 신속하면서도 진심 어린 김혜수의 사과에 여론은 긍정적으로 반응했다.

진정한 사과의 위력

말 한마디의 위력은 상상을 초월한다. 특히 위기 상황에서 보이는 진정한 사과의 효력은 매우 크다. "제가 잘못했습니다"라는 말을 들으면 화를 내기가 어렵다. 즉각적이고 진정성 있는 사과로 사람들에게 다가가면 애정과 신뢰를 회복할 수 있는 것이다.

1982년 미국 시카고에서 한 정신병자가 타이레놀에 독극물을 주입하는 바람에 7명이 사망하는 일이 벌어졌다. 제조사의 잘못이 아니었지만 존슨앤드존슨은 2억 4,000만 달러를 들여 시중의 모든 제품을 폐기 처분했다.

고객의 불만이 제기되거나 부정적인 여론이 형성되는 조짐이 감지되면 대한항공처럼 방어적으로 대응하거나 책임을 전가하는 모습을 보이지 말고 존슨앤드존슨처럼 사태의 본질을 최대한 빨리 파악하여 쿨하게 사과하고 책임감 있는 조치를 취해야 한다.

미국 일리노이주립대 병원의사인 다스 굽타(Das Gupta)는 2006년 최대 위기를 맞는다. 40년 경력의 그가 환자의 아홉 번째 갈비뼈에서 떼어내야 할 조직을 여덟 번째 갈비뼈에서 떼어내는 어처구니없는 실수를 저지른 것이다. 그는 자신의 실수를 확인한 순간 주저 없이 환자의 가족을 찾아갔다. "저는 어떠한 변명도 할 수 없습니다. 환자분께 큰 해를 끼쳤습니다"라며 환자와 환자의 남편에게 자신의 실수를 솔직히 인정하고 진심 어린 사과를 했다. 환자의 가족은 굽타를 고소하지 않았다.

이 일은 〈뉴욕 타임스〉에 의해 전말이 알려졌다. 피해자 부부는 "굽타 박사가 솔직하고 투명하게 자신의 잘못에 대해 이야기해주었을 때 놀랍게도 분노가 한순간에 사라졌다"고 말했다. 즉각적이고 솔직한 사과가 어떻게 마음을 움직이는지를 아주 잘 보여준다. "죄송합니다"라는 말은 참으로 간단한 표현이지만 우리는 그 말을 자주 듣지 못한다.

미국의 행동경제학자 댄 애리얼리(Dan Ariely) 듀크대 교수는 실험을 통해 '죄송합니다(I'm sorry)'라는 한마디의 효과를 증명해 보였다. 커피숍의 고객들에게 간단한 설문조사에 참여하면 5달러의 사례금을 지급하겠다고 말한 후 실험자가 실수를 가장하여 몇 달러씩 더 지급하는 설정이었다. A집단은 보통의 분위기로 조사가 진행되었고, B집단에서는 실험자가 설명 도중에 사적인 전화를 받으면서 시간을 끄는 무례한 행동을 보였다. 고객들은 어떻게 반응했을까? A집단에서는 참여자들 중 45%가 초과된 사례금을 되돌려준 데 비해 B집단은 14%에 불과했다. 실험자의 통화시간은 단 12초였지만 짜증과 불쾌감을 느낀 참여자들이 어떤 식으로든 대가를 치르기를 바라는 '보복 욕구'를 갖게 된 것이다. 또 다른 C집단에서는 B집단과 같은 상황에서 사례금을 지급하며 "아까 전화를 받지 말았어야 했는데 죄송합니다"라는 말을 했다. 그러자 초과된 사례금을 되돌려준 비율이 45%에 달했다. 한마디의 사과가 무례한 태도를 경험하지 않았던 사람들과 똑같은 행동을 이끌어 낸 것이다. 이 실험을 바탕으로 애리얼리 교수는 '1(분노) + 1(사과) = 0(분노)'이라는 공식을 만들기도 했다. 한 번의 분노를 한마디 사과가 상쇄한다는 의미다.

불만고객을 충성고객으로 만드는 비결

고객의 불만과 관련하여 기억해야 할 것이 있다. 브랜드 인지도가 높을수록 고객의 반감이 더 커질 수 있다는 것이다.

미국의 한 대학에서 2개의 실험 집단이 점심시간에 미팅을 하면서 샌드위치를 주문했다. 한 집단은 인지도가 높은 브랜드에서, 다른 집단은 낮은 브랜드에서 주문했다. 두 집단 모두 예정시간보다 30분 늦게 샌드위치가 배달되었다. 만족도를 조사했더니 놀라운 결과가 나왔다. 인지도가 낮은 샌드위치를 주문한 집단은 실험 전과 후의 평균 만족도가 2.75에서 2.73으로 거의 차이가 없었다. 그러나 인지도가 높은 샌드위치를 주문했던 집단에서는 3.64에서 2.38로 만족도가 35%나 하락했다. 90분 늦게 배달한 실험에서는 유명 브랜드에 대한 만족도가 55%나 추락해 1.62를 기록했다.

이 실험은 명성이 높은 브랜드일수록 고객들이 가지는 높은 기대를 채우지 못할 경우 오히려 반감과 이탈로 이어질 가능성이 크다는 사실을 알려준다. 미국에서 실시한 소비자 조사에서 불만을 가진 소비자들이 두 번째로 듣고 싶어 하는 말은 '바로 시정해드리겠습니다'라는 말이었다고 한다. 참고로 가장 듣고 싶은 말은 자신의 이름이 불리는 것이었다.

완벽한 서비스를 제공하고 싶어 하지 않는 기업은 없을 것이다. 그러나 현실적으로는 어떤 형태로든 실수가 일어나게 마련이다. '서비스란 100% 무결점을 보장하기가 불가능한 활동'이라고 할 수밖에 없다. 서비스의 수혜자인 고객의 잘못으로 문제가 발생하기도 하기 때문이다. 멀쩡한 제품을 잘못 조작하기도 하고, 설명서를 제대로 읽어보지 않기도 한다. 그러나 실수가 누구의 책임이든 적절하게 조치하여 훌륭한 서비스가 되도록 고객의 감정 흐름을 잘 관리하는 것이 중요하다. 즉, 기업의 '적절한 조치'보다 조치에 대한 '고객의 지각'이 더 중요하다. 그렇다면 고객의 불만을 어떻게 관리하는 것이 좋을까?

첫째, '불만고객을 조언자로 만드는 것'이 좋다.

아들과 내 명의의 예금통장을 만들려고 신협을 방문한 적이 있었다. 그런데 창구직원이 자녀의 주민등록증을 따로 가져와야 한다며 통장개설을 거절했다. "자녀 명의는 가족관계증명서와 내 신분증으로 충분하다"고 주장하자 직원은 금융실명거래법 위반이 된다며 "이것이 신협의 규정이고 법에서 요구하는 절차"라고 반박했다. 서로 내가 옳다고 주장하는 사이에 목소리가 커졌고 뒤에 있던 전무까지 합세하여 본부의 업무 지침을 보여주면서 내가 잘못 알고 있다고 말하는 것이었다. 결국 그 자리에서 금감원에까지 연락해서 확인하게 되었고, 결과는 나의 '승리'였다. 그 후 이 신협과 나의 관계는 어떻게 되었을까? 나는 그 창구직원과 전무의 단골고객이 되었다. 내가 재테크와 마케팅의 전문가라는 것을 알아차리고 금융상품이나 서비스에 대해 내게 수시로 조언을 구했던 것이다.

고객의 불만이야말로 우리가 미처 알지 못했던 중요한 서비스의 결함 때문일 가능성이 높다. 그러므로 불만을 말해준 고객을 '조언자'로 만들면 서비스 개선은 물론 고객관계도 한층 향상시킬 수 있다. 예를 들어 식당에서 문제가 제기되면 "큰 실례를 범했습니다. 지금 바로 다시 만들어드리겠습니다"라거나 더러 식사권을 주기도 하는데, 진심으로 사과하면서 부가서비스를 제공하는 것도 좋지만 한발 더 나가보면 어떨까? "그런데 손님, 다른 음식은 어떠세요? 괜찮으시면 식당의 다른 서비스에 대해서도 조언을 좀 해주실 수 있을까요?"라고 이야기의 방향을 바꿈으로써 고객을 '클레임을 걸어온 사람'에서 '조언을 해주는 고객'으로 대접하는 것이다. 고객의 기분도 달라지고, 조언자가 됨으로써 나처럼 우량고객이 될 확률이 높아진다.

둘째, 진정 어린 사과가 중요하며, 금전적 보상만으로 해결하려 해서는 안 된다.

레스토랑에서 형편없는 음식과 서비스에 실망한 소비자들을 대상으로 실험을 했다. 아무런 보상을 하지 않거나(보상 없음), 매니저가 직접 사과하고 음식값(75달러)의 일부(50달러)를 상품권으로 보상하거나(보통 수준 보상), 음식값 전체는 현금으로 환불하고 추가로 와인(25달러)을 선물하는 경우(높은 수준 보상) 각각에 대해 일반고객과 충성고객으로 나누어 반응을 조사한 것이다. 그 결과, 일반고객은 높은 수준의 보상이 주어졌을 때 보복 욕구가 크게 줄어든 반면, 평소에 식당을 자주 방문하고 좋은 관계를 유지해온 충성고객은 보통 수준의 보상에도 보복 욕구가 현격히 줄어든 것으로 나타났다. 충성고객은 일반고객보다 더 큰 배신감을 느끼지만, 금전적 보상 같은 계산적 방식보다 잘못을 인정하고 진심 어린 사과를 하는 태도를 보일 때 예전의 관계를 회복할 가능성이 더 크다.

일류 매장에서는 고객에게 함부로 현금을 건네지 않는다. 자칫 마음에 깊은 상처를 남길 수 있기 때문이다. 돈을 건네받은 고객은 매장에 발걸음을 하는 것이 불편해져서 두 번 다시 찾아오지 않는다.

일본의 호텔 오크라는 손님의 양복에 얼룩이 지게 했을 때 교토에서 하나밖에 없는 '어떤 얼룩이든 뺄 수 있는 전문점'에 맡겨 얼룩을 제거한 다음 돌려준다고 한다. 그 비용이 현금으로 보상하는 것보다 훨씬 더 많이 들고 절차도 복잡하지만 그래도 '돈을 건네지 않는' 방법을 선택하는 것이다. 손님의 자존심을 보호하려는 뜻이다.

셋째, 서비스 실패의 이유를 고객이 납득할 수 있게 설명할 줄 알아야 한다.

고객이 서비스 실패의 원인을 어떻게 지각하느냐에 따라 비난의 강도가 달라진다. 기계적인 고장이 아닌 기업의 탐욕이 원인일 때 고객들은 더 크게 분노한다. 따라서 사과할 때는 고객이 잘못된 추측이나 오해를 하지 않도록 충분한 설명을 덧붙여야 한다. 항공기의 기계적인 결함으로 승객의 안전을 위해 부득이하게 항공편을 취소하는 것이라고 설명하면 납득할 만하기에 긍정적으로 반응한다.

넷째, 고객의 불만에 대해 '목소리'로 답하는 것이 좋다.

화가 나 있는 고객의 이메일을 받았을 때는 단순히 이메일로 답할 것이 아니라 전화로 답해주는 것이 낫다. 목소리를 통한 의사소통이 문서를 통한 의사소통보다 고객에게 미안함과 공감을 표현하기에 훨씬 적합하기 때문이다. 전화 연락이 어려워 이메일을 써야 한다면 '이 문제를 해결하기 위해 전화로 말씀드리려고 했는데…'라고 시작하는 것이 좋다.

기업에 불만을 제기하는 고객은 애정이 남아 있는 경우로 볼 수 있다. 대부분의 고객들은 문제가 있어도 말하지 않는다. 불만을 말하는 고객은 전체 고객의 6%에 불과하다는 연구 결과도 있다. 《불평하는 고객이 좋은 기업을 만든다》의 저자 자넬 발로(Janelle Barlow)와 클라우스 묄러(Claus MØller)는 '고객 불만은 선물'이라고 강조한다. 고객의 피드백 중 가장 가치 있는 피드백이 고객의 불만이기 때문이다. 고객의 불만을 해결하지 못하는 기업은 장기적 생존을 보장받기 어렵다. 이런 연유로 기업들은 고객불만관리(Consumer Complaints Management)를 통해 고객들의 불만을 적극적으로 수집, 분석하여 제품이나 서비스 개선의 기회로 활용한다. 미국의 컴퓨터제조업체 델(Dell)은 임원회의를 할 때마다 긍정적이건 부정적이건 고객의 증언을 듣는 데 15분을 할애하는 한편, 고객의 인터뷰를 편집한 10분 분량의 비디오를 함께 보면서 고객의 불만사항을 파악한다.

당신은 소중합니다

청소하는 아줌마의 이름은?

간호학교에 입학해서 두 달이 지난 어느 날, 교수가 우리에게 예고도 없이 시험을 보았다. 나는 성실한 학생이었기 때문에 막힘없이 문제들을 풀어나갔다. 그런데 마지막 문제가 이것이었다.

"이 강의실을 청소하는 아줌마의 이름은?"

일종의 농담처럼 여겨지는 문제였다. 나는 아줌마를 대여섯 번 정도 본 적이 있었다. 검은 머리에 키가 큰 50대 후반의 여성이었다. 하지만 내가 어떻게 그녀의 이름을 안단 말인가. 나는 마지막 문제를 풀지 않고 남겨둔 채 답안지를 제출했다.

수업이 끝나기 전 한 학생이 마지막 문제가 점수에 큰 영향을 미치는지 물었다. 교수가 대답했다.

"물론입니다. 앞으로 여러분은 인생을 살아가면서 많은 사람을 만날 겁니다. 모두가 중요한 사람들입니다. 그들은 여러분의 관심과 보살핌을 받을 자격이 있습니다. 여러분이 그들에게 해줄 수 있는 것이 미소와 한마디 인사뿐이라 할지라도 말입니다."

나는 그 교훈을 결코 잊은 적이 없다. 나는 또한 그녀의 이름이 도로시라는 것을 알았다.

미국 프랜시스대 교수이자 신부인 브라이언 카바노프(Brian Cavanaugh)가 쓴 '내게 큰 교훈을 준 시험문제'라는 글의 한 대목이다. 세상에서 자기 이름보다 소중한 이름이 또 있을까. 지위고하를 막론하고 누구나 그럴 것이다. 그래서일까. 아무리 주변이 소란스러워도 내 이름을 부르는 소리는 귀신같이 알아차린다. 칵테일파티에서도 웅성거리는 사람들 사이로 어디선가 내 이름을 말하는 것 같은 느낌이 들면 그쪽으로 귀를 쫑긋하게 되고 대화 내용을 엿듣기 시작한다. 이러한 현상을 일컬어 '칵테일파티 효과(cocktail party effect)'라고 한다.

인간의 욕구 가운데 식욕만큼이나 강한 것이 인정 욕구라고 한다. 남들에게 인정받고자 하는 욕구를 상징하는 것이 바로 자기 이름에 대한 민감한 반응, 칵테일파티 효과다. 이러한 이름의 중요성을 깊이 인식하고 적극 활용한 정치인이 있다. 프랭클린 루스벨트(Franklin D. Roosevelt) 미국 대통령이다. 그는 "유권자의 이름을 외우는 것, 그것이 바로 정치적 수완이다. 그리고 그것을 잊는다는 것은 스스로 유권자들로부터 잊혀지는 것이다"라는 말을 남겼다.

서비스에서 고객의 이름을 기억하고 불러주는 것은 '내가 당신을 소중히 여기며 환영합니다'라는 의미의 표현으로 으뜸이다. 이를 실천하여 고객에게 감동을 선물한 사람 하면 떠오르는 인물이 《육일약국 갑시다》의 저자 김성오 씨다. 그는 약국을 운영하던 시절에 '천재'라는 닉네임으로 통했다. 친근감을 주기 위해 고객들의 이름을 모두 외웠기 때문이다. 고객과 상담을 마치면 조제실로 들어가 차트를 들여다보며 바로 이름을 외웠다고 한다. 벼락치기를 하는 수험생처럼 40~50번씩 이름을 되뇌고, 발음하기가 힘들거나 잘 외워지지 않는 이름은 하루 종일 입에 달고 살았다. 그리고 암기한 이름의 고객이 다시 찾아오면 즉시 그 고객의 차트를 꺼내와 인사를 건넸다.

"김영희 씨, 편도선은 좀 어떠세요?"

놀란 고객이 그를 보며 이렇게 말했다.

"이야. 약사님 천재 아이가?"

아마도 김성오 씨가 이름을 외우기 위해 얼마나 노력했는지를 알았다면 '천재'라고 하기보다 '정성이 대단하다'고 했을 것이다. 육일약국은 그렇게 해서 모르는 사람이 없는 약국이 되었다.

작은 가게라 할지라도 드나드는 손님들의 이름을 모두 기억하려면 상당한 노력이 요구된다. 하지만 그들의 이름을 기억했을 때 얻는 성과는 노력 이상이다. "단 한 번 봤을 뿐인데 어떻게 내 이름을 기억하느냐?"며 깜짝 놀라는 손님의 말은 곧 '당신은 날 소중하게 생각하는군요'라는 찬사의 다른 표현이다. 그런 면에서 고객을 관리한다며 동일한 내용의 문자메시지를 무작위로 전송하는 경우가 많은데, 효과가 없는 시도다. 그것은 스팸이나 다름없다. 이와 달리 탁월한 성과를 내는 사람은 개인별로 맞춤화된 메시지를 보낸다. 그의 이름을 불러주며 그를 특별한 존재라고 느끼게 만든다. 만족감이 클 수밖에 없다.

애플이 운영 중인 애플스토어는 단위면적당 매출액 세계 1위를 자랑한다. 최대 경쟁력은 '색다른 고객 경험'과 '혁신 상품' 2가지다. 스티브 잡스는 세계 최고의 선진 사례들을 벤치마킹했는데, 리츠칼튼도 그 중 하나였다. 지금도 애플스토어의 직원들은 리츠칼튼의 서비스 황금 표준(golden standard) 가운데 하나인 서비스의 3단계를 교육받고 그대로 실천한다.

"따뜻하고 진실된 마음으로 고객을 맞이하며, 되도록 고객의 성함을 사용한다", "고객이 표현하지 않는 욕구까지 만족시킨다", "고객의 이름을 부르며 따뜻한 감사의 작별인사를 한다"는 내용이다.

불고기브라더스는 매장마다 단골 사진첩이 있다. 400명에서 최대 2,000명까지 단골고객 리스트를 만들어 사진과 이름, 취향, 특징 등을 기록해두었다. 이를 본 직원들은 고객을 금방 알아보고 식성에 맞는 메뉴를 추천한다. 고객은 단순히 식사만 하는 게 아니라 대접을 받고 간다고 느끼게 된다. 그러면서 또다시 찾게 된다. 고객의 이름을 외우는 것은 이처럼 단순한 거래를 넘어 친밀한 관계를 형성하는 데 결정적 무기가 된다.

고객이 행복해할 때

〈포브스〉지가 선정한 가장 위대한 20대 기업인 가운데 유일한 여성인 메리 케이 애시(Mary Kay Ash)는 《메리 케이의 방식》이라는 저서에서 다음과 같이 썼다.

"나는 어떤 사람이든 그를 만날 때 그가 눈에 보이지는 않지만 '내가 중요한 사람이라는 느낌을 받게끔 해주세요'라고 말하는 신호를 보내고 있다는 상상을 하려고 노력한다."

사람들은 누구나 독특한 개성을 갖고 있는 존재이며 자신이 특별한 사람이라고 믿고 있다. 그래서 다른 사람과 다른 대접을 받고 있다는 느낌을 받으면 행복해한다.

미국의 사회학자 글렌 파이어보(Glenn Firebaugh)와 로라 타흐(Laura Tach)의 행복에 관한 연구를 보면, 신체적 건강 다음으로 행복을 결정짓는 요인이 상대적 소득이라는 사실을 알 수 있다. 자신의 소득을 평가할 때 자연스럽게 동년배 그룹과 비교하게 되고, 자신의 소득이 더 많을수록 더 큰 행복감을 느낀다고 한다.

이러한 논리는 서비스에도 그대로 적용된다. 고객은 자신이 다른 고객들보다 특별한 대우를 받는다고 느끼면 좋은 인상을 갖게 된다. 고객이 주문할 때 바리스타가 이름을 물어서 컵에 쓴 다음 커피가 나오면 이름을 부르며 갖다주는 커피숍이 있다. 이와 같은 작은 아이디어로도 얼마든지 고객에게 재미와 특별함을 선사할 수 있다. 스타벅스에서는 'Call My Name(내 이름을 불러주세요)'라는 이벤트를 진행하기도 했다. 주문한 음료가 나왔을 때 고객이 미리 정한 닉네임을 불러주는 이벤트다. 방식은 단순했지만 반응은 뜨거웠다. 페이스북을 비롯하여 각종 SNS에 황당하고 우스운 닉네임과 후기들이 줄지어 올라왔다. 스타벅스는 별다른 마케팅 없이 엄청난 홍보 효과를 거둘 수 있었다.

그런데 고객을 중요한 사람으로 대우하는 것보다 먼저 해야 할 일이 있다. 고객 자신이 중요하지 않다는 느낌을 갖지 않도록 만들어야 한다는 것이다. 커피가 나왔을 때 "아메리카노 시키신 분!" 하고 소리치는 모습을 흔히 보게 되는데, 이는 주문한 고객이 누구인지를 기억하지 못하고 무차별적으로 대하는 것으로 고객에게 소중하지 않다는 느낌을 갖게 만든다. 사람은 무더기로 취급되는 것을 좋아하지 않으며 개개인으로 대접받기를 원한다. 병원에서 차례를 어기고 다른 고객을 먼저 진료해주거나 VIP고객에게만 친절하게 대하는 것 역시 고객들을 화나게 만든다. 먼저 진료해주어야 할 합당한 이유가 있다면 이를 다른 고객들에게 미리 공지하거나 직접 설명해주어야 한다. 예를 들면 병원 응급실에 '위급한 정도에 따라 먼저 의사의 처치를 받을 수 있습니다'라고 써 붙이는 것이다.

고객이 소중하다는 느낌을 갖게 하려면

리츠칼튼호텔 식당에 어린아이를 데리고 가면 따로 요청하지 않아도 직원이 유아용 의자를 가져다줄 것이다. 세탁물로 맡긴 와이셔츠의 단추가 떨어진 채로 왔다면 단추를 다시 달아줄 것이다. 두통약을 복용한 적이 있다면 다른 나라, 다른 도시의 리츠칼튼호텔에 가서도 그 두통약을 발견할 수 있을 것이다. 이런 맞춤형 서비스를 제공받을 때 고객은 '정말로 나를 소중하게 여기고 있구나' 하고 느끼게 되고, 더 너그러워지고 더 친절해지며 구매도 더 많이 하게 된다. 또한 자기만의 특별한 스토리를 다른 고객들에게 적극 전파하게 된다.

그러면 이제 고객이 중요하다는 느낌을 갖게 만드는 절차와 방법을 정리해보자.

먼저, 고객의 이름과 직함을 사용한다. 칵테일파티 효과에서 알 수 있듯이 고객은 자신의 이름을 가장 중요하게 생각한다. 싱가포르를 방문한 한 비즈니스맨은 자신이 처음 이용하는 호텔에 체크인하고 방으로 들어갈 때까지 직원들 모두가 자기 이름을 불러주며 환대하는 것에 매우 놀랐다. 어떻게 이런 일이 가능했을까? 실은 택시 운전기사가 고객의 이름을 메모지에 적어 도어맨에게 슬쩍 건네주고, 도어맨은 리셉션 담당자에게, 리셉션 담당자는 포터에게, 포터는 고객의 짐을 옮긴 뒤 룸메이드에게 전달한 것이다. 이름 말고도 고객에게는 전무, 박사, 교수, 장군 등 각자가 선호하는 특별한 직함이 있는데, 그 직함을 불러주는 것도 고객을 존중한다는 느낌을 전달하는 방법이다. 영국의 유명한 배우 마이클 케인(Michael Caine)은 겉봉투에 자기 직함이 제대로 적혀 있지 않은 편지는 아예 뜯어보지도 않았다고 한다.

"경이라는 호칭을 쓰지 않았다면 그 사람은 나에 대해서 아무것도 모르는 것인데, 내가 그런 편지를 무엇 때문에 뜯어 보겠는가?"

이름을 외우거나 알기 어렵다면 신용카드 계산서에 나와 있는 이름을 보고 불러주는 것도 좋은 방법이다. 고객은 개인적으로 배려하는 당신의 마음을 알게 될 것이다.

둘째, 고객이 요청하기 전에 그의 취향을 기억해낸다. 고객은 자신의 독특한 요구사항을 찾아내어 서비스해주는 것에 깊은 감사와 감동을 느낀다. 메리어트호텔은 고객이 체크인할 때 그의 취향을 확인하여 그에 맞게 서비스한다. 호텔 자동예약시스템에 저장되어 있는 고객 정보를 보고 그가 저층의 방을 좋아하는지, 엘리베이터에 가까운 방을 좋아하는지를 파악하여 기호에 맞는 방으로 안내한다. 리츠칼튼호텔도 고객 개개인의 취향과 선호에 맞는 서비스를 위해 '고객인지프로그램'을 개발했다. 고객이 알려준 기념일이나 좋아하는 과일 같은 모든 정보는 고객기호카드(preference card)에 기록하여 내부시스템으로 공유한다. 이렇게 등록된 고객의 수가 100만 명이 넘는다.

만약 현금자동입출금기에서 돈을 빼려는데 "장정빈 VIP고객님, 이번에도 20만 원을 찾으시겠습니까?"라는 메시지가 뜬다면 나는 깜짝 놀랄 것이다(나는 매번 꼭 20만 원씩 인출한다). 미용실에서도 마찬가지다. 머리를 손질하면서 고객과 나누는 이런저런 이야기를 통해 파악한 고객의 취미, 성격, 직업, 관심사, 라이프스타일 등의 정보를 바탕으로 한 사람 한 사람에게 적합한 서비스를 제공한다면 고객이 엄지손가락을 치켜세우며 친구나 주변의 지인들을 데리고 나타날 것이다.

셋째, 이전에 만났던 사실을 상기시킨다. 일본 후지쯔의 서비스에 대해 소개한 책으로 마크 실베스터(Marc Silvester)와 모히 아메드(Mohi Ahmed)가 쓴 《살아 있는 서비스(Living Service)》라는 책에 이에 관한 생생한 예가 나와 있다. 어떤 사람이 시카고의 한 호텔에 값비싼 만년필을 두고 나왔다. 2년 후 바로 그 호텔에 다시 투숙하려고 갔는데, 접수처의 직원이 그녀에게 그 만년필을 건네주는 것이었다. 그녀는 자신의 주소를 남겨놓지 않았는데, 그 호텔에서는 그녀가 다시 투숙할 때를 대비해서 만년필을 그녀의 이름으로 보관하고 있었던 것이다. 이와 마찬가지로 이전에 나누었던 대화 내용을 상기시켜줄 때도 고객은 강한 인상을 받게 된다.

고객을 정말로 중요하게 생각한다는 사실을 고객이 느끼도록 하려면 위에서 말한 방법의 실천 외에 일상적인 노력과 준비가 필요하다.

고객접점을 비롯한 일련의 서비스 과정을 순차적으로 구분하여 고객의 경험과 기분을 업그레이드할 수 있는 방안을 도출하고 실행하는 것이다. 먼저, '고객은 일반적으로 어떤 단계들을 경험하는가?'를 관찰하여 접점별 서비스의 내용과 순서를 목록으로 작성한다. 다음으로, '각 단계에서 고객을 소중하게 여긴다는 느낌을 주기 위해 무엇을 해야 하는가?'를 중심으로 아이디어를 도출한다(먼저 고객에게 소홀하다는 생각을 주지 않기 위해 하지 말아야 할 것은 무엇인지 찾아낸다). 끝으로, '고객을 위해 이러이러한 활동을 하고 있다는 것을 고객이 알게 하려면 무엇을 해야 하는가?'를 알아내어 실천한다.

고객과의 관계는 '일회성 거래'로 끝나기도 하고 '장기적인 관계'로 발전하기도 한다. 그 차이는 '나는 당신을 소중하게 여깁니다'에 있다.

제품을 팔지 말고 서비스를 사게 하라

크레인의 성공 비결

1884년 미국의 존 패터슨은 당시로서는 최첨단 제품인 금전등록기를 발명하고 NCR(National Cash Register)라는 회사를 설립하여 본격적인 생산에 들어갔다. 판매를 위해 전담 세일즈맨들도 채용했다. 판매를 전담하는 세일즈맨이 없던 시절이었다. 공개 채용도 처음 있는 일이었다.

NCR에 입사한 세일즈맨들은 이 점포 저 점포 발이 닳도록 뛰어다녔다. 하지만 결과는 처참했다. 대부분이 부진한 판매 실적을 보이는 가운데 유독 그의 처남인 조셉 크레인만 월등한 판매고를 올리고 있었다. 패터슨이 크레인을 불러 그 비결을 물었다. 그런데 본인도 왜 잘 팔리는지 이유를 몰랐다. 함께 이야기를 나눈 끝에 패터슨은 중요한 사실 하나를 발견하게 되었다.

크레인도 처음에는 다른 세일즈맨들처럼 금전등록기의 우수성과 기능의 탁월함을 설명했지만 이내 방법을 바꾸었다. 점주가 겪고 있는 어려움이나 문제, 불안거리를 파악하고 금전등록기의 어떤 기능이 그것을 해결할 수 있는지를 짚어주었던 것이다. 현금 도난 우려, 장부 기록 누락, 거스름돈 계산 실수 등 점주의 고민사항을 알아차리고 그것을 해결하는 솔루션으로 금전등록기의 가치를 전달함으로써 사지 않을 수 없게 만들었다.

패터슨은 다음 날 세일즈맨들을 모두 모아놓고 크레인의 성공 비결을 설명하게 하고 내용을 정리해서 배포했는데, 이것이 바로 미국 최초의 세일즈 매뉴얼이다.

고객은 세일즈맨의 실적을 올려주기 위해 상품을 구입하는 것이 아니다. 자신에게 이익이 되는지 안 되는지를 판단하여 구입 여부를 결정하는 것이다. 따라서 세일즈맨은 자신이 판매하는 상품이나 서비스가 고객에게 어떤 가치를 부여하는지를 설득력 있게 제시할 수 있어야 한다. 그런 의미에서 NCR의 세일즈맨들이 활용한 세일즈 방법은 '컨설팅적 접근법(consultative approach)'이었다고 할 수 있다. 고객의 문제 해결을 위해 '제품에 서비스를 결합한 솔루션'을 제공한 것이다. 사실 모든 거래의 관건이 여기에 있다고 해도 과언이 아니다.

고객이 사려는 것은 제품이 아니다

홈쇼핑채널에서 크기와 길이가 다른 여러 개의 드릴을 한 세트로 만들어 판매하는 것을 본 적이 있다. 드릴은 못을 박거나 뭔가를 만들기 위해 구멍을 뚫어야 할 일이 있을 때 필요한 도구다. 구멍을 뚫을 일이 없는 고객은 드릴을 구입하지 않을 것이다. 고객이 원하는 것은 드릴 그 자체가 아니라 필요로 하는 구멍이다. 미국 경제학자 시어도어 레빗(Theodore Levitt)은 "드릴을 사가는 소비자는 드릴을 산 것이 아니라 그 드릴로 뚫을 구멍을 사간 것"이라고 말했다. 따라서 구멍을 제공하는 회사가 있다면 드릴을 판매하는 회사는 설 자리를 잃게 될 것이다. 참고로 미국인들은 전동드릴을 8,000만 개나 갖고 있지만, 평균 사용시간은 13분밖에 되지 않는다.

고객이 원하는 것은 제품 자체가 아니라 그 제품을 통해 얻고자 하는 서비스, 즉 솔루션이다. 이를 위해 제조업과 서비스업의 융합인 '서비사이징(servicizing)'이 비즈니스에서 주요 흐름을 형성하고 있다. 서비사이징은 제품의 서비스화와 서비스의 상품화를 통합한 개념으로, 고객에게 한 차원 높은 솔루션을 제공함으로써 고객을 확보하는 것이다. 애플이 아이팟(iPod)이라는 MP3 플레이어 하드웨어에 아이튠즈라는 소프트웨어 서비스를 결합한 것이 대표적인 예다. 운동화를 만드는 나이키가 '나이키 플러스'라는 서비스를 통해 달린 경로와 기록을 저장하고 친구와 공유할 수 있도록 한 것도 같은 맥락이다. 사실 운동선수가 아닌 이상 최고의 기록을 내기 위해 뛰지는 않는다. 그렇다면 기록을 1초 이상 줄여줄 수 있는 운동화를 개발하는 것 못지않게 일반인들이 운동하면서 무엇을 원하는지 이해하는 것이 중요하다. 이 도시에서 가장 많이 달리는 사람은 누구일까, 나와 비슷한 코스를 뛰는 사람은 얼마나 될까와 같은 물음들에 주의를 기울여 운동을 하나의 소셜활동으로 이해하고 커뮤니티를 만들어 적극적으로 지원한 것이 나이키의 성장에 큰 보탬이 되었다. 이 외에도 자동차 공유서비스인 집카(Zipcar)

나 개인 소유의 집을 대여해주는 에어비앤비 등을 서비사이징의 사례로 꼽을 수 있다.

이처럼 서비사이징이 각광받는 이유는 제조에만 의존할 때보다 부가서비스를 통해 고객 가치를 창출함으로써 고객만족도는 물론 매출 향상에 기여할 수 있기 때문이다.

고객경험 사이클에서 핵심 가치를 발굴하라

그렇다면 고객이 구매하고 싶어 하는 새로운 가치와 솔루션은 어떻게 만들어낼 수 있을까? 고객경험의 사이클을 살펴보면 그 방법을 알아낼 수 있다.

일반적으로 고객은 제품과 서비스를 구매하면서 구매 · 배달 · 사용 · 보완 · 수리 · 폐기/처분이라는 6단계의 경험 과정을 거친다. 《블루오션 전략》의 저자 김위찬 교수와 르네 마보안(Renee Mauborgne) 교수가 제안한 것으로, 이러한 고객경험 사이클은 각 단계에서 발생하는 고객의 문제점과 니즈, 잠재적 애로사항 등이 무엇인지를 찾아내어 새로운 제품 개발이나 시장을 창출하는 데 활용된다. 기업 입장에서는 이 6단계 모두가 가치 혁신을 도모할 수 있는 지점이 된다.

컴퓨터회사 델(Dell)은 이 중에서 '배달' 단계를 혁신했다. 이전에는 베스트바이(Best Buy) 같은 업체가 이 부분을 담당했는데, 델은 이를 완전히 없앤 직접판매모델을 고안하여 고객들에게 '원하는 기능을 갖춘 컴퓨터를 가장 싼 가격'에 살 수 있는 가치를 제공했다.

진동파운데이션은 '사용' 부분의 가치를 혁신한 경우다. 2012년 한

홈쇼핑업체에서 처음 소개된 한경희진동파운데이션은 선풍적인 인기를 끌었다. 인기의 원동력은 파운데이션이 아니라 진동장치였다. 파운데이션을 사용할 때 퍼짐이나 발림을 골고루 해주는 장치가 고객 가치를 높여준 것이다.

2008년 세계 금융위기 당시 현대자동차의 실직자보증프로그램은 미국 소비자들의 마음을 단박에 얻는 데 성공했고, 하위권에 머물렀던 브랜드 인지도를 빠르게 끌어올릴 수 있었다. 소비자의 걱정을 덜어준 솔루션이 자동차의 제품력을 뛰어넘은 것으로, 6단계 중 수리단계의 혁신에 해당한다. 롯데렌터카는 제주도로 여행을 가는 고객이 스마트폰으로 롯데마트에서 필요한 물품을 주문해놓으면 차를 인도할 때 주문한 물품까지 트렁크에 실어 함께 전달하는 '스마트픽' 서비스를 시작했다. 보완 단계의 혁신이다.

최근 열풍이 불고 있는 반찬가게를 예로 들어 고객경험 사이클을 분석하고 가치 혁신에 대해 생각해보자. 구매 단계에서는 3종류 이상의 반찬을 주문하면 10% 할인해주거나 쿠폰 10개를 모으면 반찬 하나를 더 주는 등의 혁신 경쟁이 이루어지고 있다. 배달 단계에서는 누가 더 빨리, 신선도를 유지한 채 공급하는가가 관건이다. 1990년대에 빠른 배달로 이름을 날린 '고대 철가방'은 이 부분에서 가치 혁신을 이룬 대표적인 경우다. 음식을 먹는 사용 단계에서는 맛과 양이 결정적이다. 그런데 모두가 맛과 양으로 경쟁하는 만큼 다른 가게보다 잘하기가 쉽지 않다. 수리 단계에서도 국내산 재료가 아니면 돈을 받지 않겠다는 식의 보증으로 고객의 신뢰감을 높이고 있다.

그렇다면 현재까지 비어 있는 단계는 어디일까? 바로 보완(보충)과

폐기/처분 단계다. 아무도 서비스를 하지 않고, 고객들도 아직 그 가치를 모른다. 보충은 원래 게임프로그램을 판매한 뒤 새로 나온 콘텐츠를 얼마나 자주 제공해주느냐의 문제인데, 이를 반찬가게에 응용하면 배달할 때 고객에게 더 추가해주는 서비스라고 할 수 있다. 예를 들면 간단한 장보기 같은 것이다. 반찬 주문을 받고 "예, 알았습니다"로 끝내지 않고 "저희 반찬가게에서는 장보기 서비스도 해드리는데, 사다 드릴 것이 있나요?"라고 물어서 과일 등을 구입하여 배달하면 된다. 가까운 슈퍼마켓과의 제휴도 고려해볼 만하다.

이보다 혁신의 가능성이 더 큰 영역은 폐기/처분 단계다. 배달을 하거나 그릇을 수거해갈 때 "나가는 길에 음식물 쓰레기를 버려드릴까요?"라고 묻는 서비스업체를 본 적이 없을 것이다. 이처럼 고객들이 가려워하면서도 생각지 못한 서비스를 제공한다면 큰 환영과 선택을 받을 수 있다.

혁신은 거창한 것처럼 보이지만 작은 부분에서 간단하게 추진할 수도 있다. 반찬가게의 예에서 보았듯이 어떤 업종에서나 다양한 형태로 시도할 수 있고, 항상 시장을 살피면서 특정한 고객경험에 주목하면 얼마든지 성과를 올릴 수 있는 게 혁신이다. 품질과 가격, 성능, 내구성과 같은 제품의 본원적 속성을 뛰어넘어 서비스 지향적인 마인드로 고객경험의 사이클을 수시로 들여다보라. 무엇을 새롭게 만들어 가치를 높이고 고객을 놀라게 해줄 수 있는지에 대한 해답을 찾을 수 있을 것이다.

HIDDEN SERVICE_4장

숨어 있던 서비스를 찾아서

히든 서비스의 비밀

내가 선택하면 안 되겠니?

계란을 하나 넣을까요, 두 개 넣을까요?

어느 마을에 죽을 파는 두 가게가 나란히 붙어 있었다. 손님은 비슷하게 많았다. 그런데 저녁에 마감을 해보면 언제나 왼쪽 가게의 매출이 오른쪽 가게보다 10만 원 정도 더 많았다.

오른쪽 가게는 손님이 들어오면 종업원이 미소로 맞이하며 "계란을 넣을까요? 말까요?"라고 물었다. 들어오는 손님마다 종업원은 같은 방식으로 물었는데, 계란을 넣어달라고 하는 손님이 전체 손님의 반 정도를 차지했다. 반면에 왼쪽 가게는 손님이 들어오면 종업원이 미소로 반기며 "계란을 하나 넣을까요, 두 개 넣을까요?"라고 물었다. 손님들 중에 계란을 좋아하는 사람은 두 개라고 말했고, 그다지 좋아하지 않는 사람은 하나만 넣어달라고 했다. 넣지 말라고 하는 사람은 극소수에 불과했다.

왼쪽 가게는 은근하게 고객의 선택을 도와 추가적인 매출의 기회를 얻는 방법을 알고 있었다. 들여다보면 이러한 양자택일형은 더 많은 합리적 선택의 가능성을 교묘하게 제한시킨다. 그런데도 사람들은 선택 그 자체를 좋아하기 때문에 이를 자연스럽게 받아들인다. 선택하는 순간 자신이 자유롭고 독립적이라는 느낌을 가질 수 있기 때문이다. 일상생활에서도 그렇다.

딸이 고등학교 3학년이었던 어느 일요일 아침, 나는 "오늘은 집안 청소를 해야겠다"며 딸에게 물었다.

"화장실 청소할래, 네 방 청소할래?"

딸의 대답은 내가 예상한 대로였다. 자기 방 청소를 하겠다고 했다. 만약에 내가 "네 방 청소 좀 해라"라고 말했다면 "아빠, 나 시험공부해야 해!"라고 대답했을 것이다.

사람들은 자신의 운명을 스스로 통제하며 원하는 일을 이루고 싶어 한다. 뭔가에 의해 강제적으로 끌려다니는 상황을 혐오한다. 범죄를 저지른 사람을 감옥에 오래 가두는 것이 형벌이 되는 이유가 여기에 있다. 노예제도도 그렇다. 노예생활이 힘든 것은 열심히 일해야 해서가 아니라 자신이 뜻하는 대로 할 수 없기 때문이다. 그래서 그리스 철학자들은 선택의 자유가 없는 노예를 인간이 아니라고 보았다.

'사람은 스스로 선택하고 결정하기를 원한다'는 심리학적 사실은 조직생활에서도 곧잘 활용된다. 예를 들어 상사의 결재를 받을 때 1안과 2안을 함께 올리는 것도 그 때문이다. 95%의 상사가 1안을 선택할 것이 확실하지만, 상사에게 더 합리적인 안을 선택했다는 만족감을 주려는 의도에서 2안을 넣는 것이다.

사랑하는 연인에게 큰맘 먹고 선물을 했는데 정작 본인이 맘에 들어 하지 않아 속상했던 경험이 있을 것이다. 하지만 본인에게 선물을 고를 기회를 주면 섭섭한 소리를 들을 염려도 없고 받는 사람의 기쁨도 배로 커진다.

가정의 달인 5월의 어버이날, 한 학생이 찾아와서 고민이라며 한 말이다.

"부모님께 현금을 드리자니 성의가 좀 없는 것 같아서요."

그래도 현금이 더 좋다. 현금에는 원하는 물건을 살 수 있는 '자유로움'이 있다. 현금으로는 꽃을 살 수 있지만 꽃은 현금으로 바꿀 수 없다. 사람이 현금을 좋아하는 데는 누군가가 나에게 선택의 자유를 주었다는 심리적 만족감이 작용한다.

더 좋은 서비스는 더 많은 선택권을 주는 것!

TV 오락프로그램을 보면 연예인들에게 여러 가지 게임을 시키고 이긴 사람에게 보상으로 상품을 선택할 수 있는 우선권을 준다. 먼저 선택할 수 있을 뿐 어떤 상품인지는 모른다. 하지만 선택권 자체가 매력적이므로 다들 이기려고 애를 쓴다. 나는 은행 팀장 시절에 민원업무를 꺼리는 팀원들의 사기 진작을 위해 장기 근무자에게는 희망부서로 갈 수 있는 선택권을 주기도 했다. 근무지 선택권을 힘들고 남이 기피하는 업무에 대한 보상으로 준 것이다.

이처럼 사람들은 선택의 기회를 매우 중요하게 생각한다. 그것은 자유를 의미하고 만족스러운 삶의 핵심 요건이기 때문이다.

나는 기업체 강의를 많이 하는 편이라 아직 시간이 많이 남은 약속은 잘 잡지 않는 편이다. 갑작스럽게 강의 의뢰가 들어오는 경우가 있어 보통은 일주일 전쯤에 약속시간을 정한다. 그런데도 시간을 바꾸어야 할 때가 있다. 그러면 서너 개 정도의 날짜를 주면서 상대방에게 선택하게 한다. 이럴 때 "그다음 날은 어떠냐?"며 하나의 선택지만 주어서는 곤란하다. 선택의 기회를 넓게 주어야 상대방을 존중한다는 뜻을 전달할 수 있다.

일방적으로 입영통지서가 배달되던 과거와 달리 요즘에는 군입대 날짜도 본인이 선택할 수 있게 되었다. 예비군이나 민방위 소집도 몇 개의 날짜를 주고 생계에 지장이 없는 날을 골라 훈련을 받을 수 있게 하고 있다. "세상 참 좋아졌다"고 말하는데 사실은 서비스가 좋아진 셈이다. 2015년 10월 말부터 시행되고 있는 계좌이동제도 고객들의 금융사 선택권을 보장하기 위한 제도다. 기존의 예금계좌를 옮기고 싶을 때 별도의 신청 없이도 공과금, 통신비, 급여 등의 이체거래가 자동으로 이전되도록 한 것이다.

미국 서던캘리포니아대의 밀스(Richard T.Mills)와 크란츠(David S.Krantz) 교수가 실시한 헌혈 실험에서 한 그룹은 어느 쪽 팔에서 피를 뽑을지 스스로 선택하도록 했고, 다른 그룹에는 선택권을 주지 않았다. 실험 후 설문을 하니 어느 쪽 팔에서 피를 뽑을지 스스로 통제할 수 있었던 그룹이 헌혈을 덜 고통스러워한 것으로 나타났다.

고객들이 본인에게 통제력이 있다고 여기는 경우는 3가지다. 자신에게 선택권, 영향력, 인지적 통제력이 있다고 인식할 때다. 선택권은 "복도 쪽으로 해주세요"와 같이 원하는 좌석을 마음대로 고를 수 있는 것이고, 영향력은 종업원이 자기 테이블에 보다 세심한 신경을 쓰도록 만드는 것이다. 인지적 통제력은 예측이 가능한 것으로, 예를 들어 병원에 도착한 순서대로 진료를 받게 되리라는 점을 알고 있으면 통제력을 느끼게 된다.

고객에게 적극 알려야 할 것

서비스는 고객 본인에게 통제력이 있다고 느끼게 해줄 때 더 빛날 수 있다. 그런 의미에서 우리는 고객에게 통제력(선택권)이 있음을 적극적으로 알려줄 필요가 있다.

언론에서 '데이터 중심 요금제'란 말이 한참 떠돌고 나서의 일이다. 통신사 상담원에게 "요즘 데이터 중심 요금제라는 것이 생겼다는데, 이걸로 바꾸면 요금이 낮아질 수 있는지 봐달라"고 부탁했다. 나의 월별 통화시간과 데이터 사용내역을 살펴보더니 "음성통화량이 매월 300분을 넘어 추가 통화료가 많이 나오고, 데이터 사용량은 2기가를 넘지 않으니 데이터 중심 요금제로 바꾸는 게 좋겠다"고 했다. 그러고 나서 9만 원 정도였던 요금이 약 50% 정도 줄어들게 되었다.

상담원과 통화를 끝내고 나서 문득 '왜 통신사들은 이런 사실을 고객이 전화로 물어보아야 알려줄까?' 하는 의문이 들었다. 요금청구서나 문자메시지로 알려주면 고객이 자신의 선택권을 알 수 있을 텐데 말이다. "고객님의 최근 3개월간 이용 형태로 볼 때 ○○○요금제를 쓰는 게 가장 유리할 것 같습니다. 직접 전화해주시면 가장 적절한 요금제를 추천해드리겠습니다"라고 안내해준다면 고객이 "모르고 지나갈 뻔했는데 알려줘서 고맙다"며 감동하지 않을까?

통신사들이 안내를 하지 않는 이유를 짐작하기는 어렵지 않다. 가입자들이 최적의 요금제를 선택할수록 그만큼 통신사의 이익이 줄기 때문이다. 역으로 해석하면 무신경한 가입자들을 호갱(호구고객)으로 삼아 돈을 더 받아내고 있는 것이다.

금리인하 요구권도 마찬가지다. '고객은 승진, 자산 증가 등 신용 상태에 변동이 있는 경우 은행에 금리 변경을 요구할 수 있다'는 조항인데, 은행은 이 사실을 알려주지 않는다. 필요할 경우 문자메시지나 스팸성 전화는 그렇게 많이 하면서도 고객의 권리에 대해서는 침묵하고 있다. 이자 수입 감소를 우려하기 때문이다. 말로만 '고객 지향'이라고 하지 말고 고객에게 이익이 되는 선택을 돕는 모습을 보여야 한다. 고객 가치는 그런 노력으로 존중되고 향상되는 것이다.

고객의 통제력을 높여라

6가지 아이스크림을 파는 곳과 24가지를 파는 곳이 있을 때 당신은 어느 곳을 가겠는가. 대부분 24가지를 파는 아이스크림가게를 선택할 것이다. 사람은 항상 더 많은 선택의 기회를 갖고 싶어 한다. 여기서 한 가지 질문을 더 해보자. 선택의 기회가 더 많이 주어지면 고객이 더 많은 아이스크림을 살까? '아니다'가 정답이다. 선택의 폭이 '너무' 넓으면 실제로 구매할 확률은 줄어든다. 너무 많은 선택사항 앞에서 쩔쩔 매기도 한다.

시나 아이엔가(Sheena Iyengar) 콜럼비아대 경영대학원 심리학과 교수는 자신의 강연에서 이런 질문을 던졌다.

"마트의 시식코너에 6개의 잼을 놓았을 때와 24개의 잼을 놓았을 때 사람들은 어느 때 더 많이 구입할까?"

6개의 잼만 놓았을 때가 24개를 놓았을 때보다 6~7배 더 많이 팔렸다.

인간은 '인지적 구두쇠'다. 생각을 일정량 이상으로 하는 것을 싫어한다. 대안이 지나치게 많으면 생각의 양이 기하급수적으로 늘어날 뿐 아니라 그 속에서 잘못된 선택을 할 가능성이 높아진다. 그래서 아예 선택을 하지 않는다. 실제로 24개의 잼을 놓아둔 코너에서 발걸음을 돌리는 사람들의 반응이 그랬다.

"어휴, 머리 아파. 나중에 사자."

선택이 쉬워질 때까지 기다리겠다는 뜻이다.

더 재미있는 현상은 선택의 폭이 거의 없는 상태가 선택의 폭이 많은 상태보다 상품을 더 좋아 보이게 만든다는 것이다. '맛집'에 가보면 수십여 가지 메뉴를 파는 곳이 거의 없다. 대부분 한두 가지다. 그런데도 사람들은 "이 집이 이 요리 하나만은 끝내주게 잘한다"며 그 맛집을 찾아간다.

복잡한 선택을 어려워하는 고객의 특성을 마케팅에 활용하는 곳들이 많다. 식당들은 그날그날 '오늘의 메뉴'를 제공한다. 특별한 고민을 하지 않아도 된다는 점에서 고객들의 반응이 좋다. 스타벅스도 메뉴보드에 '오늘의 커피'를 게시한다.

의도적으로 접점을 제시하여 선택권을 행사하도록 하는 경우도 볼 수 있다. 고객이 특정 행동을 취하게끔 선택사항을 설계하는 것이다.

예를 들어 의사들은 같은 내용을 다르게 표현하여 자신이 원하는 방향으로 환자의 결정을 유도하곤 한다. "수술하게 되면 5년을 더 살게 됩니다"라고 말하지 않고 "수술하지 않으면 5년 안에 죽게 됩니다"라고 말함으로써 수술에 동의하도록 만든다. 이득보다 손실에 초점을 맞추어 메시지를 전달하는 것이다. 실제 연구 결과에 따르면, 생명을 위협할 수 있는 나쁜 습관을 가진 환자에게는 손실을 강조하는 부정적인 결과를 제시할 때 의사의 지시를 더 잘 따른다고 한다.

선택을 유도하는 다른 방법으로 기본값(디폴트값)을 설정하기도 한다. 컴퓨터를 작동할 때 모든 명령어를 일일이 입력해야 한다면 큰 불편이 따를 것이다. 그래서 사전에 명령어를 정의해놓는데, 이처럼 자동으로 선택되는 옵션을 '디폴트 옵션'이라고 한다. 디폴트 옵션은 사용자가 원하면 얼마든지 바꿀 수 있는데, 대다수의 사람들은 그대로 사용한다. 좋든 나쁘든 설계자의 암묵적인 권고로 받아들이기 때문이다. 그래서 디폴트 옵션은 의사결정에 지대한 영향을 미친다. 퇴직연금 수령이 대표적인 예다.

2012년 퇴직연금 수령자 13만 명 중에서 매월 지급식으로 받는 사람이 전체의 3%에 불과했다고 한다. 나머지 97%는 일시불로 타간 것이다. 퇴직금을 연금으로 전환해서 노후보장 수단으로 삼자는 퇴직연금제도의 취지가 무색해지고 말았다. 이렇게 된 원인은 잘못된 디폴트 옵션 탓이 컸다. 퇴직연금을 일시불로 타가도록 디폴트 옵션을 설계해 놓은 것이다. 그래서 최근에는 원하는 사람에 한해서만 일시불로 수령할 수 있도록 바꾸었다. 디폴트 옵션의 변경이다.

고객은 더 많은 선택권으로 자율성을 갖고 있다고 느낄 때 더 좋은 서비스라고 인식한다. 하지만 경우에 따라 인식과 효과가 달라지기도 하므로 이러한 점들을 고려하여 서비스 프로세스를 전략적으로 설계할 필요가 있다.

쾌락을 편집하라

신부의 질문

2명의 신부가 있었다. 그들은 골초였고 담배 때문에 기도할 때 약간의 문제를 느끼고 있었다. 그중 한 신부가 주교에게 물었다.

"주님께 기도할 때 담배를 피워도 됩니까?"

주교는 "피우면 안 된다"고 대답했다.

다른 신부도 주교에게 같은 질문을 했는데 내용이 조금 달랐다.

"담배를 피울 때와 같이 나약한 순간에도 주님께 기도해도 됩니까?"

주교는 그에게 "물론 기도해도 된다"고 대답했다.

두 질문은 같은 내용으로 어순만 바뀌었다. 이처럼 생각하는 틀, 즉 프레임을 바꾸면 질문이 바뀌고 대답이 바뀐다. 문제 제기 방법에 따라 판단이나 선택이 변하는 것을 '틀 짓기 효과' 또는 '프레이밍 효과(framing effect)'라고 한다.

몇 년 전 한국 비행기가 미국 공항에서 사고를 낸 적이 있다. 사고 원인을 둘러싼 문제들이 집중 보도되는 가운데 눈길을 끄는 것이 있었다. 승객들을 구출하기 위한 승무원들의 노력이었다. 프레이밍의 관점에서 보면 승무원들의 미담과 사고 비행기의 문제 중 어디에 초점을 맞추느에 따라 사람들의 인식이 전혀 달라지게 된다. 미국의 한 여객기가 뉴욕의 허드슨강에 불시착했을 때 승객들을 모두 살린 조종사가 영웅으로 떠오른 경우만 봐도 그렇다. 사고 원인에 대한 보도도 나왔지만, 조종사의 영웅적 행위가 부각되면서 별로 주목받지 못했다.

서비스와 마케팅에서도 프레이밍 효과는 강력하다. '99% 무지방'이라고 적힌 우유와 '1% 지방 함유'라고 적힌 우유는 똑같은 양의 지방을 포함하고 있지만, 사람들은 99% 무지방 우유를 선택한다.

맥도날드는 한때 판촉행사를 하면서 '똑같은 버거 2개를 사면 하나는 반값'이라고 광고했다. 예컨대 1개에 3,100원짜리 빅맥을 2개 사면 그중 하나를 1,550원에 주겠다는 것이다. 이 광고를 본 소비자들은 '반값'이란 표현에 솔깃해지기 마련이다. 햄버거 2개 값을 생각하면 25% 할인해주는 셈인데, 50% 할인이라고 착각할 수 있다. 15초에 불과한 광고를 보고 실제 할인율을 제대로 계산해내는 소비자가 얼마나 되겠는가. 패스트푸드업계에서 20~30% 할인판매하는 관행을 특별한 것처럼 표현 방법을 바꿈으로써 소비자들에게 강한 자극을 준 셈이다.

이처럼 소비자에게 전하는 메시지를 어떤 틀로 짜느냐에 따라 효과는 천차만별이다. 소비자가 받아들이는 정도가 확 달라지기 때문이다. 모든 마케팅과 서비스는 이와 같이 심리학으로 연결되어 있다.

'좋은 경험'은 나누고 '나쁜 경험'은 모아라

심리학은 인간을 이해하는 학문이다. 사회적 존재이자 생물적 존재인 인간의 심리를 연구하는 학문이기 때문에 사회과학과 자연과학의 요소를 모두 지니고 있다. 태어나서 죽을 때까지 인간이 경험하는 모든 부분이 심리학과 연결된다.

그런데 인간이 늘 합리적 판단과 경제적 논리에 따라 움직이는 건 아니다. 앞의 맥도날드 광고에서 보듯 인간의 사고는 순간순간 주먹구구식 판단에 의지하기도 한다. 자동차를 구입할 때도 옵션이 더해질수록 절대 가격이 올라가는데도 비싼 차값에 비해 훨씬 저렴해 보인다는 이유로 덜컥 내비게이션을 구매한다. 이 같은 인간의 심리적 특성이 인간의 합리성을 전제로 하는 경제학 이론을 무너뜨리고 행동경제학이라는 새로운 학문을 탄생시켰다.

나는 행동경제학에 기반한 서비스와 마케팅을 다룬 《고객의 마음을 훔쳐라》라는 책을 쓴 사람이면서도 기업의 마케팅과 서비스에 수시로 당하곤 한다. 한번은 화장품가게에서 화장품을 사서 나오려는데 판매원이 나를 불러 세웠다. "참, 장 교수님! 지방 출장을 많이 다니신다면서요?" 하며 샘플 몇 개를 쇼핑백에 넣어주었다. 샘플 화장품을 구입한 화장품과 동시에 주지 않고 이처럼 특별 선물처럼 별도로 챙겨주면 받는 기쁨이 더 커지고 나를 각별히 챙겨준다는 느낌을 받게 된다. 내 마음엔 아직도 샘플 화장품을 담아준 그녀에 대한 고마움이 선명하다. 모르긴 몰라도 그녀는 고객의 기억을 제대로 관리할 줄 아는 노련한 판매원일 것이다.

고객을 상대하는 사람이라면 누구나 고객의 머릿속을 들여다보고 어떤 기억들이 있는지를 확인해서 긍정적인 기억에 맞춘 서비스를 제공하고 싶어 할 것이다. 고객의 기억 관리는 모든 서비스맨의 공통 목표라 해도 과언이 아니다.

성공적인 고객의 기억 관리를 위해서는 2가지 측면에 집중해야 한다. 첫째는 유쾌한 기억을 극대화하는 것이고, 둘째는 불쾌한 기억을 최소화하는 것이다. '기쁨은 나누면 2배가 되고 슬픔은 나누면 반으로 줄어든다'는 말은 행동경제학적으로도 사실이다. 행복이나 이익은 더 크게 만들고 손실이나 아픔은 줄여주는 것을 행동경제학에서는 '쾌락적 편집(hedonic editing)'이라고 부른다. 고객의 기억이 즐겁도록 편집한다는 의미다.

3년 전 국내 모 자동차 세일즈맨에게서 자동차를 구입했다. 한번은 내비게이션이 고장 나서 수리를 부탁했더니 수리는 물론 선물로 블랙박스를 장착해주어서 나를 감동시켰다. 감사 인사를 전하자 "원래 따로 선물할 계획이었습니다"라고 한다. 그는 쾌락적 편집의 원리를 터득하고 있는 훌륭한 세일즈맨이다.

결혼기념일을 맞아 큰맘 먹고 아내에게 줄 목걸이와 반지를 샀다. 그런데 목걸이와 반지를 한꺼번에 선물하는 게 좋을까, 하나를 먼저 주고 나중에 다른 하나를 주는 게 좋을까? 정답은 결혼기념일에 목걸이를 주고 아내 생일에 반지를 주는 것이다.

쾌락적 편집의 첫 번째 원칙은 상대에게 이익이 되는 경우는 '합하지 말고 나누라'이다. 나누면 기쁨과 만족도가 더 올라가기 때문이다. 가령 제품을 15% 할인한다면 그냥 15% 할인이라고 하지 말고 회원고객 5% 할인, 주말고객 5% 할인, 휴가철 특별할인 5%로 나누어서 제시하는 것이 고객에게 더 큰 만족을 안겨주고 기억에도 오래 남는다. 앞서 화장품 판매원이 샘플을 따로 챙겨준 것처럼 말이다. 스웨덴 가구회사 이케아가 방문객들의 동선을 따라 매장 곳곳에 금주의 상품을 아주 착한 가격으로 배치해놓는 것도, 크루즈여행에서 매일같이 쇼, 경품행사, 경연대회를 중간중간 포함시켜 일정을 설계하는 것도 즐거움을 나누어 더 커지게 하려는 뜻이다.

반대로 손해가 되는 경우라면 어떨까? 쾌락적 편집의 두 번째 원칙은 상대에게 손해가 되는 경우는 '나누지 말고 합하라'이다. 고통은 한꺼번에 느끼는 편이 훨씬 낫기 때문이다. 놀이공원에서 자유이용권 구매를 유도하는 것은 매번 표를 사면서 돈을 지불해야 하는 고통을 한 번으로 줄이기 위함이다. 매번 돈을 쓴다는 느낌을 하나로 통합해서 고객의 손실 지각을 최소화하는 것이다. 평가손실주식들도 같은 거래일에 통합해서 매도함으로써 손실을 감수하는 게 낫다.

콜센터에 전화했을 때 '신규고객은 1번, 기존고객은 2번' 하는 식으로 연이어 옵션을 제시하는 경우가 많은데, 하나로 통합하는 것이 더 좋은 방법이다. 한 번에 두어 개의 옵션을 주고 대여섯 번 번호를 누르게 하는 것보다 한 번에 여러 개의 옵션을 주는 것이 번호를 누르는 횟수를 줄여 불편을 일시에 처리할 수 있다.

"고통스러운 것들은 몽땅 묶어서 한꺼번에 처리해버려야 한다. 이러한 일회성이 상심을 덜어줄 것이다. 혜택은 한 방울 한 방울씩 주어야 한다. 그래야 그것이 더욱더 맛있어진다."

《군주론》을 쓴 니콜로 마키아벨리의 말이다. 군주를 위협하는 것들이 무엇인지 잘 알고 있었던 그는 군주에게 모든 나쁜 소식들은 일거에 묶어서 처리하라고 조언했다. 오늘날 회사의 신임 CEO들도 투자자들을 상대할 때 이와 똑같은 방법을 쓴다. 즉, 부임한 해의 수익 상태가 좋지 않을 경우 그다음 해에 예상되는 마이너스 요소들을 모두 그해의 회계에 반영하여 최악임을 강조한다. 그렇게 되면 다음 해에는 회사의 수익이 상대적으로 좋아지는 것이다.

사람들에게 "나쁜 소식도 있고 좋은 소식도 있어. 뭐부터 들을래?" 하고 물으면 이구동성으로 "나쁜 소식!"이라고 답한다. 매도 먼저 맞는 게 낫다는 게 사람의 심리다. 서비스에서도 서류 작성이나 대금 지불과 같은 귀찮고 언짢은 일은 일찍 끝내고 나머지를 기분 좋은 활동으로 채우는 것이 효과적이다. 크루즈여행에서 책임각서 작성이나 비용 지불을 일찌감치 끝내는 것도 고객이 고통을 빨리 잊고 즐거움을 만끽하도록 하기 위함이다. 그러면 고객은 나중의 즐거움을 더 오래 기억하게 된다.

서비스 청사진을 그려라

청사진이라는 단어를 알고 있을 것이다. 건물이나 선박을 만들 때의 설계도면이 푸른색으로 그려지기 때문에 이런 이름이 붙여졌다. 설계도면 없이 건물이 지어지는 것은 상상하기 힘들다. 청사진을 보면 무엇이 어떻게 만들어지는지를 알 수 있다. 그러나 서비스는 무형적인

식당의 음식 제공 프로세스에 대한 서비스 청사진

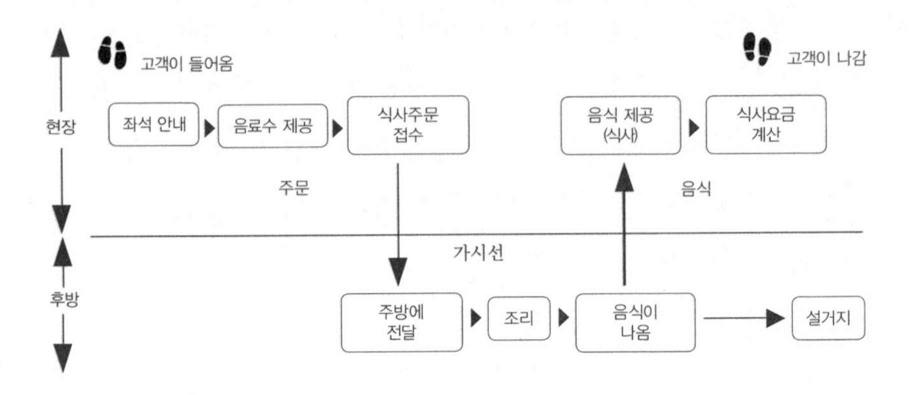

프로세스로 이루어지기에 시각화하여 보여주기가 어렵다. 이런 필요에 따라 서비스의 프로세스를 특징에 따라 알아보기 쉬운 그림으로 나타낸 것이 '서비스 청사진(service blueprint)'이다.

서비스 청사진을 그리면 고객이 입구로 들어와 나갈 때까지의 모든 프로세스에서 일어날 수 있는 문제점과 고객이 불편해할 사항을 찾아내어 개선할 수 있다. 청사진을 그리는 방법은 먼저 가시선을 기준으로 위에는 고객이 눈으로 볼 수 있는 부분인 '현장(onstage)을, 아래에는 고객의 눈에 보이지 않는 '후방(backstage)' 활동을 표시한다. 그리고 고객이 만나는 접점의 직원과 후방 직원의 활동을 순서대로 나열한다. 이어서 서비스 과정의 실수와 고객을 불편하게 만드는 포인트를 찾아내어 개선한다.

이와 함께 고객의 경험을 관리하기 위해 서비스 접점에서 고객이 갖게 될 감정을 예측하고 관리하는 것이 중요하다. 서비스 청사진으로 서비스가 제공되는 지점들을 파악하여 그곳에서 고객이 어떤 반응을 보이는지에 관한 정보를 분석해보면 고객의 감정을 예측할 수 있다. 이러한 예측을 바탕으로 고객의 감정에 적극적으로 대처하면서 긍정적인 면은 강조하고 부정적인 면은 최소화해야 한다.

고객의 감정 상태를 추적하여 표시한 그래프를 '정서 프린트(emotion print)'라고 하는데, 예를 들어 임신 중인 산모가 태아의 초음파 사진을 처음 볼 때에는 기쁘고 행복하게 느끼겠지만, 태아의 기형 여부를 알아보는 검사를 할 때에는 걱정할 것이라고 예상할 수 있다. 이에 따라 병원은 각 검진 단계에서의 고객 정서를 예상할 수 있으며, 직원들에게 적절한 반응을 훈련시켜야 한다. 예를 들어 태아의 초음파 사진을 볼 때에는 박수를 치거나 축하인사를 건네는 것이다.

차에 시동이 걸리지 않아 정비소에 전화를 걸었더니 직원이 와서 보고는 안 되겠다며 차를 견인해갔다. 고객은 할 수 없이 아내의 차로 출근했다. 이때 고객의 감정 상태는 정비소 직원에게서 전달받은 정보나 수리 상황에 따라 변한다. 일단 그는 출근시간에 이런 일이 생겨 짜증스러웠을 것이고, 고장의 원인을 확실히 모르기 때문에 혹시 큰 고장이 아닌가 싶어 불안할 것이다. 이러한 감정을 예상한다면 직원이 정비소의 수리 실력을 알려주어 고객이 불안해하지 않게 해줄 수 있다. 더불어 간략하게라도 진단 내용을 설명하면 고객이 좀 더 안심하고 이 정비소에 차를 맡기기를 잘했다고 생각할 것이다. 이어서 차량에 대한 정밀 진단을 실시하는데, 이 단계에서 견적이 높게 나오거나 수리가 지연되면 고객이 당황할 수 있다. 정비소는 고객의 이런 마음을 예측하고 상세한 수리 내역과 시간을 설명함으로써 고객의 신뢰감을 얻을 수 있다.

자동차수리 접점의 정서 프린트

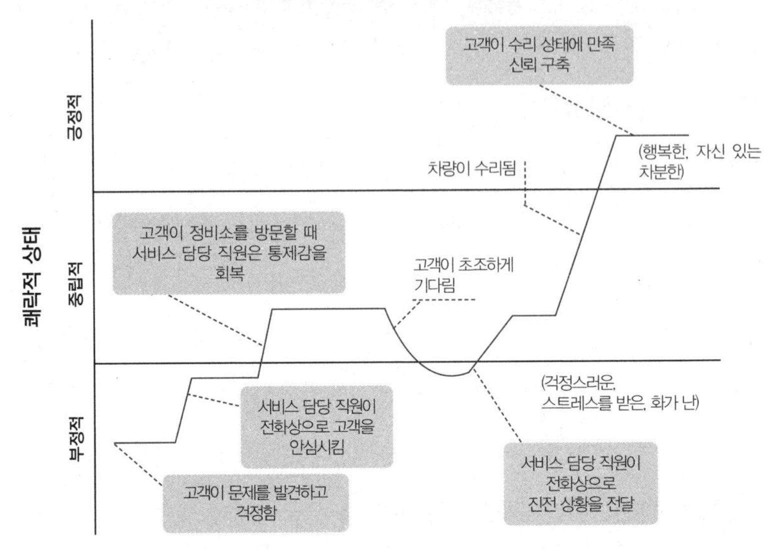

* 출처 : 《고객서비스 솔루션》, 스리람 다수 외 지음·최경은 옮김, 시그마북스, 2015

자동차 수리뿐만 아니라 환자의 수술, 세무 상담 등에서도 정서 프린트를 활용하면 고객의 감정 흐름을 예측하는 데 많은 도움을 받을 수 있고, 고객경험의 수준을 한층 향상시킬 수 있다. 고객은 자신의 감정이 고조된 순간을 오래 기억한다. 따라서 그 지점을 알아내어 적절하게 대응한다면 고객충성도를 제고할 수 있을 것이다.

행복을 배달하는 '고객경험'을 서비스하라

"눈물이 났어요"

한 여성 고객이 몸이 아픈 어머니를 위해 자포스에서 신발을 구입했다. 그런데 얼마 되지 않아 어머니는 병세가 악화되어 세상을 떠났다. 얼마 뒤 그녀에게 이메일 한 통이 날아왔다. 구입한 신발이 잘 맞는지, 마음에 드는지 묻기 위해 자포스가 보낸 것이었다.

"병든 어머니를 위해 신발을 샀는데, 갑자기 어머니가 돌아가셨어요. 그 바람에 신발을 신어보지도 못했는데 반품할 기회를 놓쳤네요. 이제 신을 사람이 없기 때문에 이 구두를 꼭 반품하고 싶습니다."

그녀의 답장에 곧바로 자포스에서 회신이 왔다.

"저희가 택배 직원을 댁으로 보내 반품처리를 해드릴 테니 걱정 마십시오."

자포스의 정책에 따르면 반품은 무료이지만 본인이 직접 택배를 불러 물건을 보내야 했다. 그런데 직원이 회사의 정책을 어기고 그녀의 집으로 직원을 보내 반품처리를 해주었다. 이야기는 여기서 끝나지 않았다. 다음 날 그녀에게 한 다발의 꽃이 배달되었다. 어머니를 잃은 슬픔을 위로하는 카드도 함께 들어 있었다. 자포스에서 보낸 것이었다.

"감동 때문에 눈물이 났습니다. 단지 인터넷에서 신발을 하나 샀을 뿐인데, 어머니를 잃은 슬픈 마음까지 관심을 가져주었거든요. 만일 신발을 산다면 꼭 자포스에서 사기 바랍니다."

그녀는 이런 내용의 글을 인터넷에 올렸고, 오랫동안 화제가 되었다.

자포스는 "우리는 행복을 배달합니다"를 모토로 창업 10년 만에 10억 달러의 매출을 올린 초고속 성장 기업이다. 2009년 아마존에 12억 달러라는 천문학적인 금액으로 인수되었는데, 금액이 너무 크다는 세간의 평가에 대해 세계적인 경영학자 세스 고딘은 이렇게 말했다.

"아마존이 인수한 것은 신발 판매회사가 아니다. 세계 유일의 기업문화, 고객과의 끈끈한 유대관계, 전설적인 서비스, 바로 이런 것들이다."

고객들이 구입한 것도 신발이라는 하드웨어가 아니라 자포스가 제공하는 소프트웨어, 즉 가치와 경험이라고 할 수 있다. 여기서 하드웨어란 고객이 사는 '무엇(what)'이고, 소프트웨어는 그것을 사는 이유인 '왜(why)'이다. 고객관점에서는 하드웨어보다 소프트웨어가 더 중요하다. 고객들이 '무엇을 사는가?'에만 초점을 맞출 것이 아니라 '왜 사는가?'에 더 큰 관심을 기울여야 한다.

사람들이 물건을 구매하는 데는 2가지 요소가 있다. 따라서 고객이 지불하는 가격에는 제품이나 서비스 외의 것이 포함되어 있다. 실용적 요소(utilitarian needs)만이 아니라 쾌락적 요소(hedonic needs)도 존재한다. 자포스에서 구입하는 신발에는 발을 보호하는 기능과 함께 자포스에서만 경험할 수 있는 꽃다발과 카드와 같은 관심이 들어 있다. 그것이 신발을 사는 진짜 이유가 된다. 우리가 멋진 레스토랑에 가는 이유는 단순히 허기를 채우기 위해서라기보다 연인과 달콤한 분위기를 즐기거나 가족과 단란한 시간을 보내면서 마음의 허기를 채우려는 것일 수 있다. 이처럼 제품이나 서비스는 반드시 관련된 경험과 함께 구매될 수밖에 없다.

제품이나 서비스에 즐거움, 재미, 심미적 자극 등의 쾌락적 감정을 자극하는 요소가 가미될수록 고객은 '체험'의 영역에 더 많은 가격을 지불한다. 5,000원짜리 점심을 먹고 스타벅스 커피를 마시는 사람들의 심리도 같은 맥락에서 이해할 수 있다. 누구도 이를 경제적이라고 생각하지 않지만 그들은 마냥 행복하다. 비싸지만 스스로에게 상을 주는 마음으로, 소풍 가는 기분으로 커피를 즐기는 것이다.

콜롬비아의 커피농장에서는 원두 1컵이 200원 정도 된다. 그러나 캔커피로 만들어 팔면 1캔에 1,000원을 받고, 커피숍에서 팔면 2,500원 이상을 받는다. 스타벅스 같은 곳에서는 1잔에 4,000원 이상이다. 그래도 고객들이 스타벅스를 찾는 이유는 '색다른 경험'에 있다. 편안한 휴식, 최고급 원두커피, 사회적 교류라는 경험이다. 커피가 아니라 커피를 보다 맛있게 소비하는 경험을 구매하는 것이다. 스타벅스 또한 커피를 파는 것이 아니라 '집과 회사를 제외한 제3의 공간'을 팔고 있는 것이다. 한마디로 커피에 고객들이 원하는 색다른 경험이라는 토핑을 추가해 부가가치를 높였다고 볼 수 있다. 이것이 바로 쾌락적 서비스의 모습이다. 그런 면에서 고객경험을 관리한다는 것은 곧 고객의 감정을 움직이는 것이라고 말할 수 있다.

델컴퓨터의 CIO 제리 그레고어(Jerry Gregoire)는 "이제 고객경험이야말로 우리 모두가 경쟁해야 할 승부처다"라는 말로 고객경험의 중요성을 강조한다. 제품과 서비스의 차별화가 갈수록 어려워지는 가운데 새로운 차별화 요소가 될 수 있기 때문이다. 고객들도 쾌락적 요소를 포함한 총체적 경험을 구매 결정의 기준으로 삼는다. 가히 '경험경제 시대'라고 할 수 있다. 제품이 유형의 상품이고 서비스가 무형의 상품이라면, 경험은 감성의 상품이다. 지금 시대에는 경험이 가장 높은 가치를 만들어내는 상품이다.

고객은 '리마커블 서비스'를 원한다

앞에서 '서비스 패러독스' 현상에 대해 언급한 바 있다. 서비스의 수준은 올라가는 데 비해 효과는 그에 미치지 못하는 현상을 말하는데, 서비스의 상향 평준화에서 비롯된 결과라고 할 수 있다.

최근 CS경영의 최대 이슈 가운데 하나는 고객만족도는 좋아지는데 시장점유율은 뚜렷한 변화를 보이지 않는다는 점이다. 무엇이 문제일까? 내가 보기에는 '특별하지 않기' 때문이다. 고객들이 유명 브랜드의 제품이나 서비스에 익숙해져서 기업들의 노력과 투자에 불구하고 특별한 차이를 느끼지 못하고 있다. 세스 고딘의 말처럼 "지루하고 안전한 것의 탄생이야말로 사라지는 방법의 탄생"이다. 고만고만한 친절과 표준화된 매뉴얼에 의지한 '평범한 서비스'에서 이제는 '메모러블(memorable)한 특별한 경험과 감성서비스'로 건너뛰어야 한다. 놀랄 만한(remarkable) 수준이어야 고객의 눈을 사로잡을 수 있다. '누런 소'가 아니라 '보랏빛 소'여야 한다.

요즘은 기업뿐만 아니라 대학에서도 '보랏빛'으로 차이를 만들어내고 있다. 미국 노스캐롤라이나주의 하이포인트대(HPU)는 "우리 대학에서는 모든 학생이 보살핌을 받고, 더불어 유쾌한 환경에서 특별한 교육을 받습니다"라는 표어를 내걸고 창의적인 아이디어 몇 가지를 생각해냈다.

- 대학 소유의 아이스크림 트럭으로 수업 중간에 학생들에게 아이스크림을 제공한다.
- 학생회관에 일반 식당은 물론이고 스타벅스와 칙필라치킨을 유치한다.
- 전교생에게 무료로 모닝콜을 해주고, 드라이클리닝과 쇼핑을 해결해주며, 학생들이 영화표를 쉽게 구입할 수 있게 안내직원을 둔다.

이러한 노력 덕분에 HPU는 〈US뉴스 앤드 월드리포트(US News & World Report)〉가 선정한 미국 최고 '유망' 대학 1위에 올랐다. HPU의 콘셉트와 그에 맞는 환경 조성, 그리고 괄목할 만한 성장은 '차이를 어떻게 만들어낼 수 있는가'에 대한 해답의 실마리를 제공한다.

사랑에 빠진 연인도 결혼해서 살다 보면 평범한 일상에 권태감을 느끼게 된다. 둘의 관계가 행복하려면 끊임없이 서로를 자극하고 자신의 신선한 매력을 발산해야 한다. 가끔은 깜짝 이벤트도 벌여야 한다. 비슷비슷한 생활에 새로움을 느끼게 하는 차이를 만들어야 한다. 고객 역시 차이를 갈망한다. 참신하고 특별한 감정을 불러일으키는 뭔가를 찾고 있다.

코카콜라는 자판기 속으로 서비스맨이 직접 들어가 서비스하는 '살아 있는 자판기(Live Vending Machine)' 이벤트를 실시했다. 자판기에서 튀어나오는 실제 사람의 팔에 깜짝 놀란 소비자들은 하나같이 웃음을 터뜨리며 즐거워했다.

고객의 경험을 디자인하라

단조롭고 표준화된 경험에 싫증난 고객들에게 놀라움과 감동을 주려면 어떻게 해야 할까? 고객들이 갈망하는 차이를 만들어내는 방법은 무엇일까?

첫 번째 방법은 '더 우수한 제품을 시장에 내놓는 것'이다. 하지만 곧 모방하는 경쟁자들이 나타날 것이고, 고객들의 눈에 엇비슷한 제품들로 보일 것이다.

두 번째 방법은 '남들보다 더 값싸게 제공하는 것'이다. 그렇지만 이 또한 경쟁자들이 더 저렴한 가격으로 공격하게 될 것이므로 효과를 보기 어렵다.

세 번째 방법은 '더 뛰어난 서비스로 고객에게 행복한 경험을 선물하는 것'이다. 가장 효과적이고 강력한 차별화의 방법은 이것밖에 없다. 작은 차이라도 고객의 마음에 깊이 각인될 수 있는 서비스라면 고객에게 그보다 큰 선물은 없다.

경기도 용인에 있는 어느 연수원에서 강의를 마치고 나왔을 때였다. 본관 건물을 나와 걸어가는데 경비원이 다가오더니 "가시는 길에 목이 탈 때 드세요"라며 생수 한 병을 건네는 것이었다. 그리고 주차장에 가니 내 차의 정면 유리창에 '강사님 수고하셨습니다'라는 인사말이 붙여져 있었다. 나도 모르게 감탄사가 절로 나왔다.

어느 세미나에서 강사로부터 들은 이야기다. 아이들이 좋아하는 외국 만화영화를 보러 갔는데 화면에 한글 자막이 나오더라는 것이다. 우리말로 더빙한 영화의 티켓을 구입했는데 말이다. 실수를 알아차린 극장에서 필름을 교체하는 동안 직원들이 관객들에게 다과를 제공하고 아이들에게는 주인공의 캐리커처가 새겨진 기념품을 하나씩 안겨주었다. 그리고 영화가 끝나자 "오늘 관객 여러분께 실수를 해서 죄송합니다. 다음에 다시 오셔서 제대로 된 서비스를 받아보십시오"라는 사과 멘트와 함께 무료 관람권을 한 장씩 나누어주었다고 한다.

함께 듣고 있던 직원이 감탄하면서 내게 물었다.

"잠깐의 실수를 훌륭한 서비스로 바꾼 멋진 사례죠?"

"이건 실수가 아니라 관객들에게 잊을 수 없는 경험을 제공하기 위해 극장에서 사전에 치밀하게 디자인한 이벤트일 가능성이 커요."

내 추측이 맞다면 극장은 어떻게 이런 인상 깊은 이벤트를 기획할 수 있었을까? 그것은 열정을 가진 직원들이 있었기에 가능했다. 고객 경험을 디자인하려면 자신의 업무가 곧 연극이라는 마인드를 가지고 자기 역할에 몰입해서 열연하는 직원들이 있어야 한다. 그래야만 고객들도 직원들의 '작품'에 빠져들 수 있다. 판매왕이나 일류 서비스맨을 보더라도 무대에 선 배우 못지않은 열정을 가지고 업무에 임했다는 걸 알 수 있다.

직원들의 열정 못지않게 중요한 것은 직원들이 감성지능(EQ)을 발휘할 수 있는 여건을 조성하는 일이다. 감성지능은 교육훈련을 통해 높일 수도 있지만, 직원만족을 통해 직원들 스스로 자신의 감성지능을 일깨워 고객들과 공감할 수 있게 지원하는 것이 더 효과적이다. 자포스에서는 모든 직원이 고객의 행복을 위해 스스로 판단하고 결정할 수 있게 정책적으로 뒷받침한다. 교육훈련도 주입식 매뉴얼교육이 아니라 자율성에 기반하여 감성지능을 고양하는 방식을 취한다. 바로 이러한 노력이 모여 열정과 감성이 넘치는 직원을 만들고, 고객이 행복한 경험을 만들어내는 것이다.

때로는 고객의 생각을 뒤집어라

편지의 행방

어느 날 왕비가 누군가로부터 한 통의 편지를 받고는 무척 놀란다. 이를 본 장관이 직감적으로 왕비에게 말 못할 비밀이 있음을 눈치챈다. 급기야 왕비의 편지를 훔치고, 이를 빌미로 왕비를 압박하여 자신의 권력을 키운다. 왕비는 몰래 경시총감을 불러 도둑맞은 편지를 찾아오라고 지시한다. 하지만 장관의 집을 샅샅이 뒤지고도 편지를 찾는 데 실패하고 만다. 결국 사설탐정인 뒤팡에게 도움을 청하게 되는데, 뒤팡은 의외로 쉽게 편지를 되찾아 온다. 침대 속이나 서가의 책들 사이에 꼭꼭 숨겨져 있을 줄 알았던 편지가 벽난로 위에 허술하게 놓여 있었던 것이다.

미국 작가 에드거 앨런 포의 단편 《도둑맞은 편지》의 줄거리다. 경시총감은 왜 눈에 뻔히 보이는 것을 보지 못했을까? 이와 관련한 유명한 실험이 있다.

미국의 심리학자 크리스토퍼 차브리스(Christopher Chabris)와 대니얼 사이먼스(Daniel Simons)는 학생들에게 동영상을 보여주면서 일명 '보이지 않는 고릴라 실험'을 했다. 동영상 속에서 검은 셔츠를 입은 3명, 흰 셔츠를 입은 3명, 모두 6명의 학생이 팀을 이루어 농구를 하고 있다. 공중에서 던지기도 하고, 땅에 튕겨 패스하기도 한다. 두 학자는 학생들에게 흰 셔츠를 입은 팀의 패스 횟수를 세도록 했다. 그러고 나서 "혹시 선수들 말고 다른 것은 보이지 않았나요?"라고 물어보았다. 다들 어리둥절해했다. 다시 동영상을 트니 고릴라 복장을 한 학생이 등장하여 카메라를 보고 가슴을 두드리고는 퇴장하는 모습이 보였다. 그런데도 학생의 절반은 여전히 고릴라의 등장을 알아차리지 못했다.

이 실험은 선택적 집중을 하면 시야에 맹점이 생겨 있는 것도 보지 못하거나 착각을 일으킨다는 사실을 증명해 보였다. 이를 '주의력 착각'이라고 하는데, 경시총감이 도둑맞은 편지를 찾지 못한 것도 당연히 그곳에는 없을 거라 여기고 다른 곳에 집중했기 때문이다. 반대로 장관은 이러한 인간의 맹점을 역이용했다고 볼 수 있다.

요즘에는 형사재판에서도 목격자 증언에 의존하는 판결이 점차 사라지고 있다. 목격자의 증언이 왜곡된 기억에서 나오는 경우가 적지 않기 때문이다. 인간의 기억은 모든 것을 기록하지 못한다. 정확히 기억하는 것도 있지만 사라지거나 바뀌는 것도 있다. 이렇게 기억은 다분히 선택적이다.

기억은 '감정의 강도'에 따라 달라지기도 한다. 유쾌했거나 불쾌했던 경험은 꽤 정확히 오래 기억하지만, 일상적인 일들은 쉽게 잊는다. 상대에 대한 '애정' 때문에 기억이 왜곡되기도 한다. 자기가 좋아하는 보험설계사는 정말 꼼꼼하고 친절한 사람으로 기억된다. 그런가 하면 나의 '목적'에 의해 기억의 세부사항이 조정되기도 한다. 다이어트를 하는 사람들이 자신의 성공을 돋보이게 하려고 원래 체중을 부풀려 기억하는 경우가 대표적이다. 반복되는 '경험'이 기억을 뒤섞어버리기도 한다. 슈퍼마켓에 다녀온 최근의 기억들을 떠올려보라. 실제로는 각기 다른 시점과 상황인데도 몇 번의 방문이 이리저리 더해져 기억 속에서는 한 덩어리가 되어버린다.

우리는 이와 같은 기억의 특성들을 고객응대에 적절히 활용할 줄 알아야 한다. 특히 반복적으로 구매하는 고객의 비율이 높은 기업은 고객의 기억이 어떻게 통합되고 어떤 귀인(歸因, attribution)이 그러한 결과를 낳는지 세심한 주의를 기울일 필요가 있다.

잘못에 대처하는 현명한 자세

경기가 끝나고 나면 선수들과 감독이 승패의 원인을 놓고 한마디씩 한다. 심판을 탓하며 남의 책임으로 돌리거나 실력이 없었다며 자기 책임이라고 반성하기도 한다. 당사자들이 승리와 패배를 어떻게 받아들이는지를 설명할 때 스포츠심리학에서는 '귀인 이론(attribution theory)'을 인용한다. 귀인은 '원인의 귀착'의 줄임말로 한 개인이 사건이나 행동의 원인을 어떻게 해석하는가 하는 것이다. 인간은 사건이 일어나면 그 원인을 찾아보는 경향이 있다는 것이다. 예를 들어 컵을 실수로 떨어뜨려 깨뜨렸을 때 옆 사람과 부딪혀서 그랬다고 생각할 수도 있고, 자신이 너무 덜렁대서 그랬다고 생각할 수도 있다. 이처럼 사람은 하나의 결과를 놓고도 여러 원인을 생각할 수 있다.

고객접점에서 서비스가 마무리되었을 때도 우리는 잘잘못을 따져 칭찬하거나 비판을 가하고, 원인을 돌이켜보게 된다. 특히 좋거나 나쁘거나 서비스 품질에 대한 기억이 강할수록 더욱 그런 경향을 보인다. 모든 것이 평범하게 진행될 때는 별다른 생각을 하지 않는다.

귀인 이론에 비추어보았을 때 사람들이 보이는 보편적인 모습은 '잘되면 내 탓, 잘못되면 네 탓'이다. 잘되면 내부에서 원인을 찾지만, 잘못되면 외부의 원인으로 돌린다. 그렇다 보니 충돌하는 지점이 생길 수밖에 없다. 일례로 무릎 수술 후에 거동에 불편을 느낀 환자는 의사의 수술이 잘못되었다고 말하고, 의사는 손상된 무릎을 이만큼 복원한 것만으로도 다행이라고 이야기한다. 서로의 입장에 따라 다르게 인식하고 이것이 분쟁으로 확산되기도 한다. 어떻게 대처하면 좋을까?

식사를 하고 있는데 갑자기 날파리가 국물에 들어갔다. 고객이 식당 주인에게 "이거 좀 보세요!"라며 항의하듯 말하니 주인이 "파리가 날아다니다 들어간 거니까 저희 책임이 아니에요"라고 대꾸한다. 물론 음식에 파리가 들어간 것은 주인의 잘못이 아니다. 그래도 새 음식으로 바꾸어준다면 고객이 다시 찾는 음식점이 될 것이다. 귀인이 다를 경우에는 고객의 말을 인정하고 그에 맞추어 대처하는 것이 최선이다.

다른 예를 보자. 요즘 온라인업체들의 최대 고민 중 하나가 반품이다. 높은 반품률과 배송비로 적자를 보기도 한다. 그래서 반품에 따르는 비용을 고객에게 부담시킨다. 반품의 원인이 업체에 있으면 업체가 부담하지만, 고객의 책임이면 고객에게 비용을 대라고 한다. 이러한 생각은 귀인 이론에 비춰봤을 때 공정해 보이지만 실제 고객들의 반응은 어떨까?

미국 워싱턴앤리대의 아만다 바우어(Amanda Bower) 교수팀이 책임 소재에 따라 반품 비용을 청구하는 정책이 소비자들의 구매의사 결정에 어떤 영향을 미치는지에 관한 연구를 진행했다. 그 결과, 소비자들과 유통업체 사이에 큰 괴리감이 존재한다는 사실이 밝혀졌다. 소비자들은 자신에게 책임이 없다고 느끼고 있었고, 귀책 사유와 관계없이 본인이 반품 비용을 지불한 경우 구매액을 줄였다. 그에 반해 무료로 반품한 경우에는 구매액이 증가하는 모습을 보였다.

이 연구 결과는 합리성과 공정성에 기반한 정책이라도 고객에게 반감을 일으키면 소비 행동이 바뀔 수 있다는 사실과 함께 반품을 쉽게 해주면 수익성이 나빠질 것이라고 생각하는 경영자들에게 '수익성을 올리는 방법에는 원가 절감뿐만 아니라 매출 증대도 있다'는 점을 일깨워준다.

고객의 귀인을 긍정적으로 유도하라

지난봄의 일이다. 감기가 거의 한 달이 되도록 낫지 않아 엑스레이 검사를 했다. 결과는 별 이상이 없는 것으로 나왔다. "아무 이상도 없는데 괜히 촬영했네요"라며 의사를 탓하는 투로 말하자 의사는 "이렇게 찍어보고 '이상이 없구나' 하고 안심하려고 촬영하는 겁니다"라고 답했다. 그제야 괜한 돈을 들여 촬영했다는 억울함(?)이 풀리고 아무 이상이 없다는 결과가 다행스럽게 여겨졌다.

이처럼 고객의 귀인을 긍정적인 방향으로 유도할 수 있어야 한다. 이에 관한 몇 가지 방법을 알아보자.

첫째, 충분히 설명한다.

말다툼을 하다가 "길을 막고 지나가는 사람들한테 물어보자. 누가 옳은가"라고 하는 경우를 보았을 것이다. 정말로 사람들한테 물어보면 내 말이 옳다고 손을 들어줄까? 내 손을 들어줄 사람이 단연 많을 것이라고 혼자서 착각하는 건 아닐까? 남들도 내 생각과 같을 것이라고 믿어 의심치 않는 이런 착각을 가리켜 '허위합의 효과(false consensus effect)'라고 한다. 와인이나 골프를 좋아하는 사람은 다른 사람들도 자신처럼 좋아할 것이라고 믿는 경향이 있다. 서비스맨들도 종종 그런 착각에 빠진다.

유방암을 치료한 환자가 병원에 항의를 했다. 의사의 치료요법 때문에 체중이 10kg이나 늘었다는 것이다. 담당 의사는 환자의 상태가 호전되는 것을 보고 체중이 늘어날 가능성에 대해서는 언급하지 않았다. 중요한 문제가 아니라고 간주했던 것이다. 잘못이다. 자기 기준에 비추면 사소해 보일지 몰라도 환자에게는 사소한 문제가 아닐 수 있다. 남은 나와 다르다. 미리 충분한 설명을 해주었어야 했다.

사소해 보이는 것, 상식으로 여겨지는 서비스 과정을 면밀히 살펴볼 필요가 있다. 그래서 부족하거나 빠진 부분이 있으면 사전에 충분히 설명해주어야 한다.

둘째, 고객불만의 귀인에 지속성이 있는지를 생각한다.

문제의 원인이 일시적인 것인지 지속적인 것인지에 따라 고객의 반응은 크게 달라진다. 출근길에 지하철 운행이 중단되어 승객들이 발을 동동 굴렀다고 하자. 이때 운행 중단의 원인은 크게 2가지로 볼 수 있다. 컴퓨터프로그램에 오류가 생긴 것이거나 기관사의 태만으로 사고가 난 것일 수 있다. 이때 승객들은 두 번째일 경우 지하철공사를 더 비난한다. 지속적으로 일어날 수 있다고 여겨지기 때문이다. 지하철 운행이 얼마나 자주 중단되느냐도 중요하다. 어쩌다가 중단된 경우라면 이해하고 넘어갈 수 있다.

카페에서 라임콜라를 주문했는데 종업원이 깜박 잊고 라임을 곁들이지 않은 경우와, 주문한 대로 나오긴 했는데 종업원이 무시하는 듯한 태도를 보인 경우를 가정해보자. 사람들은 종업원이 주문한 것을 빠뜨린 실수는 비교적 쉽게 이해하는 반면, 정중하지 못한 태도에는 상당한 불쾌감을 표시한다. 일시적인 잘못이 아니라 성격상의 결함으로 지속될 수 있는 문제라고 보기 때문이다.

지속될 수 있는 문제에 대해서는 근본적인 원인 처방이 필요하다. 그렇지 않으면 모든 문제가 기업에 귀인되어 고객들로부터 외면을 당하게 된다.

셋째, 더 많은 참여와 의사결정권을 부여한다.

고객에게 참여를 유도하고 결정권을 부여하면 문제가 발생하더라도 고객이 귀인에 대해 보다 객관적인 판단을 내리게 된다.

인터넷으로 철도 승차권을 예약하려고 하는데, 접속해보니 내가 선호하는 복도측 좌석이 아직 많이 남아 있어 그날은 예약을 하지 않았다. 그런데 일주일 후 다시 들어가 보니 복도측 좌석이 매진이어서 할 수 없이 창측 좌석을 예약할 수밖에 없었다. 그런데 만약 이때 인터넷 접속이 안 되어 콜센터 상담원과 통화를 하고 창측 좌석밖에 남지 않았다는 사실을 알게 된다면 어떨까? 더 큰 불만을 느끼게 된다. 결과적으로 똑같은 상황인데도 자신이 직접 사실을 확인했을 때보다 상담원한테 들었을 때 더 많은 부정적 감정을 갖게 된다. 최근에는 고객의 서비스 관여도가 높아지면서 스스로 참여하여 확인하고 결정할 수 있는 여지가 많아지고 있는데, 그런 상황에서는 설사 통제 불가능한 일(매진)로 인해 부정적인 결과(창측 좌석)가 생기더라도 수용하기가 쉬워진다.

넷째, 고객의 이익을 위한 노력과 관심을 표명한다.

고객은 성의가 부족하거나 무시하는 듯한 느낌을 주는 상대를 비난하지만, 자신을 위해 모든 노력을 아끼지 않는 모습을 보여주면 설사 긍정적인 결과를 얻지 못했더라도 이해하고 감수한다. 택시기사가 고객의 가방이 무겁겠다며 집 앞까지 태워주겠다고 했는데, 집으로 들어가는 골목길 입구에서 하수도공사를 하고 있어서 그럴 수 없게 되었다고 하자. 그래도 고객은 택시기사의 성의에 고마워한다. 의료 과실의 경우에도 평소에 의사가 대화를 나누며 관심을 보였을 때는 환자가 소송을 제기하지 않으려고 하지만, 의사가 신경을 쓰지 않았다고 생각되었을 때는 소송을 제기할 가능성이 크다고 한다. 고객을 위한 노력이 고객을 내 편으로 만드는 법이다.

다섯째, "조금만 더 일찍 오셨더라면…"이라는 말은 하지 않는다.

'니어미스(near miss)'라는 말이 있다. 주로 안전관리 분야에서 쓰이는데, '항공기끼리 충돌할 뻔한 사태'를 뜻하는 말로, '위기일발의 순간'을 일컫는다. 일어나서는 안 되는 상황이다. 이를 서비스 접점에 비유하면 '조금 빗나간 상태'라고 할 수 있는데, 예컨대 이런 경우다. 이번이 아니면 이틀 후에나 출발하는 비행기를 타야 하는 고객에게 승무원이 "1분만 더 빨리 전화하셨다면 마지막 남은 승차권을 구입할 수 있었을 텐데요"라고 말하면 고객의 안타까움만 커지게 할 뿐 누구에게도 도움이 되지 않는다. "죄송하지만 승차권이 매진되었습니다"라고 말하는 것이 낫다. 서비스맨은 고약한 문지기가 아니라 언제나 고객을 편안하게 해주는 전달자가 되어야 한다.

여섯째, "남들도 다 그렇다"라고 말한다.

병원에서 의사가 건강검진 결과를 환자들에게 알려줄 때 꼭 하는 말 중의 하나가 "이런 증상이나 수치는 한국 사람들에게 흔히 나타난다"는 것이다. 환자들을 안심시키려고 하는 말인 경우가 많다. 이와 반대로 다른 사람들과 다른 결과라서 흡족해할 때도 있다. 그들에게는 미안하지만 나에게는 그런 일이 안 생겨 다행이라고 위안을 삼는다. 이러한 심리를 서비스에 활용하면 많은 도움이 될 수 있다. 상품이 동이 나서 안타까워하는 고객에게 "다른 분들도 구입하지 못하고 돌아갔다"고 말해주거나, 응모에 당첨된 고객에게 "많은 분들이 탈락했는데, 고객님은 행운아다"라고 알려주는 것이다.

우리가 항상 잊지 말아야 할 말이 있다.

"고객들은 우리처럼 생각하지 않는다."

고객의 시간을 왜곡하라

시간의 심리학

1853년 미국에서 고층 빌딩 붐이 일어나면서 엘리베이터를 개발한 오티스의 매출이 급상승했다. 그러나 매출이 늘어나는 것과 더불어 증가하는 고객들의 불만이 오티스를 당혹스럽게 했다. 당시 오티스의 엘리베이터는 오늘날의 엘리베이터와 비교할 수 없을 정도로 속도가 느렸는데, 고객들이 불만을 표출한 것이다. 하지만 속도를 향상시키는 문제는 단기간에 해결할 수 있는 것이 아니었다.

그러던 중 한 가지 특이한 점을 발견했다. 엘리베이터를 구매한 거의 모든 건물들이 불만을 쏟아내는 상황에서 오직 한 건물만 불만을 제기하지 않았던 것이다. 이를 궁금하게 여긴 오티스 직원들이 이 건물을 방문했고, 궁금증에 대한 답을 찾아냈다. 그 건물의 관리인이 엘리베이터 안에 거울을 설치한 후 사람들의 불만이 사라졌다고 말해준 것이다. 이 관리인은 사용자들이 엘리베이터의 속도에 불만을 가졌다기보다 엘리베이터 안에서 별로 할 일이 없어 못견뎌 한다는 점을 알아차린 것이다.

이후 오티스는 모든 엘리베이터에 거울을 부착했다. 속도를 더 빠르게 하거나 더 많은 엘리베이터를 설치하려 했다면 꽤 많은 돈과 시간이 들었을 테지만, '시간의 심리학'으로 어렵지 않게 문제를 해결할 수 있었던 것이다.

휴일에 놀이공원에 가면 놀이기구마다 기다리는 사람들로 길게 줄이 늘어서 있다. 고작해야 몇 분 정도 타기 위해 한 시간씩 기다려야 할 때도 있다. 그래도 대부분 큰 짜증 없이 순서를 기다린다. 반면에 은행이나 음식점 같은 곳에서는 15분 정도 기다리는데도 짜증을 내는 사람이 많다. 왜 이런 차이가 생기는 걸까? 기다리는 시간에 대한 지각의 차이 때문이다. 영국의 철학자 조지 버클리(George Berkeley)는 "존재하는 것은 지각되는 것이다"라는 말로 기다린 시간에 대한 지각은 실제로 지나간 시간과 현저하게 다를 수 있음을 설파했다. 서비스를 받기 위해 얼마나 오래 기다렸는가를 물었을 때 실제 시간의 2배쯤으로 대답하는 것이 별로 이상한 일이 아니다. 관련 연구를 보아도 고객은 기다리는 시간을 실제보다 훨씬 더 길게 평가한다.

지각의 차이를 극복하려면 고객 입장에서 기다리기에 적당한 시간이 어느 정도일지를 깊이 생각해보아야 한다. 일반적으로 패스트푸드점에서는 5분, 레스토랑에서는 30분 정도까지 기다릴 수 있다고 한다.

피크타임과 대기시간 관리, 이 2가지는 고객만족도를 좌우하는 결정적 요소로 작용한다. 실제 서비스가 좋아도 기다리는 시간이 길면 고객만족도에 부정적인 영향을 미칠 수 있다는 연구 결과도 있다.

제품이나 서비스 품질 면에서 큰 차이를 만들기 어렵다면 덜 기다리게 해주는 것이 또 다른 경쟁력의 원천이 될 수 있다. 특히 한국 사람들은 성미가 급해서 기다림을 더 못 견뎌 한다. 바꾸어 말하면 '기다림의 차이가 곧 서비스의 차이'인 것이다.

대기시간의 지루함을 유쾌하게 바꾸려면

나는 강의차 기차 여행을 자주 하는 편이다. 때로는 역에서 2시간을 기다리기도 한다. 그런데도 지루하거나 무료하다고 느낀 적이 없다. 대합실이나 인근 카페에서 밀린 원고를 쓰거나 노트북을 꺼내 다음 강의 준비를 하기 때문이다.

너무 지루해서 시계를 자꾸 쳐다볼 정도로 시간이 안 간 적이 있었을 것이다. 반면에 시간 가는 줄 모르고 뭔가에 빠진 적도 있었을 것이다. 이렇듯 객관적인 시간은 별로 중요하지 않을 수 있다. 주관적이며 심리적인 시간에 주목해야 한다.

여기에 연구자들이 개발한, 기다림의 심리를 관리하는 몇 가지 규칙을 소개한다.

첫째, 줄 밖에서 대기하게 하라.

경쟁이 치열한 패밀리레스토랑이나 카페는 대기시간의 지루함을 줄이기 위해 여러 혁신적인 방법들을 고안해냈다. 진동벨을 나누어주고 기다리는 동안 다른 활동을 할 수 있게 한 것도 그중 하나다. 줄을 서지 않게 하여 물리적, 정신적으로 기다림에서 해방된 느낌을 갖게 하는 것이다.

스타벅스는 앱을 이용해 커피를 선택, 결제한 후 매장에서 바로 커피를 받을 수 있는 서비스를 제공 중이다. 아웃백스테이크에서는 앱으로 메뉴를 안내한다. 기다리는 동안 메뉴를 확인할 수 있고, 음식을 선택할 경우 결제금액이 표시되는 계산 기능도 갖추어 예산에 맞게 메뉴를 정할 수 있다. 미국의 디즈니랜드는 패스트패스(fast pass) 서비스를 시행하고 있다. 이용객이 놀이기구 입구에 설치된 패스트패스 자판기에 입장권을 넣으면 티켓이 나오는데, 여기에 언제까지 돌아오면 이용할 수 있는지 시간대가 찍혀 있다. 대기시간 자체를 줄여주는 것은 아니지만 줄 서는 시간을 활용해 레스토랑 등 다른 곳에서 시간을 보내다 오라는 소리다. 줄에서 해방된 고객들이 다른 서비스를 이용함에 따라 매출이 올라가는 부수적인 효과가 작지 않다. 물론 고객만족도도 올랐다.

둘째, 고객에게 정보를 제공하라.

줄을 서서 얼마나 기다려야 하는지 알 수 없는 상황은 고객을 답답하고 초조하게 만든다. 하지만 자신의 위치나 예상 대기시간에 대한 정보를 제공받으면 편안한 느낌을 가질 수 있다. '여기서부터 대기시간은 30분입니다'라는 표지를 보면 불확실성이 제거되어 안정감이 든다. 사람은 예상치가 명확하면 대기시간을 잘 견디는 경향이 있다. 비행기가 언제 이륙할지 전혀 감을 잡을 수 없는 경우보다 출발지연에 대해 안내방송을 들을 경우 기다림을 더 잘 참아내는 경향이 있다.

LA의 화이트메모리얼병원은 전자관리시스템(RFID, radio frequency identification)을 활용하여 정보를 제공한다. 다양한 정보가 저장되어 있는 RFID로 환자는 물론 가족에게도 진행 상황이나 대기시간 등을 알려주고 있다. 우리나라에서도 이 시스템을 사용하는 병원들이 늘고 있다.

셋째, 주의를 전환할 거리를 제공하라.

다른 활동을 하면서 기다리게 하는 것도 좋지만, 그것만으로는 충분치가 않다. 고객들이 주의를 전환하고 집중할 수 있는 거리도 제공해야 한다. 뉴욕의 록펠러센터는 기다리는 고객들을 위해 다큐멘터리 영화를 보여준다. 도넛으로 유명한 크리스피크림은 고객들이 생산 과정을 눈으로 볼 수 있게 투명창을 설치했다. 서울 명동에 있는 중국식 샤브샤브 전문점 하이디라오는 고객들에게 팝콘, 과일, 과자 등을 제공하여 오랜 기다림의 시간이 심심하지 않게 달래준다. 심지어 네일케어와 마사지, 신발을 닦아주는 서비스까지 무료로 해준다. 기다림이라는 서비스의 치명적인 약점을 남다른 강점으로 승화시킨 사례라고 할 수 있다.

앞서 설명한 3가지 관리법을 가장 잘 활용하고 있는 곳이 바로 놀이공원이다. 놀이공원은 줄이 시작하는 곳에서부터 대기시간을 표시하여 고객들이 얼마나 기다려야 하는지를 알 수 있게 한다. 또 지루함을 느끼기 쉬운 직선이 아닌 S자형이나 미로로 꼬불꼬불하게 줄을 세우고, 다른 놀이시설을 바라볼 수 있도록 동선을 배치한다. 디즈니랜드는 대기시간을 약간 과장해서 표시하는 방법으로 안내된 시간보다 덜 기다렸다는 생각을 갖게 만든다. 또한 각종 볼거리를 제공하고 미키마우스가 말을 걸거나 장난을 쳐서 지루함을 잊게 한다.

넷째 고객에게 좋은 인상을 줄 수 있는 고객응대법을 훈련하라.

접점 직원의 행동은 대기 경험의 품질에 작지 않은 영향을 미친다. 고객에게 인사를 하거나 눈을 맞추는 등의 행동을 통해 직원이 고객을 잊지 않고 있다는 점을 알려주기만 해도 지루함을 덜어줄 수 있다.

한 조사기관에서 고객이 직원의 인사를 받을 때까지 소요되는 시간을 측정한 뒤 고객에게 얼마나 기다렸느냐고 물어보았다. 이 조사에서 모든 고객은 실제로 기다린 시간보다 훨씬 오래 기다렸다고 응답했다. 30~40초 정도 기다렸으면서 3~4분 정도 기다린 것으로 느꼈다. 직원이 자신의 존재를 알아줄 때까지의 시간이 그만큼 지루했다는 이야기다. 고객과 눈을 마주치는 것은 "저는 고객이 거기 계신 것을 잊지 않고 있습니다"라는 뜻을 행동으로 보여주는 것이다. 즉각적인 인사나 고객과의 눈맞춤이 기다리는 시간을 짧게 느끼게 하고 고객의 스트레스를 줄여줄 수 있다.

한 가지 더 신경 쓸 점은 대기 중인 고객이 직원들을 어떻게 바라볼지를 염두에 두어야 한다는 것이다. 연구에 따르면 직원들이 빈둥거리는 듯한 모습이 대기시간을 더 길게 느껴지게 한다고 한다. 이른바 '관측된 게으름'이 고객을 더 지루하게 만든다는 것이다.

은행에서 순서를 기다리고 있을 때 제일 짜증나는 일 중의 하나는 사람은 많아지는데 창구직원이 자리를 비우고 안쪽에서 다른 업무를 보고 있는 것이다. 백화점에서도 그렇다. 계산대 앞에서 사람들이 줄을 길게 서 있는데 한쪽 카운터에서 재고장부를 정리하는 직원의 모습을 보면 원망스럽다. 그러므로 직접 고객응대를 하지 않는 직원은 아예 고객의 눈에 띄지 않는 곳에서 일을 보거나 아니면 직접 나서서 바쁜 창구 업무를 도와야 한다.

눈에 보이지 않는 줄은 어떻게?

먼저 문제를 하나 내겠다. 은행원 1명이 근무 중이고 대기라인의 평균 고객수가 12명인 상황에서 은행원을 1명 더 고용하면 대기라인의 평균 고객수는 얼마가 될까? 대부분 6명으로 줄어들 거라고 대답한다. 하지만 '불행히도' 이는 틀린 대답이다. 1명에서 2명으로 늘리면 '다행히도' 그 효과가 90% 이상 나타나 대기라인의 평균 고객수가 1명으로 줄어들게 된다. 이처럼 서비스 능력은 조금만 보충해도 큰 효과를 발휘하는 것이다. 그런데도 많은 회사가 인건비를 줄이고 생산성을 높이기 위해 조금 부족한 수의 상담원으로 콜센터를 운영한다. 급히 해결할 문제가 있는 고객은 불만스러울 수밖에 없다. 때로 이런 불만이 전화 폭력으로 표출되기도 한다.

눈에 보이는 줄과 보이지 않는 줄에 섰을 때 고객의 기분은 어떻게 다를까? 결론부터 말하면 정반대다. 계산하려고 줄을 섰을 때 앞의 많은 사람들을 보고 처음에는 한숨부터 나오지만 계산대에 가까이 갈수록 마음이 편안해지고 드디어 자기 차례가 되면 만족감을 느끼게 된다. 이와 반대로 줄이 보이지 않는 콜센터의 경우에는 편안한 마음으로 통화를 시도했다가 연결이 잘되지 않거나 계속해서 통화 중 대기 상태가 되면 점점 기분이 언짢아지고 그러다 폭발 직전까지 가게 된다. 고객은 마주 보고 있지 않으면 더욱 초조해한다.

이러한 상황을 완화하기 위한 방법을 생각해보자.

첫째, 기다릴 것인지를 선택하게 한다.

대기하는 고객에게 전화번호와 원하는 시간을 남겨주면 그 시간에 직원이 전화를 드리겠다고 약속하는 것이다. 이러한 제안에도 불구하고 그냥 기다리겠다는 고객은 자신이 선택한 것이므로 불쾌감을 덜 느낀다. 전화 외에 다른 채널을 소개할 수도 있다. 콜센터를 이용하는 고객에게 시간을 절약하고 싶으면 인터넷뱅킹을 이용하라고 권하는 것이다.

둘째, 진행 상황을 한 번 더 알려준다.

현재는 콜센터시스템으로 "지금 대기 중인 고객은 20명입니다" 하는 식으로 고객이 대기자들 중에서 몇 번째인지를 알려주고 있는데, 여기서 한 걸음 더 나아가 중간중간 "지금은 10명이 대기 중입니다"와 같이 진행 상황을 한 번 더 안내해주면 아주 효과적일 것이다.

여기서 참고할 흥미로운 사실은 뒤에서 기다리는 사람의 수도 고객에게는 중요한 정보라는 것이다. 현금인출기와 우체국에서의 줄 서기에 대한 연구에 따르면, '고객들은 줄 뒤에 서 있는, 자기보다 '불행' 한 사람들과도 비교를 하는 경향이 있기 때문에 뒤에서 기다리는 사람의 수가 중요하다'고 한다. 그래서 뒤에서 기다리는 사람이 많으면 자신의 위치를 고수하기 위해 대기 줄에서 이탈하지 않으려고 한다. 이를 전화 등 눈에 보이지 않는 줄에도 적용할 수 있다. 뒤에 대기 중인 통화건수를 알려주면 중간에 전화를 끊는 고객의 수를 줄일 수 있을 것이다. 고객들이 전화로 상품을 주문하는 홈쇼핑 콜센터에서 특히 필요한 부분이다.

셋째, 고객의 허락을 구하는 표현을 한다.

어떤 통화에서나 기다림은 문제가 된다. 이때 "잠깐 기다리실 수 있나요?"라고 물어보는 것이 좋다. 이렇게 허락을 구하는 표현을 쓰면 고객에게 자신의 시간을 존중한다는 느낌을 줄 수 있다. 마지막에는

"기다리시게 해서 죄송합니다"와 같은 표현을 사용한다. 기다리는 동안의 부정적인 느낌을 알고 있음을 암시하는 표현이다. 이보다 더 좋은 표현은 "기다려주셔서 감사합니다"이다. 긍정의 느낌을 주기 때문이다.

대기시간 관리는 서비스 품질에 결정적 영향을 미칠 수 있다. 속도가 경쟁력인 시대에 물리적 시간 자체를 줄이는 노력과 함께 주관적 시간을 짧게 만들어주는 기다림의 심리학을 현장에서 적극 활용할 필요가 있다.

가격에 숨은 서비스의 비밀

공짜 점심은 가짜

미국의 서부개척시대에는 술집에서 술을 많이 마신 단골손님들에게 공짜로 점심을 대접했다. 그런데 어느 날 술이 조금 덜 취한 손님이 있었다. 그는 술값을 치르고 밖으로 나와 자신이 낸 돈을 곰곰이 따져보았다. 거기엔 술값만이 아니라 점심값까지 포함되어 있었다. 그 일이 있은 후로 그곳 사람들은 '공짜 점심은 없다'는 말을 너도나도 쓰게 되었다.

그런데 '공짜'는 아직도 살아 있다. 일정량을 모으면 특정 선물이나 무료서비스의 혜택을 주는 쿠폰제도, 하나를 사면 하나를 더 주는 원플러스원(1+1), 반값 할인 등의 형태로 공짜서비스와 마케팅이 활개를 치고 있다. 공짜라는 의미의 'free'와 경제학의 'economics'를 합쳐 만든 '프리코노믹스(freeconomics)'라는 신조어까지 생겼다. 마치 공짜의 전성기를 맞은 듯하다.

하지만 알고 보면 공짜가 아닌 것들이 대부분이다. 대부분 그 속에 소비자가 지불해야 할 돈이 들어 있다. 덤으로 제공되는 증정품도 본 상품의 가격에 포함되어 있고, 2만 원 이상 구매 시 해주는 무료배송도 그 안에 비용이 반영되어 있는 것이다. "공짜 치즈는 쥐덫에만 놓여 있다"는 러시아 속담 그대로다.

그런데도 소비자들은 공짜에 비이성적으로 흥분한다. 미국의 행동경제학자 댄 애리얼리의 흥미로운 실험 결과를 보자. 고급 초콜릿은 도매가격의 절반인 15센트에, 일반 초콜릿은 1센트에 팔았다. 그랬더니 73%의 소비자가 고급 초콜릿을 선택했다. 품질의 지표로 가격을 사용한 것이다. 이번에는 두 초콜릿을 모두 1센트씩 낮추어 일반 초콜릿을 공짜로 주자 69%가 일반 초콜릿을 선택했다. 두 초콜릿의 가격 차이가 여전히 14센트인데도 불구하고 0센트, 즉 공짜이기 때문에 일반 초콜릿을 더 선호한 것이다. 이처럼 할인과 공짜는 사람들을 비이성적으로 흥분시키는 마력을 가지고 있으며, 소비자들은 이것을 선택하며 자신에게 이익이 되는 선택을 했다고 확신한다.

나는 직장과 가깝고 음식 맛도 괜찮은 충정로 근처의 한 중식당의 단골이었다. 한번은 교수님 몇 분과 공동 집필할 교재에 대해 협의하기 위해 그곳에서 미팅 겸 점심을 하게 되었는데, 디저트로 매실차가 나오기에 "커피도 줄 수 있느냐?"고 물어보았다. 계산을 하는데 생각보다 많은 금액이 나와 영수증을 훑어보니 커피값이 한 잔에 5,000원씩 청구되어 있었다. 종업원이 미리 말해주지 않은 것도 섭섭했지만 식당에서 주는 커피는 공짜라고 알고 있었기에 더 섭섭했다. 그날이 내가 그 중식당에 간 마지막 날이었다. 그때 서비스 전문가인 내게 직업병처럼 떠오른 생각이 2가지 있었다. 하나는 '충성도가 높은 단골고객은 높은 가격을 받는 데 유리할까?'였다. 정답은 '불리하다'이다.

2014년 말 〈마케팅저널(Journal of Marketing)〉에 '기꺼이 더 낼 것인가, 한사코 깎을 것인가(Willing to Pay More, Eager to Pay Less)'라는 위트 넘치는 제목의 논문이 게재되었다. 학계 최초로 고객충성도가 가격 결정에서 어떤 역할을 하는지를 분석한 내용이었다. 논문이 내린 결론은 충성도가 높은 고객은 가격 협상 시 판매직원으로부터 일종의 '사은' 명목으로 상당한 할인을 받음으로써 충성도를 유지 또는 강화한다는 것이다. 하지만 여기서 끝나는 게 아니다. 고객은 자신의 충성도를 바탕으로 다시 가격 인하를 압박하는 '이차적 할인'에 들어간다. 일종의 '로열티 디스카운트' 효과가 발생하는 것이다. 내가 단골의 프리미엄으로 당연히 할인이나 공짜를 기대했는데 그것이 무산되자 거래를 끊은 것도 여기에 해당한다고 볼 수 있다.

다른 하나는 중식당에서 '디저트용 커피값을 별도로 청구하지 않고 미리 음식값에 포함시켰더라면 어땠을까?' 하는 것이었다. 아마 나는 아직도 그 중식당의 단골 노릇을 하고 있을 것이다.

가격 책정법 ① 통합 vs 분할

가끔 공항의 항공사 창구에서는 티켓을 발행하는 승무원과 승객 사이에 실랑이가 벌어지곤 한다. 수하물 때문이다. 항공 수하물은 무게와 부피에 따라 요금을 부과하는데, 항상 약간의 차이를 두고 옥신각신하게 된다. 만약 이때 수하물 하나당 10만 원 정도를 부과한다면 제법 큰소리가 날 것이다. 하지만 항공사는 그만큼 비행기 요금을 낮출 수 있고 매출액 증대를 기대할 수 있다. 이와 달리 수하물 요금을 비행기 요금에 포함시킨다면 편리해진 고객들이 더 만족스럽게 생각할 수 있고, 승무원들도 다툴 필요가 없어져 좋아할 것이다. 이런 연유 때문에 사우스웨스트항공은 '비용으로부터의 자유(freedom from fees)'라는 이름으로 통합가격정책을 실시하여 유류할증료, 수하물 비용 등을 청구하는 다른 항공사들과 자사를 차별화하고 있다. 덕분에 승무원과 승객들의 언쟁도 사라졌다.

어느 신문에서 '중형 승용차라면 70~80만 원 정도의 무상 수리비가 차량 가격에 포함되어 있을 것'이라는 내용을 읽은 적이 있다. 자동차회사들이 차를 판매할 때 가격의 6~12%에 해당하는 무상보증 수리비를 판매 가격에 포함시키고 있다는 것이다. 새 차를 구입하면 보통 3년, 6만km를 무상보증 기준으로 제시한다. 하지만 이 기간 안에 서비스를 받지 않으면 고스란히 수리비를 손해 보는 셈이다. 그래도 구매자들은 이의를 제기하지 않는다. 자동차회사뿐만 아니라 최근에는 여행사들도 여행 상품에 제반 사항을 포함시킨 가격을 제시한다.

기업들이 이렇게 판매 가격에 각종 비용을 포함시키는 이유는 분명하다. 소비자들이 기타 비용에 신경 쓰지 않도록 하면서 무상보증이나 무료라는 표현을 써서 더 많은 서비스를 받는다고 여기게 하여 결과적으로 신뢰성을 확보할 수 있기 때문이다. 이처럼 통합가격정책은 고객들에게 지불의 고통을 덜어주고 소비를 즐기도록 할 수 있다.

그렇다면 모든 비용을 하나로 묶어 통합된 가격을 제시하는 것이 만족도를 높이는 최선의 가격정책일까? 이를 모든 상황에 똑같이 통용해도 좋을까? 대답은 '그렇지 않다'이다.

아일랜드의 저가항공사인 라이언에어(Ryanair)는 영국 런던에서 스페인 바르셀로나까지 단돈 20달러만 받는다. 대신 고객이 활주로에서 타고 내리도록 하며, 기내 음식이나 음료는 모두 유료로 판매하고, 수하물 처리도 비용을 따로 부과한다. 또한 성수기에는 100달러 이상의 비싼 운임을 부과하여 저운임에 따른 저수익 문제를 상쇄하고 있다. 자사 웹사이트를 통한 호텔예약서비스, 렌털서비스, 기내 광고 등을 통해 수입을 올리기도 한다. 그런데도 연간 130만 명 이상이 라이언에어를 이용한다고 한다.

전 세계의 고급 레스토랑이나 호텔에서도 분할가격정책을 시행하고 있다. 이들이 발행하는 계산서를 보면 1박당 숙박요금과 세금이 구분되어 있고 팁까지 별도로 표시되어 있다. 다른 조건들이 모두 동일하다면 통합 가격보다는 분할 가격을 제시하는 것이 고객들을 끌어들이기에 유리하기 때문이다.

호텔에서 고객은 기본 가격(숙박요금)에 집중하는 경향이 있다. 숙박요금은 정확하게 기억하면서 세금이나 팁이 얼마인지는 곧잘 잊어버린다. 전체 가격을 올리는 각종 수수료에는 신경을 쓰지 않는 것이다. 판매업체 입장에서도 포함시킬 것은 다 포함시키면서도 가격을 높게 책정했다는 비난을 피할 수 있다.

분할가격정책을 시행할 때 유의할 사항이 있다. 추가되는 요금이 무엇인지 고객에게 사전에 정확히 알려주어야 한다는 것이다. 3박 4일

상품의 가격이 75만 원이라고 광고한 여행사가 있었다. 그런데 알고 보니 그게 전부가 아니었다. 유류할증료로 10만 원이 붙고, 단체비자 발급비로 35,000원, 가이드 봉사료로 40달러가 추가되었다. 여기에다 '옵션'이라는 이름으로 권유하는 선택관광 비용까지 더하면 배보다 배꼽이 더 크다고 할 만큼 비용이 올라갔다. 공연 관람이나 마사지 같은 옵션 비용도 현장에서 추가되는 경우가 허다했다. 이 여행사에 대해 고객들의 불만이 쏟아진 것은 물론이다.

가격 통합이 다 좋은 게 아니듯 가격 분할도 모든 상황에 통용되는 만병통치약은 될 수 없다. 그러므로 어느 전략을 채택할지는 우리 고객이 업체별 가격을 비교하는지, 기본 가격과 수수료 중 어느 것에 더 민감하게 반응하는지, 동종업계는 어떻게 하고 있는지 등을 모두 고려해야 한다.

가격 책정법 ② 인상 vs 인하

가격은 수익과 직결된다는 점에서 비즈니스에서 가장 중요한 요소라고 할 수 있다. 그런데 흔히 생각하듯 가격을 올리면 수입이 증가할까? 정답은 '그럴 수도 있고 아닐 수도 있다'이다.

자동차 가격을 10% 올렸는데 판매량이 15% 감소했다면 수입은 감소하게 된다. 휘발유 가격을 10% 인상했는데 수요가 3% 정도 감소했을 경우에는 수입이 증가한다. 마케팅에서 가장 중요한 것은 뭐니뭐니 해도 가격정책이다.

가격정책의 첫 번째 핵심은 고객이 기꺼이 사줄 만한 가격 중에서 최고치를 골라내는 것이다. 가격(이익)과 수요(판매량)를 곱했을 때 그 값이 최대치에 이르는 지점을 찾아야 한다. 이때 유의할 점은 초기에 판촉 목적으로 할인 가격을 제공하는 경우 이후 적용되는 정상 가격은 얼마인지를 구체적으로 알려주어야 한다는 것이다. 그렇지 않으면 나중에 고객의 이의와 불만이 제기될 소지가 있다.

가격정책의 두 번째 핵심은 '공정성'이다. 공정성은 고객의 공감과 만족도를 좌우하는 핵심 키워드다. 오늘날의 고객은 수동적으로 기업에서 결정하는 가격에 순응하지 않는다. 가격 정보를 파헤치고 퍼뜨리며 불공정하다고 생각되면 소셜미디어 등을 통해 세를 규합하여 기업을 공격한다.

2011년 9월 미국의 금융그룹 뱅크오브아메리카(Bank of America, BOA)가 직불카드에 매월 5달러씩 수수료를 부과하겠다고 발표하자 고객들이 격렬히 반대했다. 결국 BOA가 이를 견디지 못하고 방침을 철회했는데, 여파는 금방 사그라지지 않았다. 2011년 말까지 계좌 해지 건수가 전년 동기 대비 20%나 증가했다.

"더운 날 콜라값이 더 비싼 건 공정하지 않습니까?"

코카콜라가 1999년 10월 기발한 아이디어를 내놓았다. 자동판매기에 온도감지센서를 달아 온도가 올라가면 콜라값을 평소보다 올려 받겠다는 계획이었다. 가격을 수요공급의 법칙에 맞추어 달리함으로써 이윤을 극대화하려는 것이었다. 경제학적으로 볼 때는 지극히 합리적이었다. 하지만 '똑똑한' 자판기에 대해 소비자들은 "소비자를 착취하는 처사다", "갈취와 다름없다"며 원색적 비난을 퍼부었다. 이에 코카콜라는 "단순한 아이디어일 뿐 여름철 추가 요금을 부과할 계획이 전혀 없다"며 황급히 진화에 나섰고, 이 일을 주도한 더글러스 이베스터(Douglas Ivester) 회장은 이 일을 포함한 여러 경영상의 실수로 해고되고 말았다. 왜 소비자들은 코카콜라의 아이디어에 분노했던 것일까?

이 같은 소비자들의 반응을 설명하는 개념으로 '가격 공정성 인식(price fairness perception)'이 있다. 소비자들은 어떤 가격이 높은지 낮은지를 평가할 때 과거 경험이나 현재 상황을 고려한다. 즉, 과거에 어느 정도의 가격에 구입했는지 생각하고 자신이 수용할 수 있는 기대 가격을 정한 후 이에 비추어 적절성 여부를 판단한다. 제시된 가격이 기대 가격보다 높으면 공정치 않다고 보고 불쾌감을 나타낸다. 만약 코카콜라가 더운 날에 콜라값을 올려 받는 것과 함께 추운 날에는 싸게 판다는 점을 알렸더라면 소비자들의 반발을 사지 않고 더 많은 매출을 올렸을지도 모른다.

새로운 가격정책이 소비자의 반대에 부딪히지 않고 수용되게 하려면 경제학적으로 판단하는 것과 아울러 공정성에 대한 인간의 인식까지 깊이 살펴야 한다. 고객을 수익 창출의 수단이 아닌 가치 창출의 동반자로 삼는 정책으로 공감대를 이끌어내야 한다.

'한국은 글로벌 유통업체의 무덤'이라는 말이 있었다. 세계적인 월마트나 까르푸가 견디다 못해 떠난 것을 두고 나온 말이었다. 그러나 코스트코는 미국 본사의 영업 스타일을 그대로 고수한 채 한국에서도 승승장구하고 있다. 그것이 어떻게 가능했는지는 코스트코 본사의 벽면에 붙어 있는 문구가 말해준다.

"제품 공급자들에게 : 어떤 비판과 조언도 환영합니다. 다만 최대한 낮은 가격의 품질 좋은 제품을 부탁합니다."

창업자 짐 시네갈(Jim Sinegal)은 제품을 싸게 공급받기 위해 최대한 노력하면서도 그 이익을 회사가 많이 취하는 것을 극도로 경계했다. '15%의 마진율을 지킨다'가 그의 경영 원칙이다.

"15%는 우리도 돈을 벌고 고객도 만족하는 적당한 기준이다. 그 이상 이익을 남기면 기업의 규율(discipline)이 사라지고 탐욕을 추구하게 된다. 나아가 고객들이 떠나고 기업은 낙오한다."

아마존도 유통마진율을 15% 이하로 묶고 있다. CEO인 제프 베조스는 "우리 몫을 고객에게 돌리면 더 많은 고객이 몰려온다"고 역설한다. 이것이 바로 고객과 가치를 나누고 기업의 사회적 책임을 다하는 고객만족경영이다. 참고로 국내 대형 마트의 마진율은 30%가 넘는다.

"당신을 돈주머니로 소중히 여깁니다"가 아니라 "당신을 인간적으로 소중히 여깁니다"라는 가격정책을 써야 한다. 그래야 고객도 살고 기업도 살 수 있다. 그런 기업이 고객의 선택을 받는다.

품격이 지갑을 열게 한다

돼지의 의문

소와 돼지가 이야기를 나누고 있었다. 돼지가 말했다.

"왜 사람들은 나를 좋아하지 않는 걸까? 내가 베이컨과 햄, 소시지까지 제공하는데 말이야. 게다가 내 뻣뻣한 털도 다 쓸 데가 있거든. 그런데도 나를 멀리하고 자네만 좋아한단 말이지."

그러자 소가 말했다.

"죽고 나서 전부를 주는 건 나도 마찬가지야. 그런데 나는 살아 있는 동안에도 날마다 신선한 우유를 주고 있거든."

사람도 죽을 때는 모든 것을 놓고 간다. 그러나 소처럼 살아서도 자신의 것을 나눌 수 있다면 얼마나 좋을까. 우리 조상들은 덕과 학문을 갖춘 인품이 높은 사람을 '선비'라고 불렀다. 선비는 사람들로부터 존경과 사랑을 받았다.

기업이나 브랜드가 고객들로부터 계속해서 신뢰와 지지를 받기 위한 조건 또한 선비와 다르지 않다. 정직과 진심에 기반한 의존 가능성(dependability), 고객의 행복을 추구하는 선한 동기인 내적 이타성(benevolence), 그리고 고객관계의 발전을 위한 일관된 행동인 예측 가능성(predictability)이 필요하다. 기업들이 윤리경영, 사회공헌활동(CSR, Corporate Social Responsibility), 공유가치 창출, 지속가능경영 등을 화두로 삼아 정직, 신뢰, 나눔, 공생, 윤리의식 등을 브랜드에 담아내려고 하는 것도 이 때문이다.

지금은 하드파워(품질)가 아닌 소프트파워(품격)의 시대다. '마케팅의 아버지'로 불리는 필립 코틀러(Philip Kotler)는 《마켓 3.0(Market 3.0)》이라는 책에서 오늘날의 시장에서는 기업의 사회적 가치가 중요해졌기 때문에 기업이 지속 성장하기 위해서는 브랜드가 '품격(integrity)'을 갖춰야 한다고 주장했다. 품격 있는 브랜드란 '의지할 만하고 믿을 만하며, 나를 염려하고 존중해주고, 더 나아가 존경하고 싶은 마음이 우러나게 하는 브랜드'라고 정의할 수 있다. 결국 품격은 소비자와의 신뢰관계를 구축하고자 하는 모든 브랜드가 갖추어야 할 조건인 것이다. 최순화 삼성경제연구소 수석연구원은 "브랜드와 소비자가 공동체관계를 성립할 때 품격이 생성되며 브랜드 성공으로 이어진다"고 말하면서, 품격 있는 브랜드의 요건으로 고객이 신뢰할 수 있는 탁월한 품질을 보증하는 '실력', 고객과 지역사회 등의 이해관계자들을 돕고 나눔을 실천하는 '배려', 그리고 분명한 콘셉트와 정체성을 고수하는 브랜드의

'지조'를 꼽았다.

이와 같은 브랜드의 품격으로 성공한 예로 친환경식품 전문 브랜드인 '트레이더 조'를 들 수 있다. 유기농식품을 합리적인 가격으로 제공하면서(실력), 동식물의 복지를 배려하는 사회적 활동에 앞장서고(배려), 소규모 매장 원칙을 고수(지조)하여 브랜드의 품격을 쌓았다.

또 다른 성공 사례로 '팀버랜드'가 있다. 국내에서는 신발의류 브랜드 정도로 알려져 있지만 '미국에서 가장 일하기 좋은 100대 기업'으로 선정되었고 진정성 있는 사회활동으로 기업들의 벤치마킹 대상이 되고 있다. 팀버랜드는 1999년부터 지역공동체를 위한 자원봉사서비스인 '봉사의 길(Path of Service)'에 참여했다. 그런데 활동을 시작한 지 2년 만에 수익이 급감하는 최악의 위기 상황에 봉착하게 되었다. 그런 상황에서도 팀버랜드는 '봉사의 길'은 브랜드 DNA에 절대적인 요소라며 활동을 지속했고, 진정성 있는 팀버랜드의 결단력에 반한 소비자들은 꾸준한 제품 구매로 화답했다. 이제 뛰어난 성능과 값싼 가격만으로 경쟁하던 시대는 지났다. 소비자는 우수한 맞춤서비스, 관대한 환불정책, 전문교육을 받은 직원, CSR전략이 뛰어난 매장일수록 추가비용을 지불해야 된다고 무의식적으로 생각한다.

우리 기업들도 고객과의 공동체관계를 발전시켜 품질만이 아닌 품격으로 세계 기업들과 승부할 때가 되었다. 팀버랜드나 트레이더 조처럼 실력, 배려, 지조를 두루 갖춘 품격 있는 브랜드 가치로 고객의 신뢰와 사랑을 받을 수 있어야 한다.

고객에게 사랑의 감정을 불러일으키려면

정크푸드의 대명사격인 맥도날드가 전 세계의 소비자로부터 꾸준히 선택받는 이유는 무엇일까? 바로 논리를 넘어선 소비자의 '사랑' 때문이다. 소비자에게 사랑받는 브랜드는 다양한 형태로 끊임없이 사랑의 감정을 불러일으킨다.

사랑에 관한 연구들 가운데 가장 유명한 것은 미국 터프츠대 심리학과 교수인 로버트 스턴버그(Robert Sternberg)의 '삼각형 이론'이다. 그는 사랑이 친밀감(intimacy), 열정(passion), 헌신(commitment)의 3가지 요소로 구성된다고 보았다. 삼성경제연구소의 《I Love 브랜드》는 바로 이 3가지 요소로 소비자와 브랜드의 관계를 풀어낸 책으로, 각 요소의 비중에 따라 사랑받는 유형을 구분했다. 예컨대 비자카드와 소비자는 중매결혼의 남녀관계, 〈플레이보이〉는 첫눈에 반해 불타오르는 로맨스에 비유했다. 국내 브랜드 중 박카스는 친밀감, G마켓은 열정, 포스코는 신뢰관계를 잘 구축한 것으로 평가했다. 친밀감, 열정, 헌신의 삼박자가 맞아떨어진 '완성된 사랑'의 브랜드로는 애플과 애니콜을 꼽았다.

고객에게 사랑의 감정을 불러일으키려면 먼저 고유한 정체성으로 '특유의 유별난 사랑'을 보여주어야 한다. 맥도날드는 곳곳에 매장을 두어 소비자가 쉽게 찾을 수 있게 하고 적극적인 광고를 통해 브랜드에 대한 친근감을 극대화한다. 가격도 부담스럽지 않아 아이들에게는 즐겁고 독특한 식사로, 어른들에게는 편리하고 익숙한 별식으로 다가가고 있다. 친밀감과 열정의 색깔이 강한 '낭만적인 사랑'을 보여준다. 네슬레는 친밀감은 강하지만 열정과 책임은 상대적으로 약한 '소꿉친구 사랑'의 감정을 일으키는 브랜드다. 어린 시절부터 접해오면서 생활의 일부로 여길 만큼 친숙하고 편안한 느낌을 준다.

우리가 잘 아는 장수 브랜드들은 하나같이 친숙한 이미지를 갖고 있다. 저마다 특별한 정체성을 일관되게 고수한 브랜드 전략과 콘셉트 덕분이다. 이것이 흔들리면 소비자들에게 큰 혼란과 실망을 준다. 코카콜라가 뉴코크를 출시하며 '코카콜라 클래식'을 철수시키자 소비자들이 '코크를 돌려달라'며 시위까지 벌인 일은 이 같은 사실을 아주 잘 대변한다.

그렇다면 고객에게 친밀한 정체성 있는 브랜드를 보유하기 위해서는 어떤 노력을 기울여야 할까?

고객이 선택할 이유를 제공하라

기업들은 고객의 사랑을 받기 위해 오늘도 다양한 고객만족 활동을 펼친다. 하지만 고객들은 그 기업을 선택해야 할 뚜렷한 '이유'를 찾지 못하고 있다.

피터 드러커는 "10초 안에 고객이 우리 회사를 선택해야 하는 이유를 이야기할 수 있어야 한다"고 말했다. 실제로 초우량 기업들은 고객이 선택해야 할 확실한 이유를 갖고 있다. 노드스트롬백화점은 탁월한 고객응대를, 월마트는 저렴한 가격과 다양성을, 페덱스는 스피드를, 맥도날드는 저렴한 가격과 친밀함을, 디즈니랜드는 특별한 경험을 언제나 제공한다.

기업이 고객에게 선택의 이유를 제공하려면 제일 먼저 차별화된 핵심 가치를 서비스상으로 수립해야 한다. 서비스상이란 서비스의 정체성(identity)을 구체화한 것으로, 서비스상을 수립한다는 것은 정체성 있는 서비스 브랜드의 이미지를 구축하는 것을 의미한다. 기업들이 나름의 CS 전략을 수립하여 실행함에도 불구하고 고객이 체감하지 못하는 이유는 바로 서비스 브랜드를 구축하는 데 실패했기 때문이다. "저희 회사는 고객에게 '이런 서비스'를 제공 합니다"라는 약속을 분명히 밝힐 수 있어야 한다. 여기서 '이런 서비스'란 고객과의 접촉이 어떤 방식으로 이루어지는지를 보여주는 특별한 속성을 말한다. 예를 들면 '친구처럼', '정중하게', '위생적으로'와 같은 것이다. 그리고 이와 같은 서비스상을 슬로건으로 만들어야 한다. 고객들이 한 번 듣기만 해도 금방 기억하고 떠올릴 수 있는 표현일수록 좋다. '고객을 친구처럼(Friendly Service)', '좋은 시간을 드리겠다(Have a good time)' 등을 예로 들 수 있다.

맥도날드를 즐겨 찾는 어린이들의 부모들은 '청결함'에 대한 니즈가 강하다. 그래서 맥도날드의 종업원들은 항상 바닥을 걸레질하고 테이블을 닦는 데 많은 신경을 쓴다. 그런 차원에서 맥도날드의 슬로건은 '깨끗한 곳에서 즐기는 맛'이 될 수 있다. 한결같이 고객을 귀한 존재로 정중하게 대우하는 메리어트호텔은 '당신을 최고로 모시겠습니다'를 슬로건으로 내세울 수 있을 것이다. 이처럼 '좋은 서비스'가 무엇을 의미하는지를 나름대로 정의하여 그것을 중심으로 일관되게 실천하는 것이 중요하다.

서비스 브랜드는 한두 가지 핵심에 초점을 맞출 때 생명력을 갖는다. 한 브랜드가 갖고 있는 모든 속성이 최고가 될 수는 없다. 고객의 니즈에 맞고 다른 경쟁자들을 능가할 특별한 속성을 최고 강점으로 내세워 고객의 마음속에 깊은 인상을 심어주어야 한다.

서비스상과 슬로건이 정해지면 서비스 매뉴얼을 살펴 한 방향으로 정렬시켜야 한다. 아마도 지금의 매뉴얼에는 일관성 없이 중구난방인 부분이 많을 것이다. 왜냐하면 매뉴얼을 만들 때 자사의 서비스상에 따르지 않고 다른 회사의 매뉴얼을 참고해서 만드는 경우가 많기 때문이다.

이어서 서비스 프로그램을 만드는데, 구체적인 내용으로 실감할 수 있게 해야 한다. 서비스상이 '친구 같은 서비스'라면 실제로 고객들이 '친구 같은 서비스'를 체감할 수 있도록 만들어야 한다. "우리는 다릅니다"라고 말하는 것보다 뭐가 다른지를 느낄 수 있게 하는 것이 더 중요하다.

서비스상을 체감할 수 있는 프로그램을 만든 후에는 광고와 홍보를 진행한다. 여기서 주의할 점이 있다. 순서가 바뀌면 안 된다는 것이다. 그러면 고객이 '인지 부조화'에 빠지게 된다. 다시 말해서 광고가 실천 프로그램보다 먼저 나가면 고객의 기대와 접점에서의 실제 서비스 사이에 갭이 발생하여 오히려 신뢰와 호감도를 떨어뜨리게 된다.

서비스상의 구현은 서비스상에 대한 직원들의 공감대 형성과 실천 프로그램의 교육을 통해 완성될 수 있다. 가장 좋은 방법은 고객만족헌장을 만드는 것이다. 고객만족헌장은 고객들에게 어떤 서비스를 제공하겠다는 약속을 대내외에 선언하는 문서로, 고객이라면 당연히 알고 누려야 할 권리를 알려주며 최상의 서비스 품질을 다짐하는 증서와도 같은 것이다. 개인이 자신의 결심을 문구로 만들어 벽에 붙여놓거나 남들에게 공표하면 실천력이 높아지는 것처럼, 서비스상도 고객만족헌장으로 문서화하여 선언하면 책임감과 구속력이 강화되어 현장의 실천력을 높일 수 있다.

'우리 회사의 서비스는 고객의 마음속에 어떤 인상을 남길 것인가.'

사랑받는 브랜드가 되기 위해 우리 모두가 끊임없이 던져야 할 질문이다.

끝내주는 서비스의 끝은 어디인가

냄비 남자, 뚝배기 여자

잠깐 야시시한 이야기를 꺼낼까 한다. 성관계를 통해 기쁨의 절정에 이른 상태를 '오르가슴'이라고 하는데, 이에 도달하는 남녀의 성감에 큰 차이가 있다고 한다. 한마디로 '남자는 쉽게 끓는 냄비, 여자는 천천히 달아오르는 뚝배기'라는 것이다. 또 남자는 대부분 사정을 통해 오르가슴을 느끼지만, 여자는 관계 후에도 이를 느끼지 못하는 경우가 적지 않다고 한다. 그리고 관계 후에 금세 돌아눕는 남자와 달리 여자는 안아주고 달콤한 한마디를 해주기를 바란다고 한다. 천천히 달아오른 뚝배기라 식을 때도 연착륙이 필요한 것이다. 그만큼 남자의 배려가 중요하다고 할 수 있다.

어느 여성 잡지에서 산부인과 전문의가 쓴 '남편은 냄비, 아내는 뚝배기'라는 제목의 글을 읽은 적이 있다. 남녀의 성관계 시 흥분 속도에 관한 내용이었다. 요지는 아내의 몸이 아직 뜨거울 때 남편은 바로 돌아눕지 말라는 이야기였다. 이 글을 읽으며 서비스를 주고받는 고객과 직원의 심리적 곡선과 너무나 닮았다는 것을 알게 되었다. 내가 서비스에 관해 쓴 책 《먼저 돌아눕지 마라》는 그렇게 해서 제목이 붙여졌다.

'남편은 냄비, 아내는 뚝배기'와 같은 심리적 성감곡선이 극명하게 드러나는 곳이 서비스와 세일즈의 세계다. 예컨대 자동차 세일즈맨은 계약 시점에서 만족도가 최고에 달했다가 곧바로 급격한 하강곡선을 그린다. 잔금까지 받고 나면 고객에 대한 관심도가 뚝 떨어진다. 반면에 고객의 만족도는 계약 시점이 아니라 차를 인도받으면서부터 시작된다. 고객과 세일즈맨이 심리적으로 큰 격차를 보이며 고객불만족이 생기기 시작하는 지점이 바로 이때다. 세일즈맨은 판매 시점에서 매출과 수익이라는 목표를 달성하지만 고객은 자동차 수명이 다할 때까지 세일즈맨의 관심과 사랑을 필요로 하는 것이다. "자동차를 당신한테서 구매하기를 참 잘했다"는 것을 끝까지 확신시켜줄 수 있어야 고객이 세일즈맨을 믿고 영원한 팬으로 남을 수 있다.

행동경제학의 창시자이며 노벨경제학상 수상자인 대니얼 카너먼(Daniel Kahneman) 연구팀이 154명의 실험 참가자들을 대상으로 '대장내시경의 체감 고통에 관한 연구'를 진행했다. 요즘에는 주로 수면내시경으로 검사를 받지만 당시만 해도 비수면 상태에서 내시경 튜브를 대장까지 넣어야 했기에 무척 고통스러웠다. 고통의 정도는 1분마다 0(고통 없음)부터 10(도저히 참을 수 없음)까지로 기록했다. 연구팀이 참가자들에게 고통의 정도를 물어 기록한 결과, 전반적인 통증은 고통이 가장 컸을 때와 마지막 3분 동안 느낀 고통의 평균치에 의해 좌우된다는 것으로 나타났다. 검사시간의 길이와는 특별한 관계가 없었다.

카너먼의 실험 결과는 끝이 좋으면 중간에 무엇을 겪든, 시간이 얼마나 걸리든 관계없이 좋게 느끼는 인간의 심리를 알려준다. 우리의 기억은 시간의 순서에 따라 차곡차곡 쌓이는 게 아니다. 마치 스냅사진처럼 절정의 순간과 끝날 때의 느낌으로 전체를 기억한다. 이성과의 만남도 무수히 많았던 데이트보다 어떻게 헤어졌느냐에 따라 다르게 기억된다.

거래처를 다니다 보면 어떤 사람은 자기 자리에 앉아 마지막 인사를 하고, 어떤 사람은 문밖까지 나와 엘리베이터를 탈 때까지 배웅을 해준다. 어떤 사람이 더 기억에 남을지는 자명하다. 야구경기에서도 마찬가지다. 2 대 0의 승리로 끝났을 때 1회 말의 홈런 한 방으로 2점을 얻어 이긴 경기와 9회 말 끝내기 홈런으로 2점을 얻어 승리한 경기 중 어느 쪽을 더 오래 기억할까? 당연히 후자다. 마지막에 홈런으로 승리하는 경기는 짜릿함을 남기기 때문이다.

사람은 과거의 경험을 평가할 때 전체를 종합적으로 살피기보다 감정이 가장 고조(peak)되었을 때와 가장 최근의 경험(end)을 중심으로 평가한다. 이를 피크엔드 효과(Peak-End Effect)'라고 한다. 이를 쉬운 말로 바꾸면 '끝이 좋으면 다 좋다'라고 할 수 있다. 올림픽 시상대에서 동메달리스트가 은메달리스트보다 행복해 보이는 것도 마찬가지 이유로 설명할 수 있다. 은메달리스트는 금메달을 딸 수도 있었는데 아쉽게 결승에서 패한 것이지만, 동메달리스트는 3, 4위전에서 이겼기에 기분이 좋을 수밖에 없다. 결과보다 끝이 중요한 것이다.

기승전(起承轉)보다 인상적인 결(結)

지금은 전문 커피숍이 대세지만 예전에는 거의 다방이었다. 그 당시에 마담들은 한복을 입었고 레지(종업원)들은 짧은 미니스커트를 걸쳤다. 나는 신참 은행원 시절, 그날의 거래 내역과 현금이 계산되는 동안 홍 주임과 함께 은행 건물의 지하 다방을 뻔질나게 드나들었다. 예쁘장한 레지와 이야기를 나누다가 나올 때면 내 손을 꼭 잡고 "또 오세요"라며 출구까지 따라 나와 배웅해주었는데, '날 좋아하는 게 아닌가!'라는 생각 때문에 마음이 설레곤 했다.

한 백화점의 판매왕은 이 옷 저 옷 다 걸쳐보고 그냥 나가는 고객을 불친절하게 응대하지 않는다. "맘에 드시는 옷이 없어 죄송합니다"라고 말하며 매장 밖까지 나와 인사를 한다. 이렇게 하는 것은 절대 헛수고가 아니다. 당장 옷은 팔지 못했지만 고객의 기억에 인상 깊은 경험을 성공적으로 '판매'한 것이기 때문이다.

어떤 경우에서건 마무리는 아무리 강조해도 지나치지 않을 만큼 중요하다. 물론 과정 모두를 완벽하게 관리하는 것이 최상이지만 현실적으로 쉽지 않은 것이 사실이다. 그래서 우리는 선택을 해야 하는데, 고객만족을 위해 꼭 관리해야 할 접점을 선택한다면 단연코 마지막 순간이다. 앞에서 이야기한 것처럼 고객은 경험한 모든 순간을 비디오로 찍듯 다 기억하지 못하고 좋았던 순간과 마지막 순간을 스냅사진 찍듯이 기억하기 때문이다. 만남의 종착역으로 갈수록 더 좋은 순간을 만들어야 한다.

2년 전, 아파트를 새로 얻고 나서 서재를 꾸미느라 국내 H가구에서 가구와 커튼 등을 구매했다. 가구단지에서 싸게 사고 싶었지만 브랜드가 있는 곳에서 좋은 AS를 기대했기 때문이다. 그 후 거실의 블라인드가 고장이 나서 H가구의 콜센터에 전화를 걸었더니 10분간 통화 중이었다. 나중에 통화가 되긴 했는데 블라인드나 커튼은 가구가 아니라서 해당 매장에 직접 전화를 하라는 것이었다. 그래서 매장에 3번이나 부탁했는데 도통 소식이 없었다. '물건을 팔아 돈을 벌었으니 이제 끝'이라는 배짱이었다. 나는 "H가구에서 산 걸 후회합니다"라며 가구회사 앞에서 시위라도 하고 싶은 심정이었다.

이처럼 최악은 부정적인 마무리다. 무신경하거나 기분 나쁜 마무리는 고객서비스에 치명적인 결과를 초래한다. 그런데도 실제 서비스의 현장을 보면 마무리가 실망스러운 모습들이 종종 보인다.

해외여행을 생각해보자. 공항에 도착하면 항공사 직원이 환한 미소를 지으며 카운터로 안내하고, 비행기에 오르면 승무원들이 따뜻한 인사로 맞이한다. 목적지에 도착해서도 승무원들이 출구에서 공손히 작별인사를 건넨다. 그리고 출입국심사를 마친 다음 수하물을 찾으러 간다. 초조한 마음으로 기다리고 있는데, 아까 그 승무원들이 서로 농담을 주고받으며 지나간다. 그 모습이 어떻게 보이겠는가.

이 책의 초고 집필이 끝나갈 무렵이었다. 머리도 식힐 겸 며칠 휴가를 내서 어디에 다녀올 참으로 아파트 주차장으로 갔다. 이중 주차된 차들 사이로 차를 몰고 나오는데 맞은편에서 쓰레기차가 오고 있었다. 그런데 그 차가 옆을 지나다가 내 차를 우지직 하고 긁고 지나가는 게 아닌가. 운전자는 50대 초반이었다. 휴가를 미뤄야 했고 차를 정비소에 맡겼지만, '저런 차도 보험을 들었을까?' 속으로 걱정했다. 다행히 보험회사에서 연락이 왔고 자기 고객이 아닌데도 내 안부를 물으며 신속하게 보상처리를 해주었다. 그리고 그다음 날 그 운전자로부터 전화가 와서 "휴가를 망쳐서 죄송하다"며 차량 수리는 잘 맡겼는지를 물었다. 보통은 보험사에 맡기고 마는데 좀 뜻밖이었다. 오후에는 다시 운전자의 소속 회사에서 미안하다며 사과 전화를 했다. 사과와 함께 마지막까지 챙겨주는 보험사와 운전자, 회사의 태도가 무척 인상적이었다.

외국의 한 레스토랑에서는 웨이터가 고객에게 계산서를 내밀 때 초콜릿과 과자를 같이 선물한다. 이로 인해 팁 수입이 5배나 늘어났다고 한다. 유럽의 저가항공사 라이언에어의 기장들은 공항에 착륙할 때 정시에 도착한 것을 알리는 팡파르를 울린다. 탁월한 마무리를 과시하는 것이다.

모든 고객접점이 중요하지만, 가장 중요한 접점은 마지막이다. 마지막 접점에서 감동을 받으면 중간에 조금 소홀한 부분이 있더라도 고객은 '내가 역시 잘 선택했구나'라며 긍정적으로 기억한다.

탁월한 마무리를 위한 각본

서비스를 경험하는 고객의 최종적인 지각에 깊고 좋은 영향을 미치는 방법은 무엇일까? 우선 서비스 전부터 후까지 고객의 경험 단계를 놓고 긍정적인 경험이란 어떤 것이고, 각 단계에서의 느낌이 어떠해야 하는가를 생각하여 고객경험의 순서를 재배열해보기 바란다. 중간보다 뒤에 배치했을 때 더 나은 것은 없는가? 아예 배제해버리는 게 좋은 것은 없는가? 경쟁사는 어떻게 서비스 순서를 배열하고 있는가?

대단원의 막은 어떻게 장식할 것인가?

업종이나 기업의 특성에 따라 다르겠지만, 탁월한 마무리와 관련한 방법 몇 가지를 살펴보자.

첫째, 선택을 잘했다는 것을 재확신시켜라.

고객의 현명한 선택을 진심으로 축하하는 것이다. 피상적으로 보이지 않게 하려면 근거가 뒷받침되어야 한다. "다른 고객들도 같은 선택을 하셨습니다"라고 알려주면 고객의 선택을 긍정적으로 재확신시킬 수 있다. 한 손해보험사는 "저희 보험에 가입하시길 잘했다"는 메시지와 함께 보상만족도 96%, 19만 원의 보험료 인하라는 결과를 확인시켜준다. 쇼핑하고 나오는 통로에 "당신은 지금 가장 저렴한 쇼핑을 하셨습니다!"라는 문구를 큼지막하게 써놓은 대형 마트도 있다. 모두가 고객의 현명한 선택을 재확신시켜주는 서비스 전략의 일환이다.

둘째, '멋진 서프라이즈'를 준비하라.

마지막 순간에 서비스할 무언가를 남겨두었다가 고객에게 제공하는 것이다. 예를 들면 신제품 견본이나 다음 시즌에 출시될 시제품 같은 것을 준비해서 고객에게 덤으로 주는 것이다. 만 원에 10개인 사과를 사서 집으로 돌아와 봉지를 열어보니 사과가 11개에다 오렌지 1개까지 곁들여 있을 경우, 주문한 제품을 받았는데 상자 안에 작은 선물 하나가 더 있을 경우 누구나 기분이 좋아지게 마련이다. 단, 모르게 해야 한다. 상자 밖에 '증정품 있음'이라고 적어놓는 것은 멋진 서프라이즈가 아니다. 예상치 못한 선물이 고객을 놀라게 하고 기쁘게 한다.

셋째, 긍정으로 강화하라.

같은 말이라도 기분을 더 좋게 하는 표현이 있다. 인사할 때도 그냥 "안녕하세요!"라고 하는 것보다는 "오늘따라 햇살이 참 좋네요!"와 같이 좀 더 밝고 긍정적인 인사말을 사용한다. 고객이 고마움을 표시할 때도 "별 말씀을요"이라고 마무리하는 것보다 "맘에 드셨다니 제가 더 기쁩니다"라고 하는 편이 훨씬 낫다. 긍정형의 표현이 고객에게 좋은 인상을 남기는 법이다.

넷째, 감사하라.

고객을 배웅할 때 기계적으로 "감사합니다"라고만 하면 진심이 느껴지지 않는다. 성의가 느껴지게 하려면 고객의 이름이나 직책을 불러주면서 감사의 이유를 간단히 덧붙여주는 것이 좋다. "정 사장님, 큰 거래를 맡겨주셔서 감사합니다", "이 과장님, 일부러 먼 곳까지 찾아와주셔서 고맙습니다", "손님, 기다려주셔서 정말 감사합니다", "김 사장님 덕분에 이번에 승진을 하게 되었습니다"라고 말한다.

다섯째, 고위급 임원의 인사를 준비하라.

경영진의 인사 한마디는 한층 무게감이 느껴지는 게 사실이다. 내가 아는 어느 중소기업 대표는 거래처와 실무자의 미팅이 끝나면 항상 자기 방에서 나와 직접 배웅하며 감사의 인사를 전한다. 어떤 컨설팅 회사에서는 프로젝트가 끝나가는 시점에 일부러 임원을 참여시킨다. 그 회사에 대한 인상이 좋아짐은 물론이다.

사람들이 오래 기억하는 영화의 결말은 강렬하고 인상적이다. 서비스와 세일즈에서 당신과 당신 회사의 결말은 어떠한가? 고객이 잊을 수 없는 기억을 선물하고 있는가? 거래의 끝부분을 긍정적으로 생각하게 만들고, 그 경험을 다시 하고 싶게 만드는 마무리를 설계하라.